消費税 個別対応方式・一括比例配分方式 有利選択の実務

税理士 安部和彦

清文社

はじめに

　平成23年度の税制改正により、消費税の仕入税額控除に係るいわゆる「95％ルール」による全額控除の適用対象外となる企業が大幅に増え、個別対応方式と一括比例配分方式のいずれかを選択し控除税額を計算する必要が生じた。そのため、新たな事務負担の増加と不慣れな経理処理に頭を悩ませている企業の経理担当者も少なくないものと思われる。

　ところで、消費税の仕入税額控除に関しては、一般的には個別対応方式のほうが一括比例配分方式よりも仕入控除税額が多くなる傾向にあることから、有利であるといわれている。しかし、事業規模の小さな法人であれば、事業計画の内容により、年度ごとの極端な課税仕入れの増加等の現象も起きやすい。また、一括比例配分方式を一度選択すると、2年間の継続適用が求められることから、仕入税額控除に関する有利不利の選択には将来の事業計画を見越した検討が必要であるため、単年度の控除税額の計算で単純に解答が出るようなものではないと思われる。

　さらに、来年（平成26年）以降、順次行われる予定の消費税率の引上げに伴い、個別対応方式と一括比例配分方式の選択による有利不利の差はより一層広がるようになり、その重要性は今後ますます高まることが容易に想像されるところである。

　また、個別対応方式を採用する場合、課税仕入れに関する用途区分が必須となるが、税務調査においてその適用誤りによる否認事例もみられるところである。実際、付加価値税の施行でわが国に先行する欧州においては、仕入税額控除の計算、中でも用途区分こそが付加価値税の実務において最も複雑かつ厄介なものであるといわれている一方で、その取扱いの巧拙が仕入控除税額の多寡、ひいては納付税額に直接響いてくるため、税務担当者にとってはその点こそが付加価値税に関するタックスプランニングの主戦場と捉えられている。

　わが国における消費税のタックスプランニングといえば、かつての「自動販

売機節税スキーム」のような、法の間隙ないし不備を縫う租税回避スキームがみられたところであるが、一般企業においては「95％ルール」の適用により全額控除が可能であったこともあり、ほとんど顧慮されていなかったというのが実情ではないかと思われる。消費税は、事業者にとって預り金としての性格を有するとされるが、一方で企業のキャッシュフローに影響を及ぼす主要な要因の１つであるため、納付税額を抑えるためのプランニングは企業の財務戦略上も一定の有効性がある。税率が引き上げられれば納付税額も比例的に増加するため、その重要性はより増すものと考えられる。

　そこで本書では、消費税の仕入税額控除に係る個別対応方式と一括比例配分方式の有利選択について焦点を当て、まずその概要および基礎知識を解説した。続いて、豊富な具体的事例・計算例・申告書記載例を用いたケーススタディにより、どのようなケースで個別対応方式が有利になり、また一括比例配分方式が有利になるのか、さらに判定の際の留意事項について解説している。加えて、「課税売上割合に準ずる割合」の適用を検討すべき場面を解説することで、消費税法において今後ますます重要性が高まる仕入税額控除制度の全体像の理解が深められるよう工夫したものである。

　本書は、「95％ルール」の改正により、仕入税額控除に関し個別対応方式と一括比例配分方式の選択適用が求められるようになった事業者と、そのようなクライアントをもつ税理士・会計士はもちろんのこと、これまでも個別対応方式と一括比例配分方式の選択適用が求められていた事業者（持株会社、金融機関、医療機関など）の申告実務の見直しにもお役に立てるものと考えている。

　最後に、本書の出版に多大なご尽力をいただいた、清文社の對馬大介氏、村本健太郎氏に厚く御礼を申し上げたい。

平成25年10月

国際医療福祉大学大学院准教授
税理士　安部　和彦

CONTENTS 目次

はじめに

第1章 95％ルール改正後の仕入税額控除の基礎

第1節 消費税の概要 …………………………………………3

1 消費税とは 3
2 消費税の課税の仕組み 5
3 消費税の納税義務者 6
  (1) 国内取引の場合 6
  (2) 輸入取引の場合 7
  (3) 免税事業者 7
    1) 免税事業者の意義 7
    2) 新設法人の特例 8
  (4) 課税事業者の選択 10
    1) 課税事業者の選択の意義 10
    2) 課税事業者の継続適用 10
    3) 課税事業者の継続適用の特例 10
4 課税取引 12
  (1) 国内取引 12
  (2) 輸入取引 15
  (3) 課税対象外取引 16

(4) 輸出免税・ゼロ税率　18

　　　 1) 輸出免税・ゼロ税率の意義　18

　　　 2) 源泉地主義と仕向地主義　19

　　　 3) 輸出取引等　22

　　(5) 課税対象取引等の分類　23

5　非課税取引　23

第2節　95％ルールと仕入税額控除の意義 …………………26

1　消費税増税と仕入税額控除の意義　26

2　95％ルールとは　28

3　仕入税額控除制度　29

4　帳簿方式による仕入税額控除　30

5　請求書の保存を要しない場合　33

6　実額による控除　34

7　課税仕入れ等に係る消費税額の計算方法　34

8　個別対応方式　36

9　一括比例配分方式　37

10　課税売上割合に準ずる割合　38

11　課税売上割合が著しく変動した場合の仕入控除税額の調整　39

　　(1) 調整対象固定資産　40

　　(2) 要件　40

　　(3) 調整税額　41

　　(4) 留意事項　42

12　課税業務用から非課税業務用に転用した場合等の仕入控除税額の調整　42

　　(1) 制度の概要　42

(2) 調整税額　43

  (3) 留意事項　43

13　棚卸資産に係る消費税額の調整　44

  (1) 制度の概要　44

  (2) 免税事業者が課税事業者となる場合　44

  (3) 課税事業者が免税事業者となる場合　44

  (4) 適用要件　45

第3節　平成23年度および平成24年度改正の内容 …………46

1　平成23年度改正〜事業者免税点制度の改正　46

2　平成23年度改正〜仕入税額控除制度における95％ルールの見直し　50

  (1) 改正の背景　50

  (2) 適用対象者の見直し　52

  (3) 進行年度の課税売上高の意義　52

  (4) 改正後の課税仕入れ等に係る仕入税額控除の計算方法　53

3　95％ルールのさらなる見直しの可能性　54

4　平成24年8月公布改正法〜税率の2段階引上げ　55

5　平成24年8月公布改正法〜新設法人に係る租税回避対応策の創設　56

  (1) 導入の背景　56

  (2) 特定新規設立法人に対する事業者免税点制度の不適用　60

  (3) 解散法人がある場合の事業者免税点制度の不適用　61

  (4) 調整対象固定資産の仕入れがあった場合　61

  (5) 適用関係　62

6　平成24年8月公布改正法〜任意の中間申告制度の創設　62

第4節 簡易課税制度 …………………………………………………… 64

1 簡易課税制度の意義 64
2 みなし仕入率 66
3 2以上の事業を営む場合の特例 67
4 簡易課税選択の効力 70
5 簡易課税選択の不適用 71
6 簡易課税制度適用の制限 72
7 宥恕規定 74
8 簡易課税制度と輸出免税 75
9 簡易課税制度の今後 76
　(1) 「簡易ではない」簡易課税制度 76
　(2) 事業区分の判定方法 76
　(3) 複数の事業を行っている場合の判定 80
　　1) 商品販売業の判定 81
　　2) 製造業等の判定 83
　(4) 簡易課税制度の見直し論議 84

第5節 一括比例配分方式 …………………………………………………… 87

1 一括比例配分方式の意義 87
2 課税売上割合の意義 88
　(1) 課税売上割合の計算単位 90
　(2) 課税売上割合の端数処理 90
　(3) 国外における資産の譲渡等の取扱い 90
3 一括比例配分方式と課税売上割合に準ずる割合 91

第6節 個別対応方式 ……………………………………………92

1 個別対応方式の意義 92
2 「課税資産の譲渡等にのみ要するもの」の意義 93
3 「その他の資産（非課税資産）の譲渡等にのみ要するもの」の意義 94
4 「両方に共通して要するもの」の意義 95

第7節 非課税取引 ……………………………………………97

1 非課税取引の意義 97
2 土地の譲渡および貸付 98
3 有価証券等の譲渡等 100
4 支払手段の譲渡等 100
5 利子を対価とする貸付金等の金融取引等 103
6 郵便切手類の譲渡 104
7 物品切手等の譲渡 105
8 国等の手数料等 105
9 医療の給付等 105
10 介護・福祉サービス 107
　(1) 介護保険サービス 108
　　1) 居宅介護サービス費の支給に係る居宅サービス等の範囲 108
　　2) 福祉用具の取扱い 108
　　3) 介護サービスの委託に係る取扱い 108
　(2) 社会福祉事業 109
11 住宅の貸付 109

第2章 個別対応方式の用途区分

第1節 用途区分の意義 …………………………………………………113

1. 用途区分とは　113
2. 個別対応方式における用途区分の仕分け手順　114
3. 課税資産の譲渡等にのみ要するもの（課税売上対応分）　115
4. 国外取引のために要する課税仕入れ等　116
5. 非課税資産の輸出等のためにのみ要する課税仕入れ等　117
6. その他の資産の譲渡等にのみ要する課税仕入れ等（非課税売上対応分）　118

第2節 共通対応仕入の意義 …………………………………………119

1. 共通して要する課税仕入れ等（共通対応分）　119
2. 「合理的な基準」による区分　120
3. 「合理的な基準」の適用例　121

第3節 交際費および寄付金の取扱い ………………………………124

1. 交際費の取扱い　124
   - (1) 取引先に贈呈する中元・歳暮の購入費用　124
   - (2) 取引先を旅行に招待する場合に要する費用　124
   - (3) 取引先に商品券を贈呈する場合に要する費用　125
   - (4) 得意先等に試供品として無償で提供する新商品の購入費用　125
   - (5) 取締役数名による社内交際費　125
   - (6) 建設現場の現場監督との交際費　126
2. 寄付金の取扱い　126

- (1) 高齢者ホームに寄付したピアノの購入費　126
- (2) 自社生産商品の被災地への寄付　127
- (3) 毛布やカイロの被災地への寄付　127
- (4) 被災地に寄付する物品の輸送費用　127
- (5) 寄付対象の私道に係る造成費　128
- (6) 近隣の神社に寄付した日本酒の一斗樽　129

第4節 用途区分の判定時期 ……………………130

1 用途区分の判定時期の原則　130
2 判定時に未確定の場合　133

第5節 製造原価と販売費・一般管理費 ……………135

1 製造原価に算入される費用　135
2 医薬品の仕入れの取扱い　136
3 販売費及び一般管理費に該当する費用　137

第6節 不動産関連費用 ……………………………138

1 店舗兼用賃貸住宅の取得費　138
2 本社ビルの取得費　140
3 自社ビルの一部を賃貸した場合の取得費　140
4 用途未確定の賃貸マンションの取得費　142
5 入居者のいる賃貸マンションを転売目的で取得した場合の取得費　143
6 販売用分譲マンションを一時的に賃貸に回したときの取得費　144

第7節 国外取引に要する費用 ……………………146

1　国外に所在する土地の譲渡に係る費用（その１）　146
2　国外に所在する土地の譲渡に係る費用（その２）　148
3　外国株式の譲渡に係る委託手数料　149
4　海外上場日本株式の譲渡に係る取次手数料　150
5　外債運用している投資信託の信託報酬　151

第8節　個別対応方式に係る申告書記載例 ……………………152

1　課税売上割合が95％未満の事業者のケース　152

　(1)　医療法人における個別対応方式または一括比例配分方式の選択　152
　(2)　計算例　153
　(3)　申告書記載例　155

2　課税売上割合が95％を超える事業者のケース　158

　(1)　家具販売業における個別対応方式または一括比例配分方式の選択　158
　(2)　計算例　158
　(3)　申告書記載例　161

第3章　個別対応方式と一括比例配分方式の有利不利〜ケーススタディ

第1節　不動産や有価証券の譲渡があるケース ……………167

ケース1　事業用不動産の譲渡があるケース　167

　(1)　計算例　167
　(2)　本ケースの評価　170
　(3)　申告書記載例　170

ケース2 有価証券の譲渡があるケース　173
  (1) 計算例　173
  (2) 本ケースの評価　177
  (3) 申告書記載例　177

第2節 課税売上割合が低い業種のケース……180

ケース3 病院のケース　180
  (1) 計算例　180
  (2) 本ケースの評価　183
  (3) 申告書記載例　185

ケース4 持株会社のケース　188
  (1) 計算例　188
  (2) 本ケースの評価　192
  (3) 申告書記載例　192

第3節 課税売上割合が変動するケース……195

ケース5 保険診療から自由診療中心となったクリニックのケース　195
  (1) 計算例　195
  (2) 本ケースの評価　199
  (3) 申告書記載例　200

第4節 課税売上割合に準ずる割合を利用するケース……203

ケース6 事業部門ごとの課税売上割合に準ずる割合を適用するケース（その1）　203
  (1) 計算例　203
  (2) 本ケースの評価　207

(3)　申告書記載例　208

ケース7　事業部門ごとの課税売上割合に準ずる割合を適用するケース（その2）　211

　(1)　計算例　211
　(2)　本ケースの評価　215
　(3)　申告書記載例　216

第5節　固定資産に関する税額調整を要するケース　219

ケース8　課税売上割合が著しく増加したケース　219

　(1)　適用要件　220
　(2)　調整税額　221
　(3)　調整による効果　222
　(4)　適用除外となるケース　223
　(5)　適用事例　223
　　1)　通算課税売上割合の計算　224
　　2)　課税売上割合が著しく増加したかの判定　224
　　3)　調整額　224
　(6)　本ケースの評価　224

ケース9　課税売上割合が著しく減少したケース　225

　(1)　適用要件　225
　(2)　調整税額　227
　(3)　調整による効果　227
　(4)　適用除外となるケース　228
　(5)　適用事例　228
　　1)　通算課税売上割合の計算　228
　　2)　課税売上割合が著しく減少したかの判定　229
　　3)　調整額　229

(6) 本ケースの評価 229

第6節 棚卸資産に関する税額調整を要するケース ……231

- ケース10 免税事業者が課税事業者となったケース 231
- ケース11 課税事業者が免税事業者となったケース 232
- ケース12 事業者のステータスが入れ替わるケース 233

第7節 非課税物品の製造を行っているケース ……236

- ケース13 福祉用車両のディーラーのケース 236
  - (1) 非課税物品の製造と用途区分 236
  - (2) 計算例 237
  - (3) 本ケースの評価 239
  - (4) 申告書記載例 240

第4章 課税売上割合に準ずる割合の適用

第1節 課税売上割合 ……245

1 課税売上割合の意義 245
2 有価証券等の譲渡 247
3 金融取引 248
  (1) 売上割合または仕入割合（消基通6—3—4） 248
  (2) 還付加算金 249
4 非課税資産の輸出等 249
  (1) 非課税資産の輸出取引等 249
    1) 債権者が非居住者のもの 250

(2) それ以外のもの　250

　(2) 国外移送　251

第2節 課税売上割合に準ずる割合 ……………………………254

1 課税売上割合に準ずる割合の意義　254
2 課税売上割合に準ずる割合の適用単位　255

第3節 課税売上割合に準ずる割合を検討すべきケース…257

1 非課税取引にのみ従事する従業員がいるケース　257
　(1) 前提条件　258
　(2) 計算方法　258
　(3) 従業員割合とその割合に算入する従業員数との関係　258
　(4) 適用例（その1）　259
　(5) 適用例（その2）　260
2 事業部ごとに独立採算制を採用しているケース　262
　(1) 適用要件　262
　(2) 適用できないケース　262
　(3) 事業を行う部門以外の部門の取扱い　263
　(4) 計算方法　263
　(5) 承認後の有利選択の不可　263
　(6) 適用例　264
3 経費の支出が床面積に比例していると考えられるケース　265
　(1) 適用要件　265
　(2) 計算方法　265
　(3) 適用例　266
4 経費の支出が取引件数に比例していると考えられるケース　266
　(1) 適用要件　267

        (2)　計算方法　267
        (3)　適用例　267
    5　単発の土地の譲渡があったケース　268
        (1)　事業の実態に変動がないと認められる場合　269
        (2)　適用期間　269
        (3)　適用例　270
        (4)　法令上の根拠　271
    6　単発の有価証券の譲渡があったケース　271

第4節　課税売上割合に準ずる割合の承認申請手続 ……… 273

1　承認申請手続　273
2　適用をやめる場合　275

参考資料１　―平成23年６月の消費税法の一部改正関係―「95％ルール」
　　　　　　の適用要件の見直しを踏まえた仕入控除税額の計算方法等
　　　　　　に関するＱ＆Ａ〔Ⅰ〕【基本的な考え方編】（平成24年３月国
　　　　　　税庁消費税室） ……………………………………………… 277
参考資料２　―平成23年６月の消費税法の一部改正関係―「95％ルール」
　　　　　　の適用要件の見直しを踏まえた仕入控除税額の計算方法等
　　　　　　に関するＱ＆Ａ〔Ⅱ〕【具体的事例編】（平成24年３月国税庁
　　　　　　消費税室） ………………………………………………… 307

索　引 ………………………………………………………………………… 329

―― 凡　例 ――

■法令等の略記

消法…………消費税法
消令…………消費税法施行令
消規…………消費税法施行規則
消基通………消費税法基本通達
所法…………所得税法
法基通………法人税基本通達
措通…………租税特別措置法通達
関法…………関税法
関率法………関税定率法
地法…………地方税法
Q&A〔Ⅰ〕……―平成23年6月の消費税法の一部改正関係―「95％ルール」
　　　　　　　の適用要件の見直しを踏まえた仕入控除税額の計算方法等
　　　　　　　に関するQ&A〔Ⅰ〕【基本的な考え方編】（平成24年3月
　　　　　　　国税庁消費税室）
Q&A〔Ⅱ〕……―平成23年6月の消費税法の一部改正関係―「95％ルール」
　　　　　　　の適用要件の見直しを踏まえた仕入控除税額の計算方法等
　　　　　　　に関するQ&A〔Ⅱ〕【具体的事例編】（平成24年3月国税
　　　　　　　庁消費税室）

■条数等の略記

消法2①十四…………消費税法第2条第1項第14号
消基通5―7―1……消費税法基本通達5―7―1

※本書の内容は、平成25年10月1日現在の法令・通達によっています。

第1章

95%ルール改正後の仕入税額控除の基礎

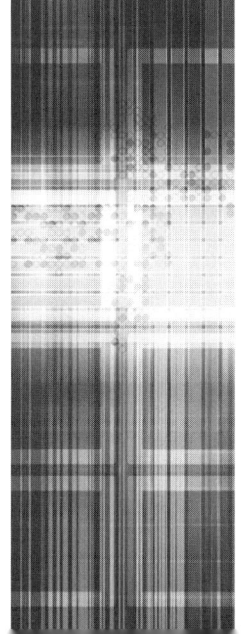

第1節　消費税の概要

1　消費税とは

　消費税は物品やサービスの販売の「消費」に担税力を認め、その提供者である「事業者」の行う資産の譲渡や役務提供の対価を課税標準として、これに税率（現行は国税4％および地方税（地方消費税）1％の計5％の単一税率）を適用して税額を計算する租税である[注1]。消費税は「内国消費税」という位置付けにあることから、国外取引は課税の対象外である。

　平成元年に導入されたわが国の消費税は、取引活動のあらゆる段階で課税する多段階一般消費税となっている。また、わが国の消費税は、欧州諸国ですでに導入されていた付加価値税（VAT、Value Added Tax）に倣い、課税の累積を避けるため、前段階の業者から仕入れた物品・サービスにかかる前段階の仕入税額を控除（仕入税額控除）し、ネットの付加価値に対して課税される仕組み（前段階税額控除型付加価値税）となっているのがその特徴といえる。

　また、わが国の消費税のその他の特徴として、納税者が納付する消費税額が、最終的に消費者に転嫁（ないし帰着）されることが予定されていることが挙げられる[注2]。

注1　金子宏『租税法（第十八版）』（弘文堂・2013年）622頁、水野忠恒『租税法（第5版）』（有斐閣・2011年）726頁。

第1章 95%ルール改正後の仕入税額控除の基礎

図表1－1　わが国における国税および地方税の内訳（平成25年度一般会計予算）

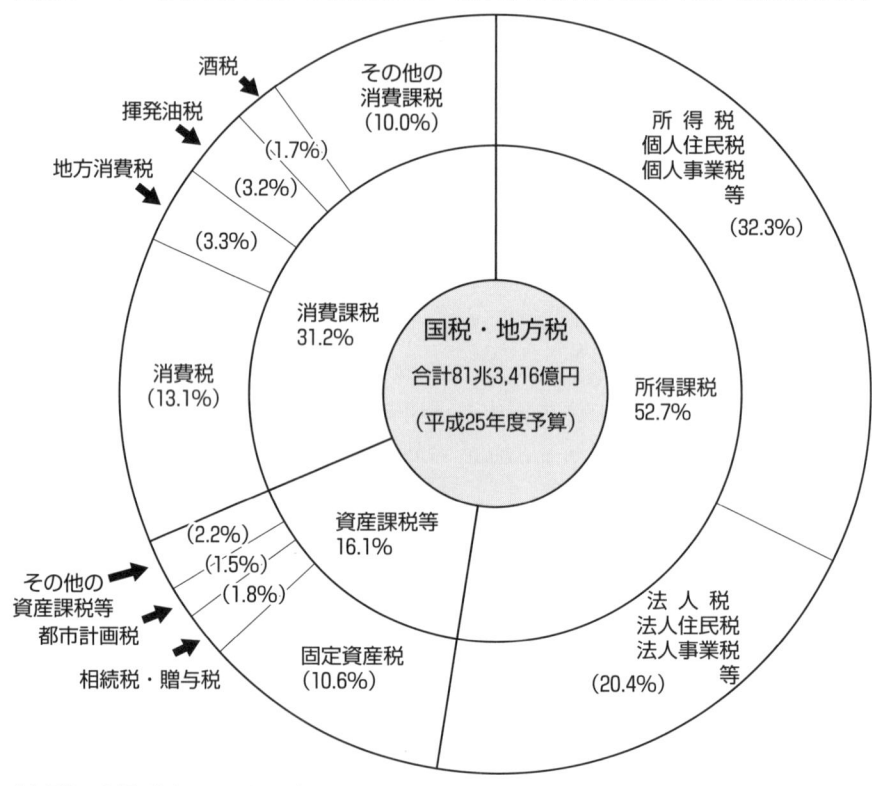

（出所）　財務省ホームページ

　図表1－1のとおり、わが国の租税および印紙収入に占める消費税（地方消費税を含む）の割合は16.4％（13.3兆円余り）と、法人税収（地方税分を含む）と匹敵する規模となっており、来年（平成26）以降2段階にわ

注2　このように、物品・サービスの製造者や卸・小売業者を納税者とする消費税を「間接消費税」と呼ぶことがある。水野前掲注1書726頁参照。ただし、消費税法においては事業者の消費税額の転嫁の権利や義務は定められていない。実際、税率が上がったからといって、その分を丸ごと価格に反映させられるかどうかは、市場の状況や取引先との関係、個々の企業の価格戦略等のさまざまな要因に左右されることとなる。

第1節　消費税の概要

図表1－2　消費税の課税フロー

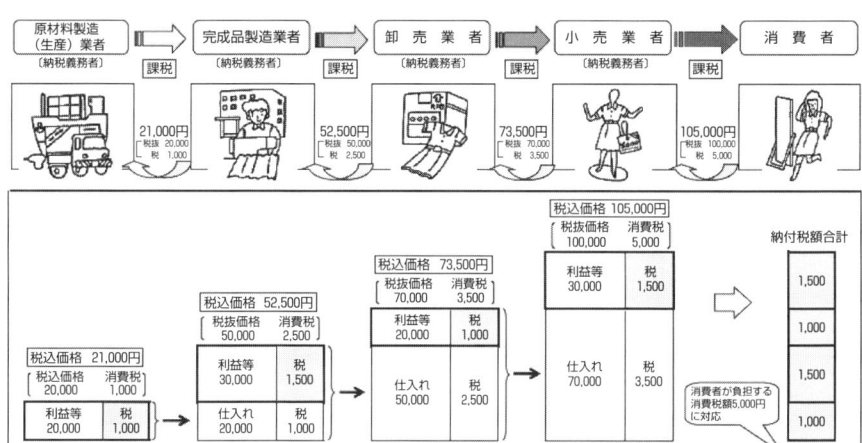

（注）　図中の「消費税」、「税」には地方消費税を含む。
（出所）　財務省ホームページ

たって実施される予定の税率の引上げにより、基幹税としてその割合および重要性はますます高まっていくものと考えられる。

2　消費税の課税の仕組み

　前段階税額控除型付加価値税である消費税の課税の仕組みを図で示すと、**図表1－2**のとおりとなる。
　上記のような前段階税額控除型付加価値税に対し、アメリカやカナダ注3では、州や市レベルで小売り段階においてのみ課税し、前段階の仕入税額を控除しない方式（単段階一般消費税注4）である「小売売上税」が採用さ

注3　カナダは連邦レベルでは付加価値税であるGST（Goods and Services Tax）が導入されており、オンタリオ州などいくつかの州では連邦税に準拠した付加価値税（Harmonized Sales Tax、HST）を課している。

5

れている。小売売上税の場合、前段階税額控除型付加価値税との比較において一般に、小売り段階が最終段階とは限らず税が累積することや、サービスに対する課税が困難であること（実際には小売り段階以外のサービスの提供のウエートが高いにもかかわらず、それに対する課税が困難であること）といった点が問題であるとされている。

3　消費税の納税義務者

(1)　国内取引の場合

　消費税の納税義務者は、国内取引（本節4(1)参照）については課税資産の譲渡等を行った事業者である注5（消法5①）。ここでいう「事業者」とは、個人および法人双方を指し、また、国、地方公共団体、公共法人、公益法人および人格のない社団等も含まれる（消法3、60）。個人事業者または法人のいずれにも該当しない組合、匿名組合、信託等も、また、非居住者および外国法人も、国内において課税資産の譲渡等を行う場合には、納税義務者となる注6。ただし、その課税期間の基準期間注7（個人事業者の

注4　わが国における単段階の個別消費税としては、酒税、たばこ税、揮発油税、関税等がある。

注5　信託については別途規定があり、原則として信託の受益者が納税義務者となる（消法14①）。

注6　水野前掲注1書737頁、金子前掲注1書644頁。

注7　免税事業者に該当するか否かの判定を基本的に2年前の「基準期間」に基づき行うのは、一般に、事業者が取引価格に消費税を反映させるのかを決定するのに、その事業者自身が課税期間の開始の際に消費税の納税義務者であるかどうかを認識している必要があるためと解されている。仮にこれを前年・前事業年度とすると、その決算が締まるのが期末から2か月程度経過してからとなるため、事業者が課税期間の開始の際に消費税の納税義務者であるかどうかを認識できるとは限らないからである。

場合は前々年、法人事業者の場合は前々事業年度、消法2①十四）における課税売上高が1,000万円以下の事業者は、課税事業者となることを選択した場合を除き、原則としてその課税期間は納税義務が免除される（免税事業者ないし事業者免税点制度、消法9①）。

なお、裁判において消費者が消費税の（単なる負担者ではなく）納税義務者となるかが争われた事案があるが、裁判所は、税制改革法第11条第1項において、消費者が納税義務者であることも事業者が消費者から徴収すべき税額も定められていないことを理由に、これを否定している（東京地裁平成2年3月26日判決・判時1344号115頁）。

(2) 輸入取引の場合

輸入取引（本節4(2)参照）における納税義務者は、課税貨物を保税地域から引き取る者である（消法5②）。輸入取引に関しては、免税事業者（後述(3)参照）や最終消費者である個人を含むすべての輸入者が納税義務者となる。なぜなら、国産品の価格の中には消費税が含まれており、それとのバランスをとることが必要だからである。

(3) 免税事業者

1) 免税事業者の意義

消費税はその導入の際、小規模事業者（中でも農業従事者）の事務負担を軽減するため、基準期間の課税売上高が一定規模以下の事業者につき、国内取引にかかる納税義務を免除する制度を採り入れた（人的非課税）。これを「免税事業者制度」または「事業者免税点制度」という。導入当初、当該課税売上高は3,000万円と比較的高額であったが、いわゆる「益税」問題[注8]への批判が高まったこともあり、平成15年度の税制改正により平成16年4月1日以降に開始する課税期間から1,000万円に引き下げられた（消法9①）。

図表1－3 基準期間（各事業年度はすべて1年とする）

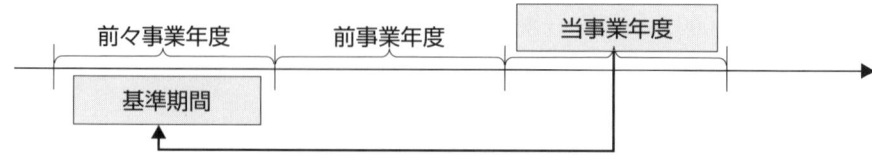

　ここでいう「基準期間」とは、個人事業者についてはその課税年度の前々年度をいい、法人についてはその事業年度の前々事業年度注9をいう（消法2①十四、**図表1－3**参照）。事業者が基準期間において免税事業者であった場合、課税売上高の計算の際消費税相当額を含める（それだけ課税売上高が増加するため不利になる）ものとされている（非控除説、最高裁平成17年2月1日判決・民集59巻2号245頁参照）。

　また、「課税売上高」とは、課税資産の譲渡等の対価の額であり（消法9②）、税込の対価から消費税相当額を控除した金額となる（消法28①）。

2) 新設法人の特例

　新規の事業者は事業開始後2年間につき上記基準期間がないため、免税事業者となるが、例外として、資本金等が1,000万円以上の新設法人（社会福祉法人を除く）は、設立当初2年間についても課税事業者と扱われる

注8　平成14年11月に発表された政府税制調査会の「平成15年度における税制改革についての答申―あるべき税制の構築に向けて」において、「消費者の支払った消費税相当額が国庫に入っていないのではないかとの疑念を呼び、これが消費税に対する国民の不信の大きな背景となっている」と指摘されていた。なお、東京地裁平成2年3月26日判決・判時1344号115頁では、消費税の適正な転嫁を定めた税制改革法第11条第1項の趣旨から見て、事業者免税点制度は、免税事業者が消費者から消費税分を徴収しながらその全額を国庫に納めなくてもよいことを積極的に予定しているものではないことは明らかであるとして、便乗値上げが生じても、消費税法自体の意図するものではないと判示した。

注9　前々事業年度が1年未満の場合、その事業年度開始の日の2年前の日の前日から同日以後1年を経過する日までの間に開始した各事業年度を合わせた期間が基準期間となる（年換算課税売上高の算出、消法2①十四カッコ書）。

図表1—4　納税義務の免除の特例

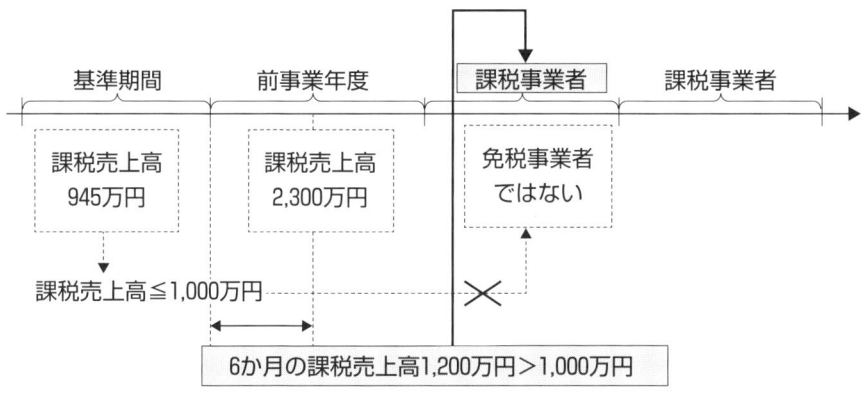

（新設法人の特例、消法12の2、**図表1—4**参照）。

　なお、平成23年度の税制改正で、以下の要件に当てはまる事業者については免税事業者から外れることとなった（消法9の2）。

①　前年の1月1日から6月30日までの間の課税売上高が1,000万円を超える個人事業者
②　前事業年度（7か月以下の場合に限る）開始の日から6か月間の課税売上高が1,000万円を超える法人事業者
③　法人のその事業年度の前事業年度が7か月以下の場合で、その事業年度の開始前1年以内に開始した事業年度がある場合において、前々事業年度開始の日から6か月間の課税売上高が1,000万円を超える法人事業者

　ただし、この場合、①～③にいう「課税売上高」に代えて、所得税法に規定する給与等の支払額（支払明細書に記載すべき給与等の金額）を用いることができる（消法9の2③）。

　当該規定は、平成25年1月1日以後に開始するその年またはその事業年度から適用される。

(4) 課税事業者の選択

1) 課税事業者の選択の意義

　免税事業者であっても、「消費税課税事業者選択届出書」を所轄の税務署長に提出することによって、課税事業者となることができる（消法9④）。設備投資をした場合には課税仕入高が課税売上高を上回ることがあり、その場合、課税事業者であれば申告書の提出により消費税の還付を受けることができるが、免税事業者では還付申告ができない。そのため、免税事業者であっても、主として課税事業者となり還付申告を行うため、当該届出書を提出するのである。

　また、「消費税課税事業者選択届出書」を提出し課税事業者となることを選択した後、再び免税事業者となるには、「消費税課税事業者選択不適用届出書」を提出しなければならない。当該届出の効力は、原則としてその提出した日の翌課税事業年度からとなる。

2) 課税事業者の継続適用

　課税事業者を選択した場合には、2年間継続した後でなければ免税事業者となることはできない（2年間の強制適用）。すなわち、上記「消費税課税事業者選択不適用届出書」は、課税事業者となった課税期間の初日から2年間を経過する日の属する課税期間の初日以後でなければ提出できないのである（消法9⑥）。

3) 課税事業者の継続適用の特例

　ただし、課税事業者を選択した事業者が課税事業者となった課税期間の初日から2年を経過する日までの間に開始した各課税期間、または、新設法人（前述(3)の2)参照）が基準期間のない事業年度に含まれる各課税期間中（いずれも簡易課税の適用を受けている課税期間を除く）に調整対象固定資産を取得した場合には、その取得のあった課税期間の初日から3年間を経過する日の属する課税期間の初日以後でなければ「消費税課税事業者選

第1節　消費税の概要

図表1－5　3年間の強制適用

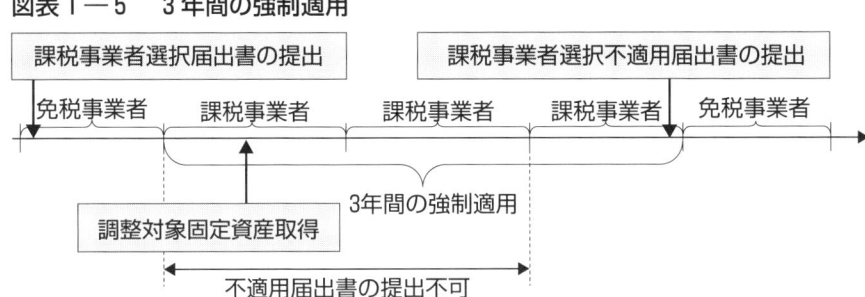

択不適用届出書」を提出できない（3年間の強制適用、消法9⑦、12の2②、**図表1－5**参照）。これは平成22年度の税制改正で新たに導入された措置である。

　従来の制度においては、上記2)のように、課税選択の強制適用期間が原則2年間であるため、その期間に調整対象固定資産を取得し、設備投資等による還付申告を行った場合において、その後課税売上割合が著しく変動したとしても、第3年度の課税期間において免税事業者となることが可能となり、調整措置の対象とならないという問題があった（いわゆる「自動販売機節税法スキーム」）。そのため、消費税の課税の適正化の観点から、課税選択の強制適用期間中に調整対象固定資産を取得した場合には、調整措置の対象となるような改正が行われたのである。

　なお、課税選択1期目（選択により課税事業者となった課税期間）に調整対象固定資産を取得しなかった場合には、課税選択2期目の初日以後は「消費税課税事業者選択不適用届出書」を提出できる状態になる。このため、当該課税選択2期目には調整対象固定資産の取得を行う前に当該届出書がすでに提出されている場合があり得るが、これを有効とすると調整措置の対象から免れてしまうという問題が生じる。そのため、この強制適用期間中に当該「消費税課税事業者選択不適用届出書」を提出した後、同一の課税期間に調整対象固定資産を取得した場合には、すでに提出した当該届出

11

書は提出がなかったものとみなされる（消法9⑦）。

4　課税取引

(1)　国内取引

　消費税の課税対象は資産の譲渡等であり、これが所得課税のおける売上に相当するものと考えられる（課税売上、消法9②）。消費税法における課税売上高は、以下のとおり計算される（消法9②一、28①）。

課税売上高　＝　課税資産の譲渡等の対価の額（税抜）　－　売上に係る対価の返還等の額（税抜）

　このような課税対象取引は、国内取引と輸入取引とに分けられる（消費地課税主義）。ここではまず国内取引についてみていく。なお、課税対象取引であっても課税の対象から除かれる「非課税取引」（消法6①、別表第一）がある。

　消費税法によれば、国内取引とは、国内（消費税の施行地域、消法2①一）において事業者が行った資産の譲渡等をいう（消法4①）。また、資産の譲渡等とは、事業として[注10]対価を得て行われる資産の譲渡および貸付[注11]

注10　消費税法における「事業」は一般に、所得税法における「事業」よりも広く解されており、その規模を問わず反復・継続・独立して行われているものをいう（名古屋高裁金沢支部平成15年11月26日判決・税資253号順号9473頁）。たとえば、所得税法上は不動産所得に該当するものであっても、消費税法上は事業に該当し消費税が課されるケースがある。個人事業者が消費者として行う取引（生活用資産の譲渡等）については、事業に該当しない（消基通5─1─1）。

注11　資産の貸付には、資産に係る権利の設定その他他人に資産を使用させる一切の行為が含まれるが（消法2②）、具体的には、地上権または地役権の設定、工業所有権に係る実施権もしくは使用権または著作権に係る出版権の設定がそれに該当する（消基通5─4─1）。

ならびに役務（サービス）の提供を指す[注12]（消法2①八）。なお、資産の譲渡等には非課税取引（消法6①、別表第一）も含まれ、資産の譲渡等から非課税取引を除いたものを「課税資産の譲渡等」という（消法2①九）。これを算式で示すと以下のとおりとなる。

$$課税資産の譲渡等 \;=\; 資産の譲渡等 \;-\; 非課税取引$$

　国内取引に関する論点として、取引が国内で行われたかどうかの判定基準がある。資産の譲渡・貸付については、原則として、譲渡・貸付が行われたときに当該資産が所在していた場所を基準に判定することとなる（消法4③一）。したがって、国外において購入した資産を国内に搬入することなく譲渡した場合には、当該取引が国内の事業者間で行われた場合であっても、課税対象とはならない（消基通5—7—1）。また、国内にある資産を国外に譲渡することとなる輸出取引も、消費税法上国内取引ということになる（ただし、輸出免税とされる。輸出免税については(4)参照）。

　例外として、船舶・航空機・特許権等の無体財産権といった一定の資産については、資産の譲渡・貸付が行われたときにおける登録機関の所在地その他一定の場所を基準とすることとなっている（消法4③一カッコ書、消令6①）。

　役務の提供については、原則として、役務の提供が行われた場所を基準に判定する（消法4③二）。したがって、日本人テニスプレーヤーがウィンブルドン（イギリス）で賞金を得た場合、国外取引（課税対象外取引）となり消費税は課されない。ただし、運輸・通信等、役務の提供が国内および国外にまたがってなされるものについては、出発地・発送地または到着

注12　なお、資産の譲渡等には、代物弁済による資産の譲渡その他対価を得て行われる資産の譲渡もしくは貸付または役務の提供に類する行為として政令で定めるもの（負担付贈与による資産の譲渡、金銭以外の資産の出資等）も含まれる、とされている（消法2①八、消令2）。

図表１－６　海外からのデジタル財の販売と消費税課税

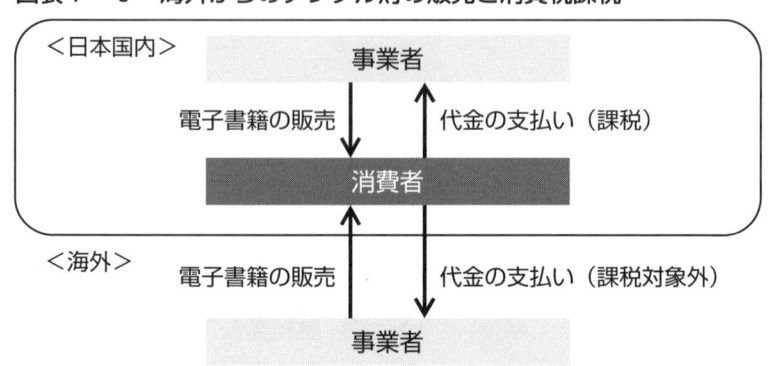

地（国際運輸の場合）、差出地または配達地（国際郵便の場合）等、一定の場所を基準として判定することとされている（消法４③二カッコ書、消令６②）。

これに関連して現在問題となっているのは、海外からの電子配信サービス（デジタル財）に対する消費税の課税についてである（**図表１－６**参照）。電子書籍や音楽など電子媒体で提供されるデジタル財は、ネット経由で全世界に配信することが可能である。そのため、海外の事業者が日本国内のユーザーに向けて電子書籍や音楽などをインターネット経由で提供するケースも見られるが、現行税法においては、事業者が行った取引が国内か国外かの判定は事業者の事務所などの所在地により判定することとなる（消令６七、十）。そのため、海外の事業者（たとえばアマゾン）が電子書籍を日本の消費者にネットを通じて提供した場合、国外取引に該当することから消費税が課されないこととなる。同じ取引形態であっても、日本の事業者（たとえば紀伊國屋書店）が電子書籍を日本の消費者に提供した場合には国内取引となるため消費税が課されることとなり、課税の中立性という観点から問題視されていた。仮に課税庁がこの事態を放置した場合、日本の事業者も競争上の不利を解消するため海外から電子書籍を配信するサービスを提供するのが主流となる可能性がある。実際、楽天はカナダ法

人が国内向けに電子書籍を販売する形態を採ることで、消費税の課税を回避することを検討していると報じられた注13。

このような一種の「課税の空白」に対応するため、財務省は日本で電子書籍や音楽データ注14などデジタル財を販売したい海外企業に事前登録を義務付け、国内企業と同様に消費税を課す「課税事業者登録制度」を導入すべく2012年7月に勉強会を立ち上げ、検討している。これは、EU（欧州連合）が同様の問題に対処するため2003年に導入した制度に倣ったものである。EUでは事前登録制度のほか、特定のサービス等の提供に関しては販売者ではなく購入者にVAT（付加価値税）の納税義務を課すリバースチャージ制度によってこの問題に対処しようとしている。財務省は消費税率が8％に上がる2014年（平成26年）4月1日からの導入に向け準備を進めている。

なお、国内取引に該当しても、その資産が輸出され、またはその役務の提供が国外で行われる場合には、当該取引に対する消費税は免除される（輸出免税、消法7）。

(2) 輸入取引

輸入取引の課税対象は、保税地域(指定保税地域、保税蔵置場、保税工場、保税展示場および総合保税地域の5種、関法29)から引き取られる外国貨物である（消法4②）。ここでいう外国貨物とは、輸出の許可を得た貨物および外国から本邦に到着した貨物で輸入が許可される前のものをいう（消法2①十、関法2①三）。外国貨物が消費税の課税の対象とされているのは、それがわが国の国内で消費されることとなることから、国内で製造・販売される物品（消費税の課税対象）との間の競争条件を等しくするためであ

注13　2012年6月29日付朝日新聞。
注14　なお、音楽データの配信・ダウンロード販売で先行する米アップル社は日本法人を通じて販売しているため、国内取引に該当し消費税が課されている。

ると解される注15。

　外国貨物の引き取りに関しては、それが事業として行われているか、また、対価を得て行われているかを問わず課税される。すなわち、個人輸入の場合にも消費税が課されることとなる注16。これも、国内において無償で取引される物品でも、その無償譲渡までの製造や流通の段階で消費税が課されており、輸入品に対して課税しないとこのような国産品との間でバランスが取れないためであると考えられる。

　また、無償でなされた外国貨物の引取りの場合、消費税の課税標準は、関税が課税されるとした場合の課税標準に準じて計算することとなる（消法28③、関率法4～4の8）。

　なお、輸入取引の場合、特許権等の無体財産権の外国からの導入は、保税地域からの外国貨物の引取りには当たらないため、課税の対象とはならない注17。

(3)　課税対象外取引

　消費税の課税対象となる取引は、①事業として行われる取引であり、かつ、②対価を得て行われる取引に限られる（消法2①八）。消費税の課税対象となる取引が事業上のものに限定される理由は、一般に、「事業」として行われた取引でなければ付加価値は生じないという考え方に立脚しているものと考えられる注18。

注15　金子前掲注1書641頁。輸入取引が課税されるのはわが国の消費税法が仕向地主義（後述(4)②参照）を採用しているからである。
注16　ただし、課税価格の合計額が1万円以下の物品の輸入に関しては、関税および消費税が免除される（関率法14十八、輸入品に対する内国消費税の徴収等に関する法律13①一）。
注17　無体財産権（複製権を除く）の使用に伴う対価の支払が外国貨物の輸入取引の条件となっている場合には、当該対価は関税の課税価格に含めることとなる（消基通5－6－3）。
注18　水野前掲注1書748頁。

また、事業外の取引、たとえば、個人が自己の所有する書籍を友人に譲渡するといった行為が消費税の課税の対象とされていないのは、一般に、それに対して課税しても課税庁が当該取引を把握することは困難であり、かつ、税収を十分上げることが見込めないという執行上の理由であると考えられる注19。

さらに、国外において行う取引も消費税の課税対象とはならない。

このように、消費税の課税対象とならない取引を一般に、「課税対象外取引」（out of scope）または「不課税注20取引」という。

消費税の課税対象となる取引は、「対価を得て」行われた取引である（有償取引課税の原則注21）が、対価を得て行われる資産の譲渡および貸付ならびに役務の提供とは、実務上、資産の譲渡等に対して反対給付を受けることをいい、無償による資産の譲渡および貸付ならびに役務の提供は、資産の譲渡等に該当しないと解されている（消基通5―1―2）。

対価性に関しては、損害賠償金のうち、心身または資産について加えられた損害の発生に伴い受ける金銭は、損害の回復に充てられることから資産の譲渡等の対価に該当しないが、以下のような逸失利益に代わるものは、その実質が資産の譲渡等の対価に該当するものと認められることから、資産の譲渡等の対価に該当すると取り扱われる（消基通5―2―5）。

① 損害を受けた棚卸資産等が加害者に引渡される場合で、その棚卸資産等がそのままたは軽微な修理を加えることで使用できるときの損害賠償金

② 無体財産権の侵害を受けた場合、加害者から権利者が受ける損害賠償金

注19　金子前掲注1書639頁。
注20　「不課税」は消費税法上の用語ではないが、課税庁はさまざまな文書で使用しており、実務上も広く浸透している。金子前掲注1書639頁でも使用されている。
注21　山本守之「課税対象取引と課税対象外取引」『日税研論集』30号138頁。

③　不動産等の明渡しの遅滞により加害者から賃貸人が受ける損害賠償金

さらに、補償金の対価性に関しては、対価補償金に該当するかどうかが問題となり得る（消令2②、消基通5―2―10）。通達によれば、譲渡があったとみなされる収用の目的となった所有権その他の権利の対価である補償金（対価補償金）が対価に該当する。そのため、以下の補償金は反対給付ではなく対価性はないと考えられることから、消費税の課税対象としての対価補償金には該当しない。

①　事業について減少することとなる収益または生ずることとなる損失の補てんに充てられるものとして受ける補償金
②　休廃業等により生ずる事業上の費用の補てんまたは収用等による譲渡の目的となった資産以外の資産について実現した損失の補てんに充てるものとして受ける補償金
③　資産の移転に要する費用の補てんに充てるものとして受ける補償金
④　その他対価補償金としての実質を有しない補償金

(4)　輸出免税・ゼロ税率

1)　輸出免税・ゼロ税率の意義

資産の譲渡や役務の提供が国内取引に該当する場合であっても、その資産が輸出され、またはその役務の提供が国外で行われる場合には、当該取引に対する消費税は免除される（消法7）。これを「輸出免税」という。ここでいう「輸出」とは、判例では、内国貨物を外国に向けて送り出すことであり（関法2①二）、貨物を外国に仕向けられた船舶または航空機に積み込むことであるから、動産の売買取引において、外国に仕向けられた船舶または航空機への積込みによって目的物の引渡しが行われる場合には、当該売買取引は、その要素に輸出行為を含む取引として、「本邦からの輸出として行われる資産の譲渡」に該当するものというべきである、と

された（東京地裁平成18年11月9日判決・税資256号309頁）。

また、「免税」の意味するところは、資産の譲渡や役務の提供を単に課税の対象から除外する（非課税）のみではなく、その仕入に含まれていた税額（仕入税額）を控除し、控除しきれない分を還付して、当該取引に関する税負担をゼロにすることにある[注22]。したがって、免税は「ゼロ税率」（zero-rated）による課税と考えるのがより実態に即した取扱いであり、海外の付加価値税制ではそのように表現するのが一般的である。さらに、免税取引の金額は「課税売上高」には算入されるが非課税取引の金額は算入されないという点でも異なる。

2) 源泉地主義と仕向地主義

わが国の消費税において輸出免税が採用される理由は、一般に以下のように説明される[注23]。輸出される資産の譲渡や役務の提供に対する消費税の課税主体については、大きく分けて、①源泉地国（資産の生産や役務の提供元の国）に課税権があるとする「源泉地（原産地）主義」(origin principle) と、②仕向地国（資産の消費や役務の提供先の国）に課税権があるとする「仕向地主義」(destination principle) の2つの考え方がある。これは、資産の譲渡や役務の提供が国境を超える場合、その生産地（源泉地）国と消費地（仕向地）国の双方で付加価値税が課される可能性があり（国際的二重課税）、それを調整するための考え方である。

源泉地主義を採用すると、輸出品は源泉地国で課税され、輸入品は課税が免除される。そのため、源泉地主義を採用すると一般に、輸入超過国から輸出超過国へ税の移転がみられるだけでなく、税負担水準の低い国の製品が国際競争力をもつこととなり、消費税制が貿易取引を大きく歪めるこ

[注22] 非課税の場合、対応する仕入に係る仕入税額控除もできないこととなるため、免税ないしゼロ税率のほうが事業者の税負担の観点からいえば有利な取扱いといえる。

[注23] 金子前掲注1書643～644頁。

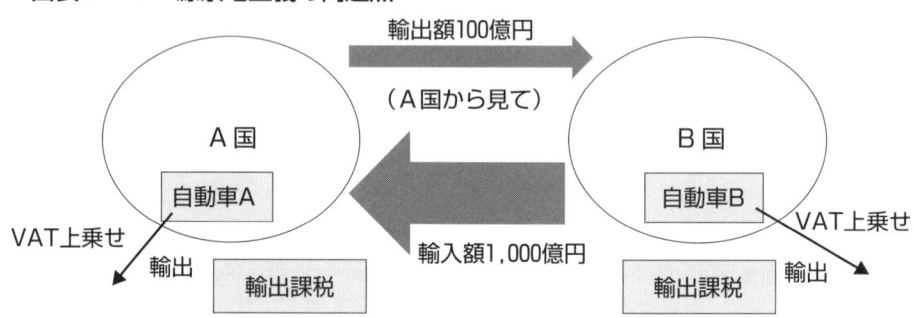

図表1－7　源泉地主義の問題点

```
        輸出額100億円
           →
      （A国から見て）

  A国                    B国
  自動車A                 自動車B
                ←
           輸入額1,000億円
  VAT上乗せ  輸出              VAT上乗せ  輸出
        輸出課税              輸出課税
```

ととなる。これを以下の事例で検討してみる（**図表1－7**参照）。

図表1－7のA・B両国がともに源泉地主義を採用し、付加価値税率が10%とすると、A国の税収は10億円に過ぎないが、B国の税収は100億円となる。A国の経済活動が活発になり輸入が増加すればするほど、輸出元であるB国の税収が増えることとなり、これは輸入超過国（A国）から輸出超過国（B国）へ税の移転現象ととらえられる。

またA・B両国がともに源泉地主義を採用しており、仮にA国の税率が5％、B国の税率が10%であるとすると、同一価格・同等の品質の自動車A・Bであっても、自動車Aのほうが税率の差額分（5％）だけ価格が安いため、国際市場で競争力をもつこととなる。これらの現象は、税の中立性という観点から問題であろう。

一方、仕向地主義を採用した場合、輸出品は源泉地国の消費税を免除され、仕向地国の消費税を課されるので、仕向地国のみならず他の国々の製品と税負担に関し同じ条件で競争することとなる。その結果、税制の国際的競争の中立性が確保されることとなる。さらに、仕向地主義の下では、各国は、自国品・輸入品の区別なく自国内で消費される製品から税収を確保することができる。仕向地主義のこのような機能は、わが国も加盟するWTOが求めている自由貿易体制に合致したシステムであるといえる。

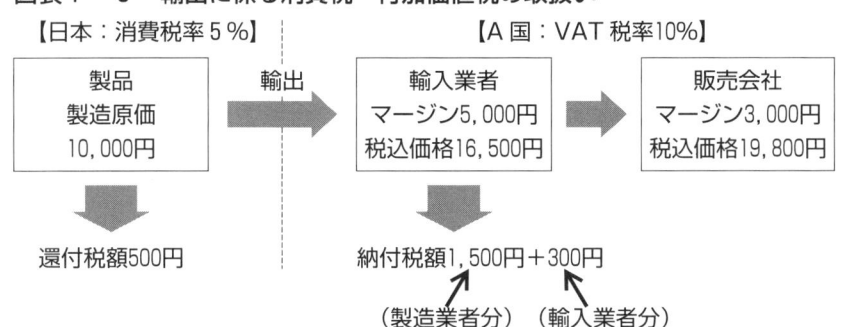

図表 1 － 8　輸出に係る消費税・付加価値税の取扱い

【日本：消費税率 5 ％】　　　　　　　【A 国：VAT 税率10％】

```
製品              輸出      輸入業者              販売会社
製造原価          →        マージン5,000円        マージン3,000円
10,000円                   税込価格16,500円       税込価格19,800円
```

還付税額500円　　　　　　納付税額1,500円＋300円
　　　　　　　　　　　　　　（製造業者分）（輸入業者分）

　以上から、消費税に関しては仕向地主義を採用し、輸出品については免税（輸出免税）となるわけである。

　なお、仕向地主義の下では、輸出の時点で前段階の税額が還付されるという方法で付加価値税の調整が行われるが、これを「国境税調整」（border tax adjustment）という。

　ところで、輸出免税の場合、売上に付加価値税が課されないにもかかわらず、輸出の時点で前段階の税額が還付されるという方法で付加価値税の調整（上記の「国境税調整」）が行われるため、そのことをとらえて「輸出企業に対する不当な優遇税制である」とする向きもあるが、本当にそうなのであろうか。以下の事例で考えてみる（**図表 1 － 8** 参照）。

　図表 1 － 8 で、日本の製造業者が製造原価10,000円（全額課税仕入れとする）の製品を A 国に輸出した場合、輸出時に仕入税額500円が還付される。A 国において当該製造業者が5,000円のマージンを乗せて輸入業者に販売した場合、輸入時に10％の課税（1,500円）がなされる。その後、A 国において当該製品を3,000円のマージンを乗せて販売会社に販売した場合も10％の課税（1,800円）がなされるが、仕入税額1,500円が控除されるため、納付税額は300円となる（輸入業者が納付することとなる）。

　このように、当然のことであるが、輸出先国に日本の消費税と同様の付

加価値税が存在する場合、輸出先国で輸出された製品に関し付加価値税が課税されるのである。

仮に輸出に関して消費税を課税すると、この事例の場合、製造業者が輸出時に250円（15,000×5％－10,000×5％）納税することとなり、この分を転嫁することにより輸出価格が上昇し、わが国の消費税を輸出先であるA国の消費者が負担することとなる。その結果、一時的にはわが国の税収が上昇する可能性があるが、輸出産業の価格競争力が殺がれるため、税収減のみならず、わが国経済に深刻な影響を及ぼすことが懸念される。

また、輸出に関して消費税を課税すると、アメリカのように付加価値税制を有しない国に対する輸出であっても、付加価値税に関して輸出免税を採用する他国（たとえば韓国）からの製品輸出に関する競争力の点から、わが国からの製品が不利に立たされることには変わりがない。

さらに、競争力確保の観点から当該金額を転嫁しない場合、製造業者が負担を強いられることとなり、税の中立性の観点から問題といえるであろう。

要するに、輸出免税により前段階の税額が控除され還付等が受けられるのは、前段階控除制度（仕入税額控除制度）が正当に機能しているからであり、また、クロスボーダー取引については、諸外国で採用されている課税方式（仕向地主義）に合わせるのが企業活動に中立的な税制ということになる注24。したがって、輸出免税を輸出企業に対する不当な優遇税制ととらえる考え方には、理論的な正当性は見い出せないと考えられる。

3) 輸出取引等

消費税法によれば、輸出免税の対象となる取引（輸出取引等）は、おおむね**図表1－9**のとおりとなる。

注24　仮に日本のみが消費税に関し輸出取引について源泉地主義を採用した場合、企業から、国際ルールに適合しない懲罰的課税であるとして提訴されることは必至であろう。

図表 1 — 9　輸出取引等の例示

輸出取引	①	輸出取引としての資産の譲渡または貸付（消法 7 ①一）
	②	外国貨物の譲渡または貸付（消法 7 ①二）
輸出類似取引	③	国内と国外との間の旅客および貨物の輸送（国際運送）（消法 7 ①三）
	④	国内と国外との間の通信または郵便（消法 7 ①三、消令17②五）
	⑤	国際運送の用に供される船舶または航空機の譲渡・貸付または修理（消法 7 ①四、消令17①）
	⑥	非居住者に対する無体財産権等の譲渡または貸付（消令17②六）
	⑦	特定輸出貨物の保税地域間の運送（消令17②四）

(5)　課税対象取引等の分類

これまでみてきた消費税の課税対象取引を分類すると、**図表 1 —10**のようになる。

5　非課税取引

わが国の消費税の課税ベースは、導入時の「広く、薄く」[注25]のスローガンに表されているように包括的ではあるが、国内取引においても、輸入取引においても、一定の範囲の資産の譲渡等ないし外国貨物が課税の対象から除かれている。これを「非課税取引」[注26]という。

非課税取引については、**図表 1 —11**のように、①特別の政策的（社会政

注25　昭和63年 4 月の政府税制調査会の「税制改革についての中間答申」では、「これからの税制を考えるに当たっては、消費を基準として広く薄く負担を求める間接税の役割について、より積極的に評価することが必要である。」と指摘されており、当時の竹下首相もよくこのフレーズを用いていた。

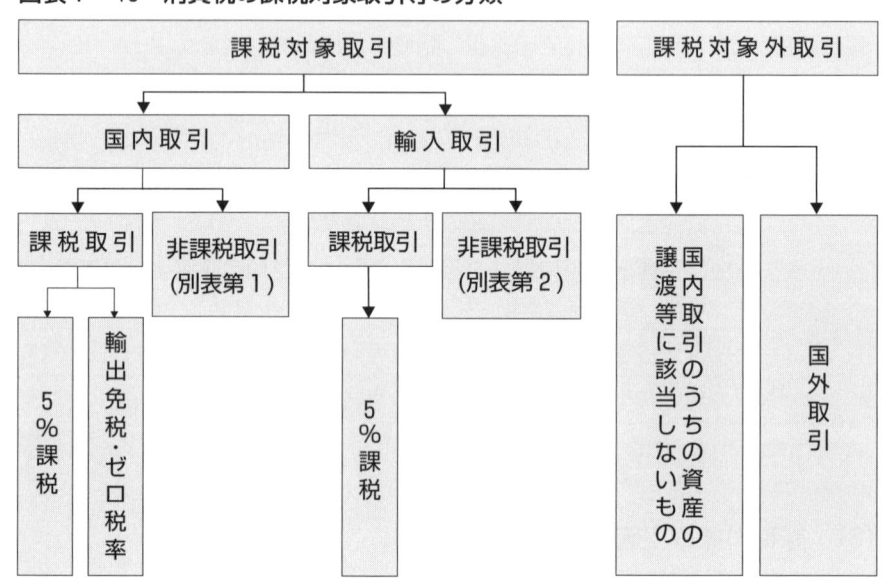

第1章　95％ルール改正後の仕入税額控除の基礎

図表1―10　消費税の課税対象取引等の分類

```
                    課税対象取引                          課税対象外取引
          ┌────────────┴────────────┐              ┌────────┴────────┐
        国内取引                   輸入取引          国       国
     ┌─────┴─────┐          ┌─────┴─────┐        内       外
   課税取引    非課税取引    課税取引   非課税取引   取       取
   ┌──┴──┐  （別表第1）              （別表第2）   引       引
  5％   輸出                                        の
  課税  免税・                                      う
        ゼロ                                        ち
        税率   5％課税          5％課税             の
                                                    資
                                                    産
                                                    の
                                                    譲
                                                    渡
                                                    等
                                                    に
                                                    該
                                                    当
                                                    し
                                                    な
                                                    い
                                                    も
                                                    の
```

策的）配慮に基づくものと、②その性質上消費税になじまないと説明されるものとに分けられる（消法6①、別表第1）注27。

　保税地域から引き取られる外国貨物のうち、次頁**図表1―11**の⑤、⑦、⑩、⑫および⑬は、国内における非課税取引とのバランスを図るため、非課税とされている（消法6②、別表第2）。

　なお、非課税の場合は前述本節4(4)の（輸出）免税の場合と異なり、当該取引に係る売上が課税の対象から除かれるだけで、仕入税額控除は認められないことが重要であり、注意を要する注28。

注26　非課税取引が制限されているのは、帳簿方式の採用により、課税・非課税が複雑だと帳簿での整理が困難であることもその理由であるという指摘もある。大島隆夫＝木村剛志『消費税の考え方・読み方（二訂版）』（税務経理協会、平成9年）34頁参照。

注27　金子宏「総論―消費税制度の基本的問題点」『日税研論集』第30号4～8頁参照。

図表1―11　非課税取引の例示

特別の政策的配慮に基づくもの	①	公的な医療保障制度に基づく療養・医療等
	②	社会福祉・更生保護事業
	③	助産
	④	埋葬料・火葬料
	⑤	身体障害者用物品の譲渡等
	⑥	一定の学校の授業料・入学金等
	⑦	教科用図書
	⑧	住宅の貸付
その性質上消費税になじまないもの	⑨	土地の譲渡・貸付
	⑩	有価証券・支払手段等の譲渡
	⑪	金融・保険取引注29
	⑫	郵便局株式会社等が行う郵便切手・印紙・証紙等の譲渡
	⑬	物品切手（商品券・プリペイドカード等）の譲渡
	⑭	国・地方公共団体等が法令に基づき行う役務等の手数料
	⑮	外国為替業務等に係る役務の提供等

注28　これについては、病院等における消費税の「損税（控除対象外消費税）」の問題として議論になっている。この点については、拙著『医療・福祉施設における消費税の実務』（清文社・2012年）58～77頁参照。

注29　金融取引は、たとえば、銀行の収益源であるスプレッド（貸出金利と預金金利との差）については、①金銭の時間的価値（time value of money）、②リスクプレミアム、③銀行の手数料相当額とで構成されていると考えられるが、このうち手数料相当額は消費税の課税対象とすることは理論的には可能である。しかし、執行の簡便さ（スプレッドのうち手数料相当額はどの程度なのか算定が困難）を重視して非課税としていると解される。中里実『キャッシュフロー・リスク・課税』（有斐閣・1999年）21～31頁参照。

第1章 95％ルール改正後の仕入税額控除の基礎

第2節 95％ルールと仕入税額控除の意義

1 消費税増税と仕入税額控除の意義

　消費税法をめぐっては、ここ数年重要な改正が続いている。1つは本節2以下で説明する平成23年度の95％ルールの改正であり、もう1つは平成24年度の消費税率引上げを柱とした大改正である。いずれの改正も実務に与える影響は大きいが、事業者およびそれを支える税理士としては、当該改正により自衛の策として、消費税のプランニングが今後重要性を増すことを心に留めるべきであろう。

　もちろん、消費税について、これまでもいわゆる「自動販売機節税スキーム」のようなプランニングが一部で実行されてきたわけであるが、どちらかというと法の不備を突く租税回避的なものが中心であったように思われる。しかし、租税回避スキームは基本的に課税庁に穴をふさがれて以後、実行不能となる運命にあるものであり、賞味期限は意外に短い。本書で提案したいのはそのような短期的な利益を求めるものではなく、中長期的な観点からのプランニングである。すなわち、仕入税額控除制度の本質を理解し、本来あるべき姿に近づける方法を模索することで、仕入控除税額を最大化するという姿勢である。税率が上昇し、それにつれて納付税額が増加すれば、それが事業者のキャッシュフローに与える影響は無視できない。そこで消費税のプランニングが重要性を増すわけであるが、その際留意すべきは以下の2点であろう（**図表1—12参照**）。

第2節 95%ルールと仕入税額控除の意義

図表1－12 消費税のプランニング～仕入控除税額の最大化

```
        消費税のプランニングの要件
         ↓              ↓
   手間をいとわない    定期的なメンテナンス
```

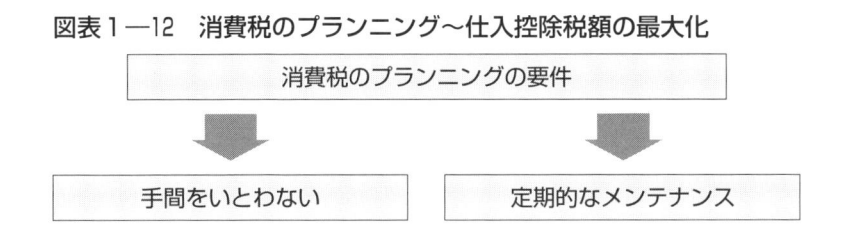

① 手間をかけることをいとわない
② 適用要件を満たしているか適宜チェックする

①についてであるが、仕入控除税額の最大化を図るプランニングは、個別対応方式を採用することが前提となる。そのため、用途区分の判定が必須となるが、これを手間と感じるようでは残念ながら成果を得ることはできない。導入当初は確かに負担に感じることもあろうが、当該経理処理が軌道に乗りルーティンワークにしてしまえば、負担感は大幅に解消されるであろう。さらに、副次的な効果として、経理の効率化・高度化も望めるところである。むろん、小規模の事業者はコスト・ベネフィットを十分考慮して実行するかどうかを決定すべきであり、闇雲に進めるべきではないことはいうまでもない。

②についてであるが、仕入控除税額の最大化を図るプランニングにおいては、適用要件を満たしているか否かが成果を得られるかどうかの大きな分かれ目となり得る。適用初年度において満たしていることは当然のことであるが、その後も適用を受けている限り継続して要件を満たしている必要がある。しかし、往々にして、適用を受けた課税期間以降の課税期間について（油断して）チェックが甘くなり、適用要件を満たしていなかったり、適用を満たすための裏付け資料が不十分であったりすることが税務調査で指摘され、否認されるケースが少なくない。また、時間の経過とともに法令が改正され、導入時とは適用要件が変更されている可能性があることも十分考えられる。適用要件を満たしているか適宜かつ継続的にチェッ

クすること、すなわちタックスプランニングの「メンテナンス」が肝要である。

なお、当該メンテナンスは、税務調査を受ける前に、外部の専門家（顧問税理士など）に依頼すると効果的であろう。

2　95％ルールとは

消費税は、欧州諸国ですでに導入されていた付加価値税（VAT、Value Added Tax）に倣い、課税の累積を避けるため、前段階の業者から仕入れた物品・サービスにかかる前段階の仕入税額を控除（仕入税額控除）し、ネットの付加価値に対して課税される仕組み（前段階税額控除型付加価値税）となっている。ここで控除できる税額は原則として課税売上に対応する仕入税額のみであるため、課税仕入税額の仕分け（用途区分ということがある）が必要となる。

しかし、従来は、国内における総売上に占める課税売上の割合（いわゆる「課税売上割合」）が95％以上である場合には、課税売上以外の収入についてそれが非課税売上であるのか、課税対象外売上であるのか厳密に区分する必要がなかった。なぜなら、課税売上割合が95％以上であれば、課税仕入れ等の税額を全額控除できるものとされていたためである。これを一般に「95％ルール」といい、少額不追及（de minimis rule）の一形態と解されてきた。業種にもよるが、わが国の企業の大半はこの95％ルールの適用を受け、課税仕入れ等の税額を、対応する売上ごとに仕分けすることなく、全額控除していたところである。

ところが、95％という水準で一律に全額控除を認めるというのは、特に大企業の場合少額不追及の基準としては緩すぎることから、結果として生じる益税の額は無視できない規模であり、また、そのような大企業は事務処理能力が高いため益税を許容する意義が乏しいと考えられる。そのため、

平成23年度の税制改正により、平成24年4月1日以降に開始する課税期間から、95％ルールの適用が受けられるのは進行年度の課税売上高が5億円以下の事業者に限定されることとなった（消法30②）。

ただし、当該改正による増収額は財務省の見積もりで約29億円と小規模であり、益税是正の方法としてはそれほど大きなインパクトのある措置ではない[注30]。一方で、特に個別対応方式対応のため事業者が負担すべきコンプライアンスコストは少なくないものがある。仕入税額控除の本来のあり方からすると、今回の改正は是認できるが、これと併せて不必要な制限である一括比例配分方式の「2年縛り」を廃止すべきであったのではないかと考えられる（本章第5節1参照）。

3　仕入税額控除制度

消費税においては、課税の累積を排除するために、**図表1－2**で示されているように、前段階の税額である仕入に係る税額（input tax）の控除が認められている。これを「仕入税額控除（前段階税額控除）制度」という。

消費税法によれば、事業者が国内において課税仕入れを行った場合または保税地域から課税貨物を引き取った場合には、これらの日の属する課税期間における売上げに係る消費税額から、課税仕入れに係る消費税額および課税貨物に係る消費税額を控除することとなっている（消法30①）。なお、課税仕入れに係る消費税額とは、支払対価の額に105分の4を乗じて算出した金額である（消法30①、地方消費税を含めれば105分の5となる）。なお、当該割合は今後予定されている税率引上げに伴い**図表1－13**のとおり変更されることとなる。

消費税の仕入税額控除の特徴は、そのタイミングにある。すなわち、所

注30　財務省編『平成23年度改正税法のすべて』754頁。

図表1—13　税率引上げと課税仕入れに係る消費税額

	平成26年4月から	平成27年10月から
支払対価の額に乗じる割合 （カッコ内は地方消費税を含めた割合）	108分の6.3 （108分の8）	110分の7.8 （110分の10）

得税や法人税の場合と異なり、いわゆる「費用収益対応の原則」は適用されず、ある課税期間に仕入れた物品やサービスに含まれる消費税額は、その物品やサービスと当該課税期間における売上との対応関係にあるかどうかとは関係なく、原則としてその課税期間（課税仕入れを行った日）において控除されるのである（即時控除の原則）注31。

<例>
　自動車部品製造業を営む株式会社が今期の期初にカラー複写機（3,000,000円（消費税額150,000円）、耐用年数5年、定額法）を購入した。この場合、法人税法上損金に算入される減価償却費および消費税における仕入税額控除の金額は以下のとおりである。
　減価償却費＝3,000,000×0.200（定額法の償却率）＝600,000円
　仕入税額控除額＝（3,000,000＋150,000）×5／105＝150,000円（地方消費税を含む）➡当該金額全額が当期において仕入税額控除の対象となる

4　帳簿方式による仕入税額控除

　仕入税額控除は原則として、事業者が保存する帳簿および請求書等の証票により行うこととなる注32（消法30⑦）。このように帳簿及び請求書等の証票により仕入税額控除を行う方式を帳簿（アカウント）方式といい、欧

注31　金子前掲注1書653頁。
注32　平成9年3月31日までは帳簿または請求書等の保存（要するにいずれか一方の保存）であった。

州における付加価値税のインボイス（invoice、税額表）方式と対比される。日本独自の制度である帳簿方式の下では、原理的に、売主が免税業者であり売上に含まれる消費税額を実際には納付しなくとも、買主が当該税額に係る仕入税額控除を行うことができるため、結果として消費税収が少なくなるという問題が生じ得る注33。

ここでいう「帳簿」とは、以下の事項が記載されたものをいう（消法30⑧）。

① 課税仕入れに係る場合
　ア　課税仕入れの相手方の氏名・名称
　イ　課税仕入れを行った年月日
　ウ　課税仕入れに係る資産または役務の内容
　エ　課税仕入れに係る支払対価の額
② 課税貨物に係る場合
　ア　課税貨物を保税地域から引き取った年月日
　イ　課税貨物の内容
　ウ　課税貨物の引取りに係る消費税額（地方消費税額を含む）

また、「請求書等」とは、前段階の事業者から交付される請求書、納品書、領収書その他これらに類する書類で、以下の事項が記載されたものをいう（消法30⑨）。

③ 取引の相手方が作成した書類の場合
　ア　書類の作成者の氏名・名称
　イ　課税資産の譲渡等を行った年月日
　ウ　課税資産の譲渡等に係る資産または役務の内容
　エ　課税資産の譲渡等の対価の額

注33　もっとも、売主側では納付しなかった消費税額が売上高に含まれるため、通常法人税ないし所得税が課されることとなる。

オ　書類の交付を受ける事業者の氏名・名称注34
④　事業者自身が作成した仕入明細書・仕入計算書等の書類の場合（取引の相手方の確認を受けたものに限る）
　　ア　書類の作成者の氏名・名称
　　イ　課税仕入れの相手方の氏名・名称
　　ウ　課税仕入れを行った年月日
　　エ　課税仕入れに係る資産または役務の内容
　　オ　課税仕入れに係る対価の額

　帳簿方式を採用したわが国の消費税の場合、仕入税額控除は上記の要件を満たす帳簿等の保存が条件となっている。ここでいう帳簿等の保存とは、単に法定帳簿等が存在し、納税者がそれを所持しているというだけでは不十分で、税務調査において、税務職員の質問検査権に応じてその内容を確認できる状態で保存を継続していることが必要と解されている注35。判例でも、税務調査において帳簿等の提示を拒絶した場合において、「（課税庁の職員から）適法に帳簿等の提示を求められ、これに応じ難いとする理由も格別なかったにもかかわらず、帳簿等の提示を拒み続けたということができ、（中略）調査が行われた時点で帳簿等を保管していたとしても、同法（筆者注：消費税法）62条に基づく税務職員による帳簿等の検査に当たって適時にこれを提示することが可能なように態勢を整えて帳簿等を保存していたということはできず、本件は同法30条7項にいう帳簿等を保存しない場合に当たる」とされている（最高裁平成17年3月10日・民集59巻2号379頁）。要するに、税務調査において帳簿等を調査官に見せることができな

注34　通常不特定多数の消費者等を相手にして取引を行っている事業者の一定の事業（小売業、飲食業など）については、その交付する領収書・レシート等には買手や顧客の氏名や名称が記載されていないのが通例であるため、当該記載（領収書等の宛名）は不要であるとされている（消令49④）。
注35　水野前掲注1書775頁。

いのであれば、保存しているとはいえず、仕入税額控除の適用はないということである。

なお、事業者があらかじめ電子帳簿保存法の承認を受けて電子データ等により保存している帳簿に上記の事項が記録されている場合には、当該電子データ等の保存をもって帳簿が保存されていることとなる。

5　請求書の保存を要しない場合

　帳簿方式の下でも、取引の実態等を踏まえて、下記の要件に該当する場合には、請求書の保存につき特例措置が講じられている。
① 　課税仕入れに係る支払対価の合計額が３万円未満である場合
　　請求書等の保存は不要で、法定事項（本節４①②参照）が記載された帳簿の保存で足りる（消法30⑦、消令49①一）。
② 　課税仕入れに係る支払対価の合計額が３万円以上で請求書等の交付を受けなかったことにつきやむを得ない理由がある場合
　　法定事項（本節４①②参照）が記載された帳簿にそのやむを得ない理由及び相手方の住所または所在地を記載している場合注36には、その帳簿の保存で足りる（消法30⑦、消令49①二）。
　　ここでいう「やむを得ない理由」とは、以下の場合が該当するものと取り扱われている（消基通11―６―３）。
　　ア　自動販売機を利用した場合
　　イ　乗車券・搭乗券のように回収される場合
　　ウ　取引の相手方に請求書等の交付を請求したが、交付を受けられなかった場合

注36　国税庁長官が指定する者（鉄道事業者や航空運送事業者など）については、その相手方の住所または所在地の記載を省略できる（消令49①二、消基通11―６―４）。

図表1—14　仕入税額控除の対象となる消費税

下記の合計額	
①　その課税期間中の国内において行った課税仕入れに係る消費税額	②　その課税期間中における保税地域からの引き取りに係る課税貨物について課された（または課されるべき）消費税額

　エ　課税仕入れを行った課税期間末までにその支払対価の額が確定していない場合

　オ　その他上記に準じる場合

6　実額による控除

　課税事業者は、その課税期間における売上税額から、その期間中の仕入税額を控除することとなる（消法30①）。当該仕入税額の控除の方法は、実額による場合と、概算による場合（簡易課税制度）とに分けられる。ここではまず原則方式である実額による方法を説明する。

　仕入税額控除の対象となる消費税額は、その課税期間中の国内において行った課税仕入れに係る消費税額およびその課税期間中における保税地域からの引取りに係る課税貨物について課された（または課されるべき）消費税額の合計額である（**図表1—14参照**）。

　上記でいう「課税仕入れ」とは、事業者が事業として他の者から資産を譲り受け、もしくは借り受け、または役務の提供を受けることをいう（消法2①十二）。ただし、役務の提供のうち給与を対価とするものは課税仕入れから除かれる（消法2①十二カッコ書）。

7　課税仕入れ等に係る消費税額の計算方法

　課税仕入れ等に係る消費税額の具体的な計算方法は、以下の区分により

行う。
① 課税資産の譲渡等のみを行っている（課税売上割合が100％の）事業者
② 課税売上割合が95％以上でその課税期間における課税売上高が5億円以下[注37]の事業者
③ 課税売上割合が95％以上でその課税期間における課税売上高が5億円超の事業者
④ 課税売上割合が95％未満の事業者
⑤ 簡易課税の適用事業者（本章第4節で説明する）

上記における「課税売上割合」とは、課税期間中の国内における資産の譲渡等の対価の額の合計額に占めるその課税期間中の国内における課税資産の譲渡等の対価の額の合計額の割合をいう（消法30⑥、消令48①）。これを算式で示すと以下のとおりとなる。

$$課税売上割合 = \frac{課税期間中の国内における\textbf{課税資産の譲渡等}の対価の額の合計額（売上に係る対価の返還等の金額控除後）}{課税期間中の国内における\textbf{資産の譲渡等}の対価の額の合計額（売上に係る対価の返還等の金額控除後）}$$

本章第1節4(1)で説明したとおり、資産の譲渡等から非課税取引を除いたものを「課税資産の譲渡等」というから（消法2①九）、上記算式中の分子・分母の違いは非課税取引の金額ということになる。そのため、非課税取引（収入）の割合が高い医療機関や福祉施設、持株会社などは、一般に課税売上割合が低い水準となる。

上記①～⑤の区分により仕入税額控除の計算方法を示すと、**図表1―15**のようになる。

注37　②③は進行年度の課税売上高で判定するのであり、「基準期間」（本章第1節3(3)参照）の課税売上高で判定するわけではないことに留意すべきである。

図表1－15　課税仕入れ等に係る仕入税額控除の計算方法

	課税売上割合等	計算方法
①	課税資産の譲渡等のみを行っている（課税売上割合が100％の）事業者	全額控除
②	課税売上割合が95％以上でその課税期間の課税売上高が5億円以下の事業者	全額控除
③	課税売上割合が95％以上でその課税期間の課税売上高が5億円超の事業者	個別対応方式または一括比例配分方式（選択）
④	課税売上割合が95％未満の事業者	個別対応方式または一括比例配分方式（選択）
⑤	簡易課税の適用事業者	みなし仕入率

　このように、課税売上割合が「95％以上か否か」で仕入税額控除の取扱いが大幅に変わってくる。95％ルールとの関連では、上記③について平成23年度の税制改正で、平成24年4月1日以降に開始する課税期間においては全額控除が認められなくなった点が重要である。

　なお、上記のうち、①～④により仕入税額を計算する方法を、⑤を「簡易課税」ということとの対比で「原則課税」ということがある。

8　個別対応方式

　課税仕入れ等に係る消費税額について、以下の3つの区分に分類し仕入控除税額を計算する方法を「個別対応方式」という（消法30②一）。
　①　課税資産の譲渡等にのみ要するもの
　②　その他の資産の譲渡等にのみ要するもの[注38]
　③　両方に共通して要するもの

注38　実質的に「非課税資産の譲渡等を行うためにのみ必要な課税仕入れ等」と同義である。

図表1—16　個別対応方式による場合の仕入控除税額

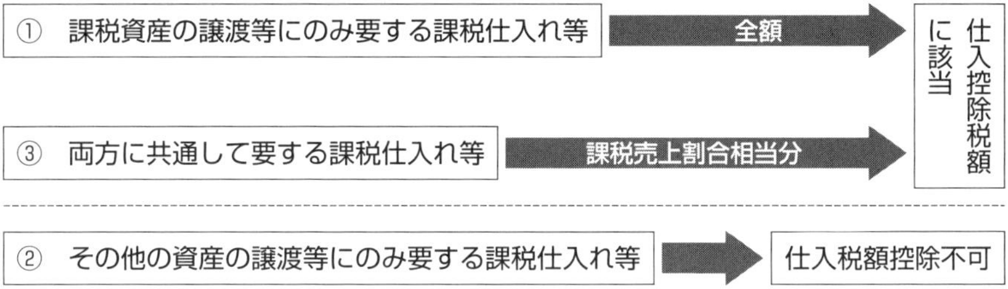

① 課税資産の譲渡等にのみ要する課税仕入れ等	→ 全額 →	仕入控除税額に該当
③ 両方に共通して要する課税仕入れ等	→ 課税売上割合相当分 →	
② その他の資産の譲渡等にのみ要する課税仕入れ等	→	仕入税額控除不可

これを算式で示すと、以下のとおりとなる。

$$\text{仕入控除税額} = \text{課税資産の譲渡等にのみ要するものに係る課税仕入れ等の消費税額} + \text{両方に共通して要するものに係る課税仕入れ等の消費税額} \times \text{課税売上割合}$$

また、図解すると、**図表1—16**のとおりとなる。

個別対応方式を選択する場合には、必ず上記①～③に区分しなければならない（消基通11—2—18）。このような区分を一般に「用途区分」という。

なお、上記③「両方に共通して要する課税仕入れ等」であっても、たとえば原材料、包装材料、倉庫料、電力料等のように生産実績その他の合理的な基準により上記①および②に区分（按分計算）することが可能な場合には、その区分により個別対応方式を適用することができる（消基通11—2—19）。

9　一括比例配分方式

課税仕入れ等に係る消費税額について、課税売上割合で按分計算した金額を仕入控除税額とする方法を「一括比例配分方式」という（消法30②二、④）。課税売上割合が95％未満の事業者および課税売上割合が95％以上でその課税期間の課税売上高が5億円超の事業者は、個別対応方式と一括比

例対応方式とを選択することができるが、課税仕入れ等に係る消費税額について本節8における①～③の用途に区分していない事業者は、必然的に一括比例配分方式によることとなる。

一括比例配分方式における仕入控除税額の計算は、次の算式により行う。

$$仕入控除税額 = 課税期間中の課税仕入れ等に係る消費税額 \times 課税売上割合$$

なお、一括比例配分方式を選択した場合には、2年間以上継続適用した後でない限り、個別対応方式へ変更することができない（消法30⑤）。一方、個別対応方式を選択した場合には、いつでも一括比例配分方式へ変更することができる。

10 課税売上割合に準ずる割合

個別対応方式により仕入控除税額を計算する場合には、原則として本節8③の「両方に共通して要する課税仕入れ等」に課税売上割合を乗じることとなるが、所轄税務署長の承認を受けた場合には、課税売上割合に代えて、その他の合理的な割合（これを「課税売上割合に準ずる割合」という）により計算することも可能である（消法30③）。通達によれば、「合理的な割合」とは、以下のような基準をいう（消基通11―5―7）。

① 使用人の数または従事日数の割合
② 消費または使用する資産の価額
③ 使用数量
④ 使用面積の割合　など

課税売上割合に準ずる割合は、個別対応方式により課税仕入れ等に係る消費税額の計算を行っている事業者についてのみ適用され、一括比例配分方式により課税仕入れ等に係る消費税額の計算を行っている事業者には適

用がないことに留意すべきである。したがって、用途区分を行っていない事業者は、課税売上割合に準ずる割合の適用を受けることができないこととなる。

課税売上割合に準ずる割合は、事業全体について同一の基準・割合を適用する必要はなく、それぞれについて税務署長の承認を受けている限り、事業の種類ごと、費用ごと、事業上ごとに別の基準・割合を適用することが可能である（消基通11―5―8）。したがって、たとえば、病院における部門を入院部門、外来部門、管理部門に分け、それぞれ異なる基準の「課税売上割合に準ずる割合」を適用することも、そのすべてが合理的と税務署長が認める限り、可能である。

課税売上割合に準ずる割合を適用する場合には、所轄税務署長に「消費税課税売上割合に準ずる割合の適用承認申請書」を提出する（消令47①）。当該申請書の審査後税務署長から承認を受けた日の属する課税期間から適用することができる。一方、当該適用をやめる場合には、所轄税務署長に「消費税課税売上割合に準ずる割合の不適用届出書」を提出すれば、その提出のあった日の属する課税期間から適用されないこととなる。

11 課税売上割合が著しく変動した場合の仕入控除税額の調整

消費税制度においては、仕入れに係る消費税額は棚卸資産・固定資産にかかわらず、原則として仕入時の課税期間において即時に控除することとされている（即時控除の原則）。しかし、固定資産のように長期にわたって使用されるものについて、その課税仕入れを行った課税期間の課税売上割合や使用形態のみで税額控除を完結させることは、その後の課税期間において、仮に課税売上割合が著しく変動した場合や使用形態・用途を変更（転用）した場合には、必ずしも適切とはいえない。そこで、固定資産等のうち一定金額以上のもの（調整対象固定資産）については、一定の方法によ

り仕入控除税額を調整することとなっている（消法33〜35）。

(1) 調整対象固定資産

調整対象固定資産は、建物や機械装置といった棚卸資産以外の固定資産で、一取引単位の税抜金額が100万円以上ものをいう（消法2①十六、消令5）。

(2) 要件

次の要件にすべてあてはまる場合には、調整対象固定資産に係る仕入税額についての調整を行う（消法33）。

① 調整対象固定資産を購入した課税期間において、調整対象固定資産に係る仕入税額について次のいずれかに該当する

　ア　課税売上割合が95％以上（100％の場合を含む）で、仕入税額が全額控除された場合

　イ　課税売上割合が95％未満で、個別対応方式で共通用として計算した場合

　ウ　課税売上割合が95％未満で、一括比例配分方式により計算した場合

② 第3年度の課税期間注39の末日においてその調整対象固定資産を保有している

③ 課税売上割合が著しく変動している

　これは以下の場合をいい、各ケースに応じて仕入税額に加算（著しく増加した場合）または減算・控除（著しく減少した場合）する。

　ア　課税売上割合が著しく増加した場合（消令53①）

注39　仕入等の課税期間の開始の日から3年を経過する日の属する課税期間をいう（消法33②）。

$$\frac{\text{通算課税売上割合}^{注40} - \text{仕入等の課税期間の課税売上割合}}{\text{仕入等の課税期間の課税売上割合}} \geqq 50\%$$

かつ

$$\text{通算課税売上割合} - \text{仕入等の課税期間の課税売上割合} \geqq 5\%$$

イ　課税売上割合が著しく減少した場合（消令53②）

$$\frac{\text{仕入等の課税期間の課税売上割合} - \text{通算課税売上割合}}{\text{仕入等の課税期間の課税売上割合}} \geqq 50\%$$

かつ

$$\text{仕入等の課税期間の課税売上割合} - \text{通算課税売上割合} \geqq 5\%$$

なお、取得時に簡易課税制度を適用している場合には、原理上過大・過小控除の問題が生じないので、当該調整計算は不要である。

(3) 調整税額

次の算式により計算した金額を、第3年度の課税期間の控除対象仕入税額に加算または控除（減算）する。

① 課税売上割合が著しく増加した場合 ➡ 仕入控除税額に加算

$$\left[\begin{array}{c}\text{調整対象固定}\\\text{資産に係る消}\\\text{費税額}\end{array}\right] \times \left[\begin{array}{c}\text{通算課税}\\\text{売上割合}\end{array}\right] - \left[\begin{array}{c}\text{調整対象固定}\\\text{資産に係る消}\\\text{費税額}\end{array}\right] \times \left[\begin{array}{c}\text{仕入等の課税}\\\text{期間の課税売}\\\text{上割合}\end{array}\right]$$

② 課税売上割合が著しく減少した場合 ➡ 仕入控除税額から控除

注40　仕入等の課税期間から第3年度の課税期間までの各課税期間における資産の譲渡等の対価の額の合計額のうちに占める、その各課税期間における課税資産の譲渡等の対価の額の合計額の占める割合をいう（消法33②、消令53③）。

$$\begin{bmatrix}調整対象固定\\資産に係る消\\費税額\end{bmatrix} \times \begin{bmatrix}仕入等の課税\\期間の課税売\\上割合\end{bmatrix} - \begin{bmatrix}調整対象固定\\資産に係る消\\費税額\end{bmatrix} \times \begin{bmatrix}通算課税\\売上割合\end{bmatrix}$$

(4) 留意事項

　第3年度の課税期間において免税事業者である場合や簡易課税制度の適用がある場合には、原則として当該調整計算は不要である。ただし、このことを利用した賃貸マンション等に係る消費税の還付事例に対処するため、平成22年度の税制改正で免税事業者（「消費税課税事業者選択不適用届出書」の提出）や簡易課税制度の適用に制限が加えられた。簡易課税制度の適用の制限については本章第4節参照。

　また、第3年度の課税期間までの間に免税事業者となった課税期間および簡易課税制度の適用を受けた課税期間が含まれている場合であっても、当該調整計算が必要となる（消基通12—3—1）。この場合、通算課税売上割合の計算は、免税事業者となった課税期間および簡易課税制度の適用を受けた課税期間の売上高を含めて計算する。

12　課税業務用から非課税業務用に転用した場合等の仕入控除税額の調整

(1) 制度の概要

　本節11で説明したとおり、課税事業者が調整対象固定資産（本節11(1)参照）の課税仕入れを行い、個別対応方式により課税業務用にのみ供するものとして仕入に係る消費税額の計算を行った場合で、これを取得した日から3年以内に非課税事業用にのみ供するものに転用したときや、逆に、非課税業務用にのみ供するものとしていたものを取得した日から3年以内に課税業務用にのみ供するものに転用したときは、その転用した課税期間

に応じ、一定の調整税額をその転用した課税期間における仕入に係る消費税額から控除（減算）または加算することとなっている（消法34①、35）。

(2) 調整税額

① 取得の日から1年以内に転用した場合……調整対象税額[注41]の全額
② 取得の日から2年以内に転用した場合……調整対象税額の3分の2
③ 取得の日から3年以内に転用した場合……調整対象税額の3分の1
転用の形態により、以下のとおり控除または加算を行う。

> 課税用から非課税用に転用➡課税仕入れ等に係る消費税額から控除
> 非課税用から課税用に転用➡課税仕入れ等に係る消費税額に加算

(3) 留意事項

転用に係る調整が必要となるのは、取得の日における課税売上割合および仕入税額控除に係る処理が以下の場合である。したがって、共通用の資産を転用した場合や、共通用に転用した場合には調整計算は不要である（消基通12—4—1、12—5—1）。

① 仕入時の処理が個別対応方式の課税売上用とした資産を3年以内に非課税売上用に転用した場合
② 仕入時の処理が個別対応方式の非課税売上用とした資産を3年以内に課税売上用に転用した場合

なお、転用するまでの間に免税事業者となった課税期間および簡易課税制度の適用を受けた課税期間が含まれている場合であっても、当該調整計算が必要となる（消基通12—4—2、12—5—2）。

[注41] 調整対象固定資産に係る消費税額をいう。

13 棚卸資産に係る消費税額の調整

(1) 制度の概要

　免税事業者が新たに課税事業者となる場合や、課税事業者が免税事業者となる場合には、棚卸資産に係る課税仕入れ等の税額について、調整を行うこととなる（消法36）。これは次のような不合理を排除するための措置である。すなわち、免税事業者であった課税期間に仕入れた商品等を課税事業者になった課税期間に販売すると、売上に係る消費税額は計上されるが、仕入れに係る消費税額は控除できないため納付すべき消費税額が増加し、逆に、課税事業者であった課税期間に仕入れた商品等を免税事業者になった課税期間に販売すると、仕入に係る消費税額は控除できるが、売上に係る消費税額は計上されないため過大控除ということになる。そのため、棚卸資産に係る課税仕入れ等の税額についての調整が必要となるのである。

(2) 免税事業者が課税事業者となる場合

　この場合、免税事業者であった課税期間に仕入れた棚卸資産のうち、課税事業者となった課税期間の期首に棚卸資産として計上されているものにつき、その取得に要した費用の額の105分の4を付表2の「課税仕入れに係る消費税額」に加算する。

(3) 課税事業者が免税事業者となる場合

　この場合、免税事業者となる直前の課税期間に仕入れた棚卸資産のうち、当該課税期間の期末に棚卸資産として計上されているものにつき、その取得に要した費用の額の105分の4を付表2の「課税仕入れに係る消費税額」

から控除する。

ただし、課税事業者が免税事業者となる直前の課税期間において簡易課税制度の適用を受けている場合には、当該措置の適用はない(消基通12―6―4)。

(4) 適用要件

課税仕入れ等に係る棚卸資産の明細を記録した書類を、確定申告期限から7年間保存しなければならない(消法36②、消令③⑤)。

第1章　95％ルール改正後の仕入税額控除の基礎

第3節　平成23年度および平成24年度改正の内容

1　平成23年度改正～事業者免税点制度の改正

　消費税に関する平成23年度税制改正は、近い将来見込まれる注42消費税率引上げを見据え、平成元年の導入以来世論からの批判の強かった「益税問題」を少しでも解消し、消費税の増税をスムーズに進める環境づくりという側面が強かったと評価されるだろう。そのうちの1つが事業者免税点制度の改正である。

　消費税の納税義務の判定は、消費税が転嫁を予定している税であることから、原則として「基準期間」という過去の一定期間における課税売上高、すなわち個人事業者についてはその年の2年前（前々年）、法人についてはその事業年度の前々事業年度における課税売上高によることとされている（消法2①十四、5①、9①）。また、当該基準期間における課税売上高が1,000万円以下の事業者については、原則として、その課税期間中に国内において行った課税資産の譲渡等について、納税義務が免除される（事業者免税点制度、消法9①）。

　しかし、個人事業者のその年または法人のその事業年度において現行制度の事業者免税点制度の適用を受ける事業者のうち、次の①～③に掲げる「特定期間」の課税売上高が1,000万円を超える事業者については、平成23

注42　実際に消費税率の引上げ法案が成立したのは翌平成24年8月であった。

46

年度の税制改正で当該事業者免税点制度が適用されず、課税事業者とされることとなった（消法9の2）。

① 個人事業者のその年の前年1月1日から6月30日までの間（特定期間）の課税売上高（消法9の2④一）
② 法人のその事業年度の前事業年度（7月以下のものを除く）開始の日から6月間（特定期間）の課税売上高（消法9の2④二）
③ 法人のその事業年度の前事業年度が7月以下の場合で、その事業年度の前1年以内に開始した前々事業年度があるときは、その前々事業年度の開始の日から6月間（特定期間）の課税売上高（その前々事業年度が5月以下の場合は、その前々事業年度の課税売上高）（消法9の2④三）

　この規定の適用にあたっては、事業者は課税売上高の金額に代えて給与等の支払額の金額を用いることができる（消法9の2③）。当該措置は、給与等の支払額であれば、売上高との相関性が強く、また、事業者は、給与支払明細書（いわゆる源泉徴収票）を従業員等に対して交付する義務があり（所法231①）、かつ、源泉徴収義務者は源泉所得税を原則として毎月納付することとされていること等から、その支払額を把握することが一般に容易であると考えられること等を踏まえ、月次等の短い間隔での決算を行っておらず売上高を適時に把握できないといった事業者の事務負担に配慮する観点から設けられたとされている注43。

　そもそも当該改正は、**図表1―17**で示されるような、資本金1,000万円未満の法人等は2年間連続して課税売上高が1,000万円以下であれば2年間消費税の免税事業者となることを利用して、仮に1期目の課税売上高が3,000万円、2期目が5,000万円であっても、3期目に解散してしまえば消費税を納める必要がなくなるというように、2年ごとに法人の設立・解散

注43　財務省編『平成23年度改正税法のすべて』647頁参照。

図表1—17 新設法人を利用した消費税の脱税事例

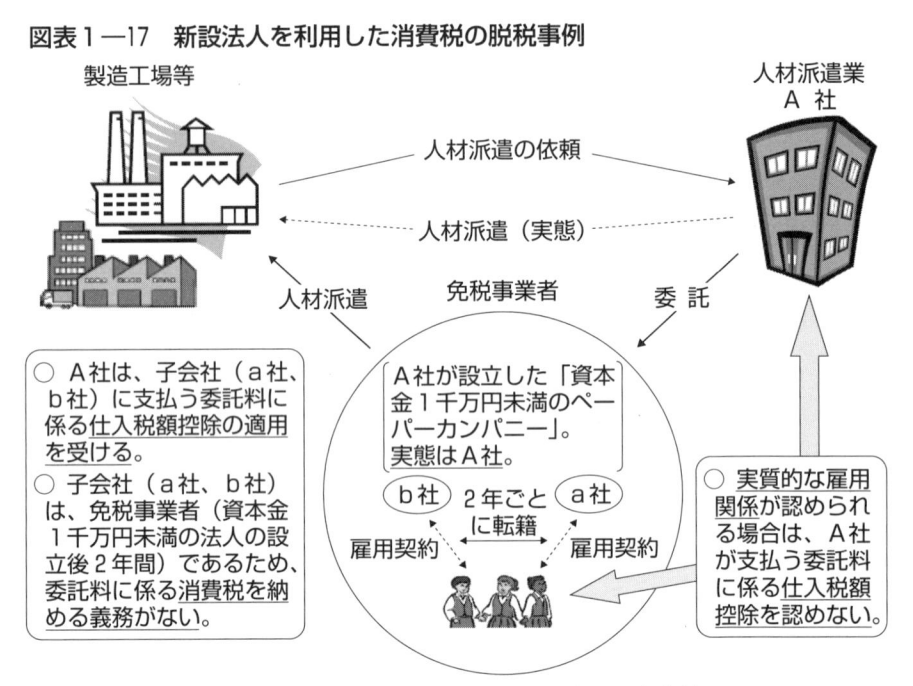

○ A社は、子会社（a社、b社）に支払う委託料に係る仕入税額控除の適用を受ける。
○ 子会社（a社、b社）は、免税事業者（資本金1千万円未満の法人の設立後2年間）であるため、委託料に係る消費税を納める義務がない。

A社が設立した「資本金1千万円未満のペーパーカンパニー」。実態はA社。

○ 実質的な雇用関係が認められる場合は、A社が支払う委託料に係る仕入税額控除を認めない。

（出所）　平成22年11月1日政府税制調査会第10回専門家委員会資料

を繰り返して消費税を免れるという脱法行為が横行していたことに対抗するための措置である、と一般に解されている。

　当該改正により特定期間における課税売上高（またはそれに代えて給与等により判定する場合はその金額[注44]）が1,000万円を超えた場合には、その旨の届出書（消費税課税事業者届出書（特定期間用））を所轄税務署長に提出する必要がある（消法57①一、消規26①一）。「消費税課税事業者届出書（特定期間用）」の記載例は**図表1—18**のとおりである。

　なお、当該改正は、上記のその年またはその事業年度が平成25年1月1

注44　給与等の金額により判定した場合でその金額が1,000万円以下の場合、事業者免税点制度が適用されるが、その場合、特にその旨を届け出る必要はない（財務省編『平成23年度改正税法のすべて』647頁参照）。

第3節　平成23年度および平成24年度改正の内容

図表1—18　消費税課税事業者届出書（特定期間用）

第3-(2)号様式

特定期間用

消費税課税事業者届出書

収受印

平成 25 年 6 月 30 日

届出者

（フリガナ）　シブヤク ササヅカ
納税地　（〒 151 - 00XX ）
渋谷区笹塚1-1-X
（電話番号　03 － 5225 － XXXX ）

（フリガナ）
住所又は居所（法人の場合）本店又はまたる事務所の所在地
（〒　－　）
同上
（電話番号　　－　　－　）

（フリガナ）　カブシキガイシャササヅカショウジ
名称（屋号）　株式会社笹塚商事

（フリガナ）　ササキ　イチロウ
氏名（法人の場合）代表者氏名　佐々木　一郎　㊞

（フリガナ）　セタガヤクキタザワ
（法人の場合）代表者住所　世田谷区北沢6-1-X
（電話番号　03 － 5993 － XXXX ）

渋谷　税務署長殿

下記のとおり、特定期間における課税売上高が1,000万円を超えることとなったので、消費税法第57条第1項第1号の規定により届出します。

適用開始課税期間	自 平成 25 年 4 月 1 日　至 平成 26 年 3 月 31 日		
上記期間の特定期間	自 平成 24 年 6 月 1 日	左記期間の総売上高	21,405,371 円
	至 平成 24 年 11 月 30 日	左記期間の課税売上高	21,398,674 円
		左記期間の給与等支払額	10,948,772 円
事業内容等	生年月日（個人）又は設立年月日（法人）　1明治・2大正・3昭和・④平成　24 年 6 月 1 日	法人のみ記載　事業年度 自 4 月 1 日 至 3 月 31 日	
		資本金	3,000,000 円
	事業内容	卸売業	

| 参考事項 | | 税理士署名押印　　　　　　　　　　　　　㊞（電話番号　　－　　－　） ||

※税務署処理欄

整理番号		部門番号		
届出年月日	年　月　日	入力処理　年　月　日	台帳整理　年　月　日	

注意　1．裏面の記載要領等に留意の上、記載してください。
　　　2．※印欄は、記載しないでください。

49

日以後注45に開始するものから適用される（改正消法附則22①）ので、今後の税務調査において徐々に問題となる項目であると考えられる。そこで、適用時期については意識して準備しておく必要があるだろう。

2　平成23年度改正　〜仕入税額控除制度における95％ルールの見直し

(1)　改正の背景

　わが国の消費税法においては、原則として、その課税期間中に発生した売上に係る消費税額から仕入れ等に係る消費税額を控除することにより申告・納付税額を計算することとなる。これを一般に「仕入税額控除制度」というが、この場合、非課税売上に対応する課税仕入れ等に係る消費税額は仕入税額控除の対象とはならない。

　しかし、課税売上割合が95％以上の場合における課税仕入れ等の税額については、従来、事業者の事務負担の軽減の観点から、簡便法として、その課税期間中の仕入れ等に係る消費税額が課税売上に対応するものか非課税売上に対応するものかを厳密に区分することなく、その全額について仕入税額控除ができる制度（95％ルール）が導入されていたところである（旧消法30②）。

　なお、**図表1—19**のように、カナダ・ルクセンブルク（ともに非課税売上割合の上限は10％）、スウェーデン・チェコ・ニュージーランド（いずれも非課税売上割合の上限は5％）においても、それぞれの国の付加価値税法の中にわが国の95％ルールと類似の制度がある。

　ところが、実際には、立法趣旨である「事業者の事務負担の軽減」にはそぐわない、事務処理能力の高い大規模な事業者をも含めて一律に95％

注45　大綱では平成24年10月1日以後とされていた。

第3節　平成23年度および平成24年度改正の内容

図表1—19　諸外国における95％ルール類似の制度

国名	非課税売上割合の上限	仕入税額控除が可能な範囲
カナダ	10％	左記の条件を満たす場合全額仕入税額控除可
スウェーデン	5％	左記の条件を満たす場合、1回の仕入取引に係る仕入税額が1,000スウェーデンクローネ（約14,000円）を超えない仕入取引につき全額仕入控除可
チェコ	5％	左記の条件を満たす場合全額仕入税額控除可
ニュージーランド	5％	左記の条件を満たす場合、非課税売上の見込額が年間90,000ニュージーランドドル（約738万円）を超えない場合に限り全額仕入税額控除可
ルクセンブルク	10％	左記の条件を満たす場合、非課税売上に対する仕入税額が年間250ユーロ（約30,000円）を超えない場合に限り全額仕入税額控除可

（出所）　平成22年11月1日政府税制調査会第10回専門家委員会資料（消費課税）39頁を基に筆者作成。為替レートは平成25年4月1日現在。

ルールの適用があるため、その見直しが叫ばれていた[注46]。

そこで、平成23年度の税制改正において、課税売上割合が95％以上の場合における課税仕入れ等の税額については、その課税期間（すなわち進行年度）の課税売上高が5億円（その課税期間が1年に満たない場合は年換算）以下の事業者に限り適用されることとなった（消法30②）。これにより、

注46　財務省編『平成23年度改正税法のすべて』649頁参照。また、平成22年12月2日の政府税制調査会第12回専門家委員会でも、「いわゆる『95％ルール』については、消費税の仕入税額控除に関しては、非課税売上げに対応する仕入れに係る控除を認めないのが原則であり、課税の公平性を高めるために見直すべきとの意見が多数あった。このルールが大企業への優遇になっているとの批判もあることを踏まえて、少なくとも適用範囲の見直しが必要である」と指摘されていた。

仕入税額が巨額となる大企業における益税（合法的に納付を免除される消費税額）が解消されることが期待されるところである。

(2) 適用対象者の見直し

改正により、95％ルールによる全額控除の適用対象者は進行年度の課税売上高が5億円以下の事業者に限定されることとなった（消法30②）。そのため、進行年度の課税売上高が5億円を超える事業者については、たとえ課税売上割合が95％以上であっても、仕入控除税額の計算にあたっては、個別対応方式または一括比例配分方式のいずれかの方法を選択して計算することとなる。

(3) 進行年度の課税売上高の意義

改正後の95％ルールの判定においては、「その課税期間における課税売上高」すなわち「進行年度の課税売上高」の意義が重要である。当該課税売上高は、以下の算式により計算される（消法30⑥）。

| その課税期間中に国内において行った課税資産の譲渡等の対価の額（税抜） － 返品等の金額 |

上記算式の「返品等の金額」は「その課税期間中に行った売上に係る対価の返還等の金額注47（消費税込の返品等の金額）」から「その課税期間中に行った売上に係る対価の返還等の金額に係る消費税額（4％分）に100分の125を乗じた金額（すなわち返品等に金額に含まれる5％分の消費税相当額）をいう。

また、「その課税期間における課税売上高」は1年間の課税売上高により判定する。したがって、課税期間の特例（消法19①三～四の二）の適用

注47　輸出取引に係る売上についての対価の返還等があった場合には、当該対価の返還等の金額をも含めて計算する（消令47の2）。

図表1—20　改正後の課税仕入れ等に係る仕入税額控除の計算方法

	課税売上割合等	計算方法
①	課税資産の譲渡等のみを行っている（課税売上割合が100%の）事業者	全額控除
②	課税売上割合が95%以上でその課税期間の課税売上高が5億円以下の事業者	全額控除
③	課税売上割合が95%以上でその課税期間の課税売上高が5億円超の事業者	個別対応方式または一括比例配分方式（選択）
④	課税売上割合が95%未満の事業者	個別対応方式または一括比例配分方式（選択）
⑤	簡易課税の適用事業者	みなし仕入率

を受けている場合のように、その課税期間が1年に満たない場合には、課税売上高を1年間のものに換算する必要がある。これは仮決算による中間申告書を提出する場合であっても同様である。

(4) 改正後の課税仕入れ等に係る仕入税額控除の計算方法

　当該税制改正の結果、課税仕入れ等に係る仕入税額控除の計算方法は**図表1—20**のようになった。

　当該改正は、平成24年4月1日以後に開始する課税期間から適用される（改正消法附則22③）ので、これから税務調査において徐々に問題となる項目であろう。これを機に、個別対応方式の適用のため課税仕入れ等を3つの用途区分に分類する作業を開始することが余儀なくされる企業や、「課税売上割合に準ずる割合」の適用を検討する企業が多数出てくることが想定されるが、そのための準備を十分に行う必要があるであろう。

　なお、当該改正については前述の本節1と適用のタイミングが異なることに要注意である。

3 95％ルールのさらなる見直しの可能性

　さて、平成23年度税制改正で95％ルールが見直され、仕入税額の全額控除の適用対象者は進行年度の課税売上高が5億円以下の比較的小規模の事業者に限定されることとなったが、そもそもこの「5億円」という水準には確たる根拠があるわけではないものと考えられる。95％ルールは、その制度趣旨が一定規模以下の事業者の事務負担に配慮してのものである注48ことから、中小企業向けの制度であるといえるだろう。しかし、税法上中小企業に配慮した措置は数多くあるが、その適用基準はまちまちである。

　これまでの消費税に関する例でいえば、簡易課税制度は平成元年の消費税導入時、基準期間の課税売上高が5億円以下のケースについて適用があったが、益税批判からその後適用対象の金額が順次引き下げられ、現在は基準期間の課税売上高が5,000万円以下の事業者に適用が限定されている。消費税率が引き上げられ国民の消費税に対する関心が今後一層高まる中で、95％ルールについても見直しの俎上に上る可能性は否定できないであろう。現在課税売上高が5億円以下であるからといって、今後も95％ルールの恩恵に与り続けることができるという保証はどこにもないのである。

　したがって、課税売上高が5,000万円を超える事業者は、将来に十分起こり得る95％ルールの見直し（すなわち課税売上高の水準の引下げ）に備え、今から課税仕入れに係る用途区分を行うなど準備を進めることが必要かもしれない。

注48　財務省前掲注46書649頁参照。

図表1—21　消費税率の引上げと時期

	現行	平成26年4月1日	平成27年10月1日
消費税（国税）	4%	6.3%	7.8%
地方消費税（地方税）	1%	1.7%	2.2%
合計	5%	8%	10%

4　平成24年8月公布改正法～税率の2段階引上げ

　民主党政権下において平成24年2月17日に閣議決定された「社会保障・税一体改革大綱」に基づき同年3月30日に国会に提出されたものの、ねじれ国会を反映して同年6月15日の民主・自民・公明三党の合意（いわゆる三党合意）により修正された、消費税率引上げを軸とする改正消費税法（社会保障の安定財源の確保等を図る税制の抜本的な改革を行うための消費税法の一部を改正する等の法律・平成24年8月22日公布（平成26年4月1日施行））の概要であるが、まずは消費税率の2段階引上げである。

　消費税率は**図表1—21**のとおり、2段階で引き上げられる（消法29、地法72の83）。

　すなわち、平成26年4月1日以降に行われる資産の譲渡等および保税地域から引き取られる課税貨物については、税率8％が適用される。また、平成27年10月1日以降に行われる資産の譲渡等および保税地域から引き取られる課税貨物について、税率10％が適用される[注49]。

　そもそも税率5％から10％まで2段階で引き上げられる理由であるが、5％の引上げは税率を2倍にするということであり、一気に引き上げるとわが国のマクロ経済に与える影響が少なくないことへ配慮であり、その影

注49　なお、税率の適用についてはさまざまな経過措置がある。

響を平準化する目的があるものと考えられる。

　なお、イギリスにおいても最近、財政赤字が第2次大戦後最悪の水準に達したこと等に対処するため付加価値税率を引き上げているが、その際、15％➡17.5％（2010年1月）、17.5％➡20％（2011年1月）と2段階で引き上げている。ただし、イギリスの場合は、リーマンショック後の経済不況に対処するため2008年12月から1年間の期限付きで17.5％から15％に引き下げられており、2010年1月の引上げは、それを元に戻しただけものともいえる点に留意すべきであろう。

5　平成24年8月公布改正法 ～新設法人に係る租税回避対応策の創設

(1)　導入の背景

　消費税法においては、免税事業者の判定は基準期間（原則として2事業年度前）の課税売上高で行うこととされている（消法9①）。また、資本金額が1,000万円未満の新設法人については、新設であるがゆえに原理的に基準期間が存在しないことから、設立後2年間は免税事業者と扱われて消費税の納税義務が免除されることとなる（消法12の2①）。ところが、この制度を利用して、設立直後から多額の課税売上高を計上しているにもかかわらず、設立後2年間につき合法的に課税を免れたり、もっと意図的に、設立後2年間は消費税の免税事業者としての特権を享受しつつ、3年目に解散するなどという極端な租税回避行為がみられたところである。

　この点については、平成23年度の税制改正で、事業者免税点制度の改正が行われている（前述本節1参照）。しかし、当該改正では設立1期目は必ず免税事業者と取り扱われ、また、1期目を7か月以下に設定すれば、2期目についても免税事業者としてのステータスが得られるという「抜け道」があった。しかし、会計検査院の調査注50によれば、資本金1,000万円未満

第3節 平成23年度および平成24年度改正の内容

図表1―22　新設法人の売上高および消費税の課税の状況の推移

区分	事業年度等	第1期事業年度 (第1期課税期間)	第2期事業年度 (第2期課税期間)	第3期事業年度 (第3期課税期間)
売上高の状況	売上高計	百万円 22,230	百万円 35,902	百万円 36,187
	1社平均売上高	百万円 64	百万円 104	百万円 105
消費税の課税の状況	課税標準額計	免　税	免　税	千円 32,332,422
	納付消費税額計			千円 652,681
	1社平均 課税標準額			千円 94,263
	1社平均 納付消費税額			千円 1,902

(出所)　平成23年10月「会計検査院法第30条の2に基づく報告書」5頁

　の新設法人のうち、第1期の売上高が1,000万円を超え、設立2年以内の事業者免税点制度の適用を受け、第3期に消費税の納付税額が生じている事業者の第3期までの売上高および消費税の課税の状況は**図表1―22**のとおりであった。

　すなわち、第1期・第2期とも課税売上高の平均が1,000万円をゆうに超えていながら、事業者免税点制度の適用により免税事業者と取り扱われているケースが珍しくないということである。これは平成18年に施行された会社法により最低資本金制度が廃止されたことから、少額の資本金で会社を設立するケースが少なくないこととも関連があると考えられる。

　実際、会計検査院によれば、以下のような事例があったという注51。

注50　平成23年10月「会計検査院法第30条の2に基づく報告書」

＜設立第1期から多額の課税売上を計上している事例＞
　平成18年4月に資本金300万円で設立されたA法人は、第1期事業年度（19年2月期）、第2期事業年度（20年2月期）及び第3期事業年度（21年2月期）の各事業年度の売上高が、それぞれ5億52百万円、9億13百万円及び8億27百万円となっている。そして、同法人は、設立2年以内の事業者免税点制度の適用を受けて、第1期課税期間及び第2期課税期間は免税事業者となっており、課税事業者となった第3期課税期間の納付消費税額は2,443万余円となっていた。
　同法人が第1期課税期間及び第2期課税期間において課税事業者であったとして納付消費税額を推計すると、それぞれ1,630万余円及び2,697万余円となる。

　また、会計検査院によれば、「法人成り」後も相当の課税売上高がありながら、事業者免税点制度の適用により免税事業者と取り扱われている以下のような不合理な事例もあったという[注52]。

＜法人成りにより免税事業者となった事例＞
　個人甲は、個人事業者として事業を営んでいたが、平成18年2月に法人成りして、資本金800万円のB法人を設立している。そして、同人の17年分の事業収入と同法人の第2期事業年度の売上高を比較すると、17年分の事業収入1億8,858万余円に対し、同法人の第2期事業年度の売上高は1億6,314万余円となっていて同等の売上高となっていた。また、同法人は、設立2年以内の事業者免視点制度の適用を受けて第1期課税期間及び第2期課税期間は免税事業者となっており、課税事業者となった第3期課税期間の納付消費税

注51　会計検査院前掲注50報告書7頁。
注52　会計検査院前掲注50報告書9～10頁。

> 額は505万余円となっていた。
> 　同法人が第１期課税期間及び第２期課税期間において課税事業者であったとして納付消費税額を推計すると、それぞれ501万余円及び517万余円となる。

　また、会計検査院によれば、減資や解散を利用した不合理な事例もあったという。

> ＜減資の事例＞
> 　平成18年６月に資本金300万円で設立されたＣ法人は、同年９月に資本金が1,000万円となる増資を行ったことから第１期課税期間（18年６月～19年５月）は免税事業者となるが、第２期課税期間（19年６月～20年５月）は課税事業者となるところ、引き続き第２期課税期間も免税事業者となるため、第１期事業年度中の19年４月に減資により資本金を800万円としていた。
> 　同法人は、第１期事業年度（19年５月期）、第２期事業年度（20年５月期）及び第３期事業年度（21年５月期）の各事業年度の売上高が、それぞれ１億8,237万余円、３億7,011万余円及び３億3,409万余円となっている。また、同法人は、設立２年以内の事業者免税点制度の適用を受けて第１期課税期間及び第２期課税期間は免税事業者となっており、課税事業者となった第３期課税期間の納付消費税額は1,089万余円となっていた。
> 　同法人が第１期課税期間及び第２期課税期間において課税事業者であったとして納付消費税額を推計すると、それぞれ594万余円及び1,207万余円となる。

> ＜解散の事例＞
> 　個人乙により平成19年１月に資本金300万円で設立されたＤ法人の第１期事業年度（19年11月期）及び第２期事業年度（20年11月期）の売上高は、そ

れぞれ9,744万余円及び1億7,495万余円となっていた。そして、乙は、D法人が課税事業者となった第3期事業年座中の21年1月に、新たに資本金100万円でD法人と同業種のE法人を設立していて、E法人の第1期事業年度（21年12月期）及び第2期事業年度（22年12月期）の売上高は、それぞれ6,784万余円及び1億5,178万余円となっていた。一方、E法人の事業年度とほぼ同時期のD法人の第3期事業年度（21年11月期）及び第4期事業年度（22年11月期）の売上高は、それぞれ2,261万余円及び0円と大幅に減少していて、D法人は、第4期事業年度末である22年11月にE法人に吸収合併されていた。

D法人は、設立2年以内の事業者免税点制度の適用を受けて第1期課税期間及び第2期課税期間は免税事業者となっており、課税事業者となった第3期課税期間及び第4期課税期間の納付消費税額は、それぞれ75万余円及び1万円未満と少額となっている一方、E法人は、第1期課税期間及び第2期課税期間は、設立2年以内の事業者免税点制度の適用を受けて免税事業者となっていた。

これらについては課税庁も従来から問題意識をもっており、**図表1—23**のように、消費税の査察事案のうち、事業者免税点制度を悪用した事案が相当な割合を占めていた。

そのため、このような新設法人の特例を利用した租税回避行為を防止しつつ、中小事業者の事務負担への配慮という事業者免税点制度本来の趣旨との兼ね合いを考慮して、一定規模以上の課税売上高を有する事業者が設立する新設法人について、免税事業者の判定方法について見直しを行うという制度改正が行われた。

(2) 特定新規設立法人に対する事業者免税点制度の不適用

資本金額1,000万円未満の新設法人のうち、その事業年度開始の日において、他の者から当該新設法人の株式等の50％超を直接または間接に保有

第3節　平成23年度および平成24年度改正の内容

図表1—23　国税庁が検察庁に告発した消費税事案の推移
(単位：件)

区分＼年度	平成18	19	20	21	22	計
告発件数	23	30	12	18	19	102
うち事業者免税点制度を悪用して消費税を免れていた事例	15	14	7	10	12	58

(出所)　平成23年10月「会計検査院法第30条の2に基づく報告書」13頁

されている場合（特定要件）で、かつ、当該他の者およびその特殊な関係にある法人のうちいずれかの者の課税売上高が5億円を超える場合には、当該新設法人（特定新規設立法人）の基準期間がない事業年度については、事業者免税点制度の適用がないこととなった（消法12の3①）。

(3) 解散法人がある場合の事業者免税点制度の不適用

　新設法人が新設開始日において上記(2)の「特定要件」に該当し、かつ、特殊な関係がある法人であったもので、当該新設法人の設立日前1年以内または新設開始日前1年以内に解散したもののうち、解散した日において特殊な関係にある法人に該当していたものがある場合には、当該解散法人は特殊な関係にある法人とみなして、前記(2)の規定が適用されることとなった（消法12の3②）。その結果、当該新設法人には事業者免税点制度の適用はないこととなる。これは、法人を解散してしまうことによる租税回避行為に対抗する措置であると考えられる。

(4) 調整対象固定資産の仕入れがあった場合

　(2)で説明した「特定新規設立法人」がその基準期間がない事業年度に含まれる各課税期間（簡易課税制度の適用を受ける事業年度を除く）中に調整対象固定資産（税抜金額が100万円以上の一定の資産）の仕入れ等を行っ

第1章　95％ルール改正後の仕入税額控除の基礎

図表1—24　調整対象固定資産の仕入れがあった場合の事業者免税点制度の不適用

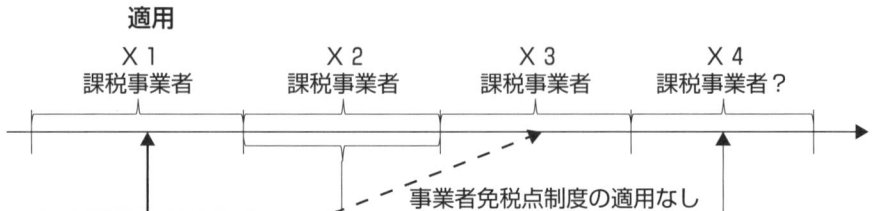

た場合には、調整対象固定資産の仕入れ等を行った課税期間から当該課税期間開始の日から3年を経過する日の属する課税期間までの各課税期間における課税資産の譲渡等については、事業者免税点制度の適用はない（消法12の3③、**図表1—24**参照）。

(5)　適用関係

　事業者が「特定新規設立法人」に該当することとなった場合には、その旨を記載した届出書を提出しなければならない（消法57②）。なお、上記(2)～(4)の改正は、平成26年4月1日以降に設立される新設法人について適用される（改正消費税法附則4）。

6　平成24年8月公布改正法～任意の中間申告制度の創設

　消費税の確定申告は年一回であるが、受領と納付にタイミングのずれがあるため、最終消費者が負担しながら事業者が納付するまで運用できることがかつて問題視されていた。そのため、直前の課税期間の年税額（基準年税額）が48万円超（地方消費税を含めると60万円超）の事業者については、基準年税額に応じて年1回、3回または11回の中間申告を行うことが義務付けられている（消法42、48）。

一方で、基準年税額が48万円以下の事業者は中間申告を行うことが認められていない。しかし、消費税を事業年度終了後に一括で納付することは資金繰り上困難な中小企業も少なくないことから、任意の中間申告を認めるべきとの要望が出されていた。これに応える形で以下のような任意の中間申告制度が創設された。

　すなわち、直前の課税期間の確定消費税額が48万円（年税額、地方消費税を含めると60万円）以下であるため中間申告義務がない事業者が、中間申告書を提出する旨の届出書を提出した場合には、中間申告書を提出できるようになった（消法42⑧）。なお、当該任意の中間申告制度を選択した事業者が6か月の中間申告書を提出期限までに提出しなかった場合には、この制度の適用を受けることを止める旨の届出書を提出したものとみなされる（消法42⑨⑪）。

　なお、当該改正は平成26年4月1日以降に開始する課税期間について適用される（改正消費税法附則13）。

第1章　95％ルール改正後の仕入税額控除の基礎

第4節　簡易課税制度

1　簡易課税制度の意義

　前述のとおり、課税事業者は、その課税期間における売上税額から、その期間中の仕入税額を控除することにより納付税額を計算することとなる（消法30①）が、当該仕入控除税額の算定の方法は、本章第2節で説明したような実額による場合（個別対応方式または一括比例配分方式）と、概算による場合（簡易課税制度）とに分けられる。

　簡易課税制度は、一般に、中小企業者の事務負担を考慮して導入された制度であると説明される注53。すなわち、基準期間（本章第1節3(3)参照）における課税売上高（本章第1節4(1)参照）が5,000万円以下注54の課税期間について、所轄税務署長に「消費税簡易課税制度選択届出書」を提出した場合に、その課税期間の課税標準額に対する消費税額（課税売上に係る消費税額）から売上対価の返還等の金額に係る消費税額の合計額を控除した金額にみなし仕入率を乗じた金額を、控除する課税仕入れ等に係る消費税額の合計額（仕入れに係る消費税額）とみなすものである（消法37）。

注53　「納税者の混乱を避けその協力を期待するために」採用されたと説明される。水野前掲注1書768頁。
注54　平成16年3月31日以前に開始した課税期間については課税売上高の基準は2億円であった。消費税導入時は5億円であったが、不当な優遇税制であるという批判が強く、平成4年度の改正で4億円、次いで平成6年度には2億円に引き下げられた。

第4節　簡易課税制度

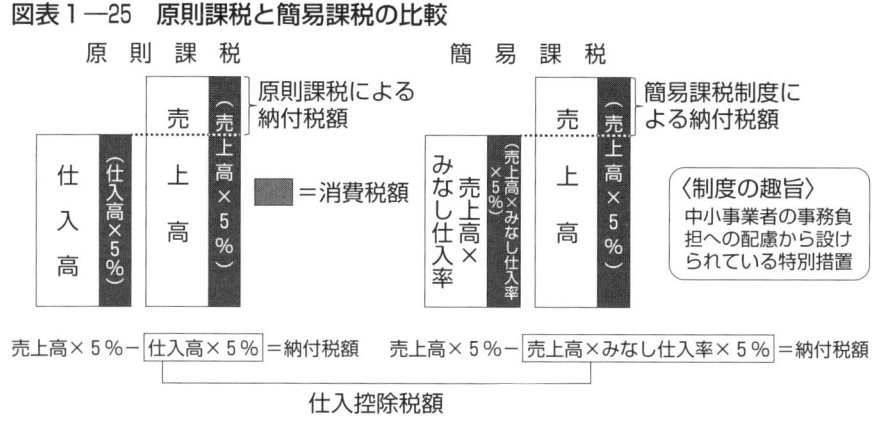

図表1―25　原則課税と簡易課税の比較

原則課税：売上高×5％ －　仕入高×5％　＝納付税額（仕入控除税額）

簡易課税：売上高×5％ －　売上高×みなし仕入率×5％　＝納付税額

〈制度の趣旨〉中小事業者の事務負担への配慮から設けられている特別措置

（出所）　財務省ホームページを一部改変

　簡易課税の適用上限が現在の5,000万円となったのは、平成15年度の税制改正（適用は平成16年4月1日以降）によるものであるが、これは、前年11月の政府税調の答申においてなされた「これまで二度にわたり適用上限の引下げやみなし仕入率の改正が行われてきた。しかしながら、基本的にはすべての事業者に対して本則の計算方法による対応を求めるべきである。また、中小事業者の多くが納税額の損得を計算した上で適用している実態が認められる。こうしたことから、免税点制度の改正に伴い新たに課税事業者となる者の事務負担に配慮しつつ、簡易課税制度を原則廃止することが適当である」という指摘を踏まえ、2億円という水準が高すぎるという判断の下、引き下げられたものであると考えられる。

　簡易課税制度と原則（本則）課税制度とを比較すると、**図表1―25**のようになる。

　簡易課税の適用状況は業種によって異なる。たとえば、医療機関や福祉施設における売上の多くは非課税となる社会保険診療報酬等であるため、課税売上高が5,000万円を超えるケースは比較的大規模な病院等に限られており、原則課税ではなく簡易課税制度を選択する場合が多くみられる。

そのため、医療機関や福祉施設にとって、簡易課税制度の理解は非常に重要であるといえる。

上記「消費税簡易課税制度選択届出書」の効力は、原則としてその提出のあった日の属する課税期間の翌課税期間以後の課税期間から生じる（消法37①）。ただし、新設法人の場合や、事業を営んでいなかった個人が事業を開始した場合には、その提出のあった日の属する課税期間以後の課税期間（要するに提出のあった日の属する課税期間）からその効力が生じる（消法37①、消令56）。

また、いったん当該制度の適用を選択した場合、事業を廃止した場合を除き、届出書を提出した日の属する課税期間の翌課税期間の初日から2年を経過するまで取りやめることはできないことに留意する必要がある（「2年間継続適用要件」消法37③、本節5参照）。

2 みなし仕入率

簡易課税制度においてみなし仕入率が適用される事業区分は**図表1－26**のとおりである（消法37①、消令57①⑤⑥）。

業種の分類は、原則として事業者の課税資産の譲渡等ごとに、日本標準産業分類（総務省）等を参考に行う（消基通13－2－1）。

また、2以上の事業を営む場合のみなし仕入率は、**図表1－27の算式**により算定する（原則計算、消法37①、消令57②）。

なお、法人がその役員に対して行う資産の贈与の場合および個人事業者が事業の用に供していた資産を家事のために消費ないし使用した場合における事業区分は、その対象資産ごとに以下のように区分される。

① 他から購入して性質および形状を変更しない場合：第2種事業
② 製造（性質および形状を変更等する場合）：第3種事業
③ 自己が使用していた固定資産等：第4種事業（消基通13－2－9）

第4節 簡易課税制度

図表1－26 事業区分とみなし仕入率

事業区分	みなし仕入率	該当する事業	課税売上高に乗ずる率(注)
第1種事業	90%	卸売業	0.4%
第2種事業	80%	小売業	0.8%
第3種事業	70%	農・林・漁業、鉱業、建設業、製造業、電気・ガス・熱供給業、水道業	1.2%
第4種事業	60%	第1種・2種・3種・5種以外の事業（飲食店、金融保険業など）	1.6%
第5種事業	50%	不動産業、運輸通信業、サービス業	2.0%

（注）各事業区分につき税額を算出するために課税売上高に乗ずる割合を示す。

図表1－27 全業種を兼業している場合のみなし仕入率の計算方法

$$\text{みなし仕入率} = \frac{\substack{第1種事\\業に係る\\消費税額} \times 90\% + \substack{第2種事\\業に係る\\消費税額} \times 90\% + \substack{第3種事\\業に係る\\消費税額} \times 90\% + \substack{第4種事\\業に係る\\消費税額} \times 90\% + \substack{第5種事\\業に係る\\消費税額} \times 90\%}{\substack{第1種事\\業に係る\\消費税額} + \substack{第2種事\\業に係る\\消費税額} + \substack{第3種事\\業に係る\\消費税額} + \substack{第4種事\\業に係る\\消費税額} + \substack{第5種事\\業に係る\\消費税額}}$$

④ その他：第4種事業

3 2以上の事業を営む場合の特例

2以上の事業を営む事業者で、そのうち1種類または特定の2種類の事業の課税売上高が全体の課税売上高の75％以上を占める事業者については、みなし仕入率の適用にあたって次の特例計算によることができる（75％ルール、消法37①、消令57③）。この場合、当該75％以上の判定の際には、非課税売上および免税売上を除くこととなる（消令57③）。

なお、75％ルールの適用を受けずに、行っている事業ごとにみなし仕入率を適用する原則計算によることも可能である。したがって、事業ごとのみなし仕入率による場合（原則計算）よりも当該75％ルールを選択したほうが不利になる（仕入控除税額が少なくなる）場合には、原則計算によることとなる。

① 2種類以上の事業を営む事業者で、1種類の事業の課税売上高が75％以上の場合

課税売上高が75％以上の事業	課税売上高の全体に対して適用するみなし仕入率
第1種事業	90％
第2種事業	80％
第3種事業	70％
第4種事業	60％
第5種事業	50％

② 3種類以上の事業を営む事業者で、2種類の事業の課税売上高が75％以上の場合

課税売上高が75％以上となる2種類の事業	みなし仕入率の適用関係	
第1種事業と第2種事業	第1種事業	90％
	第1種事業以外の事業	80％
第1種事業と第3種事業	第1種事業	90％
	第1種事業以外の事業	70％
第1種事業と第4種事業	第1種事業	90％
	第1種事業以外の事業	60％
第1種事業と第5種事業	第1種事業	90％
	第1種事業以外の事業	50％

第2種事業と第3種事業	第2種事業	80%
	第2種事業以外の事業	70%
第2種事業と第4種事業	第2種事業	80%
	第2種事業以外の事業	60%
第2種事業と第5種事業	第2種事業	80%
	第2種事業以外の事業	50%
第3種事業と第4種事業	第3種事業	70%
	第3種事業以外の事業	60%
第3種事業と第5種事業	第3種事業	70%
	第3種事業以外の事業	50%
第4種事業と第5種事業	第4種事業	60%
	第4種事業以外の事業	50%

　また、上記ルール（特例要件）に該当するものが複数生じることがあるが、その場合には原則計算を含め、いずれか最も有利なものを選択することができる（消基通13―4―1、13―4―2）。

<例>
　第2種事業が80％、第1種事業が15％、第5種事業が5％の場合、原則計算によるほか、次のうちの1つを選択して仕入れに係る消費税額を計算することができる。
　① 第2種事業が75％以上であることから、課税売上高全体に対して第2種事業のみなし仕入率80％を適用する
　② 第1種事業と第2種事業の合計が75％以上であることから、第1種事業についてはみなし仕入率90％、その他の課税売上高についてはみなし仕入率80％を適用する
　③ 第2種事業と第5種事業の合計が75％以上であることから、第2種事

> 業についてはみなし仕入率80％、その他の課税売上高についてはみなし仕入率50％を適用する

なお、2以上の事業を営む事業者が課税売上を事業ごとに区分していない場合には、その区分していない事業のうち最も低いみなし仕入率を適用して仕入控除税額を計算することとなる（消令57④）。たとえば、第1種、第2種および第5種事業を営んでいる場合には、第5種事業のみなし仕入率である50％が適用されることとなる。

4　簡易課税選択の効力

本節1で説明した「消費税簡易課税制度選択届出書」の効力は、本節5で説明する「消費税簡易課税制度選択不適用届出書」を提出しない限り継続する。したがって、簡易課税の選択後、ある基準期間の課税売上高が1,000万円以下となり免税事業者となった場合であっても注55、その後の課税期間において再び基準期間における課税売上高が1,000万円を超え5,000万円以下となった場合には、簡易課税制度により申告することとなる（消基通13―1―3、**図表1―28**参照）。

同様に、簡易課税の選択後、ある基準期間の課税売上高が5,000万円超となり自動的に原則課税の事業者となった場合であっても、その後の課税期間において再び基準期間における課税売上高が1,000万円を超え5,000万円以下となった場合には、以前に提出していた届出書の効力が有効であるため、簡易課税制度により申告することとなる（消基通13―1―3、**図表1―29**参照）。

注55　この場合、過去に「消費税課税事業者選択届出書」を提出していない限り、特に何の届出を行わなくとも免税事業者となる。

第4節　簡易課税制度

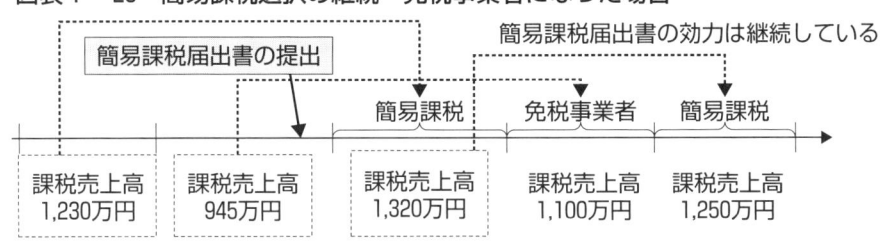

図表1―28　簡易課税選択の継続～免税事業者になった場合

```
              簡易課税届出書の提出         簡易課税届出書の効力は継続している
                   ↓                      ↓              ↓
                                   簡易課税   免税事業者   簡易課税
    課税売上高    課税売上高    課税売上高    課税売上高    課税売上高
    1,230万円     945万円      1,320万円    1,100万円    1,250万円
```

図表1―29　簡易課税選択の継続～原則課税になった場合

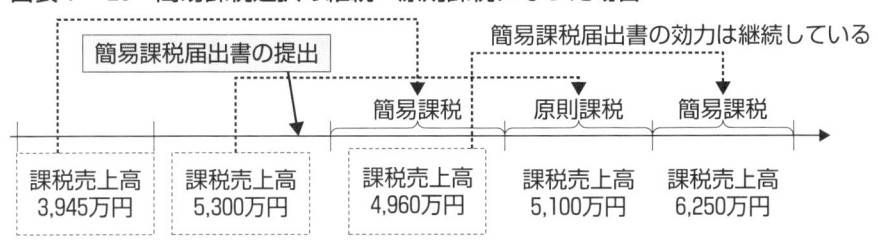

```
              簡易課税届出書の提出         簡易課税届出書の効力は継続している
                   ↓                      ↓              ↓
                                   簡易課税   原則課税     簡易課税
    課税売上高    課税売上高    課税売上高    課税売上高    課税売上高
    3,945万円    5,300万円     4,960万円    5,100万円    6,250万円
```

　これはたとえば、本社事業所の耐震化工事や最新の機械設備の導入など、多額の設備投資を予定しているケースにおいて、それに伴い原則課税であれば課税仕入れに係る消費税額の還付が受けられる場合であっても、みなし仕入れ率が強制的に適用される簡易課税のままでは受けられないこととなる。そこで、消費税の還付を受けようとする場合には、設備投資を予定している課税期間の直前の課税期間の末日までに、本節5の「消費税簡易課税制度選択不適用届出書」を確実に提出する必要がある（**図表1―30参照**）。

5　簡易課税選択の不適用

　簡易課税制度を選択した事業者が、その後その選択をやめようとするときや、事業を廃止するときには、「消費税簡易課税制度選択不適用届出書」

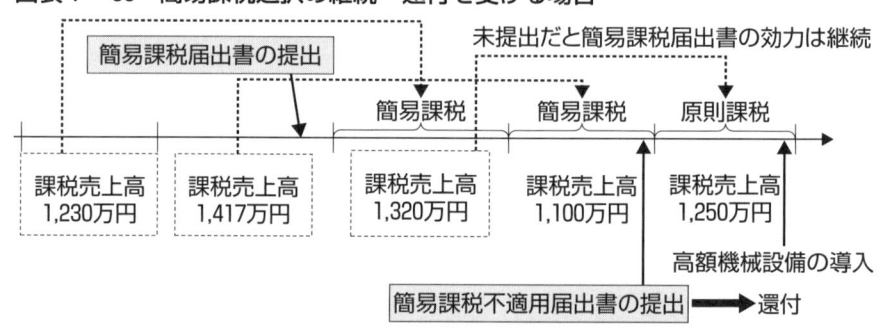

図表1―30　簡易課税選択の継続～還付を受ける場合

```
                                    未提出だと簡易課税届出書の効力は継続
     簡易課税届出書の提出
                              簡易課税  簡易課税  原則課税
┌────────┬────────┬────────┬────────┬────────┐
│課税売上高│課税売上高│課税売上高│課税売上高│課税売上高│
│1,230万円 │1,417万円 │1,320万円 │1,100万円 │1,250万円 │
└────────┴────────┴────────┴────────┴────────┘
                                          高額機械設備の導入
                    簡易課税不適用届出書の提出 → 還付
```

を所轄税務署長に提出する必要がある（消法37②）。当該「消費税簡易課税制度選択不適用届出書」は、事業を廃止した場合を除き、「消費税簡易課税制度選択届出書」を提出した日の属する課税期間の翌課税期間の初日から2年を経過する日の属する課税期間の初日以後でなければ提出できないので、注意を要する（2年継続適用要件、消法37③）。

6　簡易課税制度適用の制限

　平成22年度の税制改正で、以下の期間中に「調整対象固定資産」を取得した場合には、その取得のあった日の属する課税期間の初日から3年を経過する日の属する課税期間の初日以降でなければ「消費税簡易課税制度選択届出書」を提出することはできなくなった（3年間の強制適用、消法37②）。

① 　課税事業者を選択した事業者の、課税事業者となった課税期間の初日から2年を経過する日までの間に開始した各課税期間
② 　平成22年4月1日以後設立される新設法人の、基準期間がない事業年度に含まれる各課税期間

　これは、賃貸マンション等を取得した個人事業者が次の方法により消費

税を還付する事案が問題視されたため講じられた措置である注56。

<事例>
① 免税事業者が賃貸マンションを取得する前の課税期間に「消費税課税事業者選択届出書」を所轄税務署長に提出する
② 「消費税課税期間特例選択・変更届出書」を所轄の税務署長に提出し、課税期間を短縮する特例の適用を受けるなどして、取得課税期間において非課税売上である家賃収入が発生しないようにするとともに、自動販売機の設置などにより、課税売上である販売手数料収入等を発生させることにより、当該取得課税期間における課税売上割合を95％以上にする
③ その結果、課税売上に係る消費税額よりも課税仕入れにかかる消費税額が多いため、当該超過額に関する消費税額の還付を受けることとなる
④ 本来であれば、当該スキームにより課税売上割合が著しく変動するため、固定資産に係る調整計算を行わけなければならない。しかし、調整課税期間が到来する前に、
　ア 「消費税課税事業者選択不適用届出書」を所轄の税務署長に提出し免税事業者に戻ることにより調整を免れるか、
　イ 調整課税期間が到来する前に、「消費税簡易課税制度選択届出書」を所轄の税務署長に提出し、簡易課税制度の適用を受けることにより調整を免れる方法が採られた
当該制限規定を図解すると、**図表1―31**のようになる。

なお、免税事業者の場合（本章第1節3(3)参照）と同様に、強制適用期間中に当該「消費税簡易課税選択届出書」を提出した後、同一の課税期間に調整対象固定資産を取得した場合には、すでに提出した当該届出書は提

注56　会計検査院平成21年10月20日付「賃貸マンション等の取得に係る消費税額の納付について」

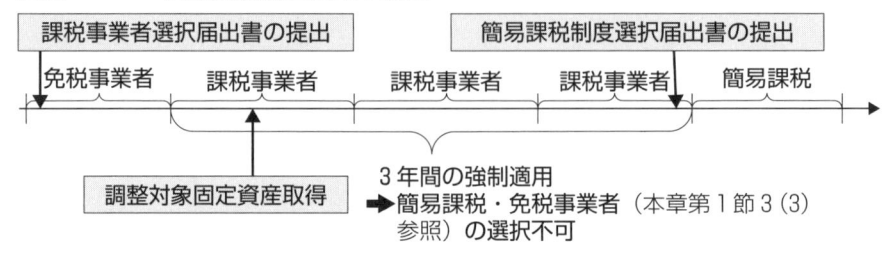

図表1—31　簡易課税制度適用の制限

```
[課税事業者選択届出書の提出]                    [簡易課税制度選択届出書の提出]
 免税事業者  │ 課税事業者 │ 課税事業者 │ 課税事業者 │ 簡易課税
            ↑
     調整対象固定資産取得
                        3年間の強制適用
                        ➡ 簡易課税・免税事業者（本章第1節3(3)
                          参照）の選択不可
```

出がなかったものとみなされる（消法37③）。

7　宥恕規定

　事業者が課税期間開始前に「消費税簡易課税制度選択届出書」を提出できなかったことにつき、以下のようなやむを得ない事情がある場合で、税務署長の承認を受けたときは、その適用を受けようとする課税期間の開始の日の前日に当該届出を提出したものとみなされる（宥恕規定、消令57の2①）。

① 　震災、風水害、火山の噴火等の天災または火災その他の人的災害で自己の責任によらないものに基因する災害が発生したことにより、届出書の提出ができない状態になったと認められる場合

② 　上記①に準ずるような状況またはその事業者の責めに帰すことができない状態にあることにより、届出書の提出ができない状態になったと認められる場合

③ 　その課税期間の末日前おおむね1か月以内に相続があったことにより、その相続に係る相続人が新たに「消費税課税事業者選択届出書」を提出できる個人事業者となった場合

④ 　上記①～③に準ずる事情がある場合で、税務署長がやむを得ないと認めた場合

宥恕規定に係る承認を受けようとする事業者は、「消費税簡易課税制度選択（不適用）届出に関する特例承認申請書」を、その事情がやんだ後相当の期間内に所轄税務署長に提出する必要がある（消令57の2③、消規17④一）。

8　簡易課税制度と輸出免税

　これまで見たとおり、簡易課税制度の特徴は課税売上高から自動的に仕入控除税額が決定されることであるが、これは事業者にとっては事務手続きが簡略化されるというメリットがある反面、一方で、仕入控除税額を事業区分ごとの「みなし仕入率」により計算することから、「原理的に」仕入税額の状況にかかわらず納付税額が生じることとなっている。そのため、多額の設備投資を行う場合、課税事業者であれば、消費税の課税仕入額が課税売上額を上回る場合には、控除不足額が生じることから、当該不足額につき還付されることとなるにもかかわらず、簡易課税制度適用事業者は、たとえ消費税の課税仕入額が課税売上額を上回ったとしても還付を受けることができない。したがって、簡易課税制度適用事業者は、消費税の課税仕入額が課税売上額を上回るため還付を受ける場合には、課税事業者となる必要があるわけである。

　同様の問題が輸出免税においても生じ得る。すなわち、輸出取引を始めたため輸出免税の適用により還付金額が生じる場合であっても、簡易課税制度適用事業者は「原理的に」仕入税額の状況にかかわらず納付税額が生じることとなり、還付を受けることができない。したがって、簡易課税制度適用事業者は、輸出取引により還付金額が生じることが予想される場合には、簡易課税制度の適用を取りやめ課税事業者となる必要があるわけである。

9 簡易課税制度の今後

(1) 「簡易ではない」簡易課税制度

　簡易課税制度は、もともと、中小企業の納税義務の簡素化とコストの軽減のために税額の算定を容易にすることを目的として採用された措置であるとされている注57。ところが、この制度を利用する際重要となる「事業区分の判定」が意外に容易ではなく、本当に「簡易」課税といえるのかが実務上問題となっている。簡易課税の事業区分は税務調査でも問題となり得る項目であり、特に事業区分の判定と複数事業にまたがる場合の適切な区分とが焦点になっている。

(2) 事業区分の判定方法

　簡易課税制度の事業区分について、特にわかりにくいのが第3種、第4種および第5種の区分であろう。消費税法施行令第57条によれば、第4種事業は、第1種～第3種および第5種事業のいずれにも属さない事業を指すと定義されている（消令57⑤五）。したがって、第4種事業については、第4種以外の事業について明確に区分できなければそれに該当するものも判定できないという構造的な問題を抱えている。ただし、通達で、信用金庫等の金融業、金融商品取引業や商品先物取引業等、生命保険業や損害保険業等が原則として第4種事業に該当することが示されている（消基通13-2-8の3）。

　また、第3種と第5種については、基本的に総務省の「日本標準産業分類（平成19年11月改定)注58」の大分類を基礎として判定することとされて

注57　金子前掲注1書636頁

いる（消基通13―2―4）。消費税法施行令第57条第5項第3号およびこの通達の考え方を表で示すと、**図表1―32**のようになる。

問題となるのは、日本標準産業分類を利用した場合、事業の実態に必ずしも適合しないケースである。その典型例が、歯科技工士の事業区分が争われた裁決事例および裁判例である。

まず裁決事例であるが、歯科技工業を営む歯科技工士が自ら原材料等を購入して、歯科補てつ物を製作し受注先に納入している場合の消費税の簡易課税制度における事業区分が争われた事案がある（国税不服審判所平成9年12月5日裁決・裁事54号493頁）。実態をみると、製造業としての要素がみられることから、納税者は第3種事業に当たると主張したが、課税庁はサービス業（当時の法令では第4種事業）に当たるとして更正処分を行った。

これについて審判所は、

① 請求人の事業は、もっぱら歯科医師等の受注先から歯科補てつ物等を作成するうえでの具体的指示事項が記載されている技巧伝票及び石こうの歯形の提供を受けて歯科補てつ物等を作成して納入しているものであり、同物を何の制約等を受けることなく自由に作成できるものではなく、歯科医師が指示する形状、サイズ、材質等に従って作成しなければならない

② 請求人の事業は誰でも自由に行い得るものではなく、高度な専門知識、技能および経験を必要とすることから、歯科医師ないし歯科技工士としての国家資格が認められた者でなければ行い得ないものであって、歯科医師は歯科医師および歯科技工士以外の誰にも事業としての歯科補てつ物等の作成を依頼することはできない

注58　税法においては課税要件等の判断する際に業種の判定が必要な場合があるが、たとえばタックスヘイブン対策税制における特定外国子会社等が営む事業の判定の場合（措通66の6―17）のように、総務省の日本標準産業分類による旨が定められているケースが多い。

図表1—32　施行令および通達に基づく第3種および第5種事業の分類

日本標準産業分類の大分類	簡易課税の事業区分
A．農業・林業	第3種（消令57⑤三）
B．漁業	第3種（消令57⑤三）
C．鉱業・採石業・砂利採取業	第3種（消令57⑤三）
D．建設業	第3種（消令57⑤三）
E．製造業注59	第3種（消令57⑤三）
F．電気・ガス・熱供給・水道業	第3種（消令57⑤三）
G．情報通信業注60	第5種（消基通13—2—4）
H．運輸業・郵便業	第5種（消令57⑤四、消基通13—2—4）
K．不動産業・物品賃貸業	第5種（消令57⑤四、消基通13—2—4）
L．学術研究、専門・技術サービス業	第5種（消基通13—2—4）
M．宿泊業・飲食サービス業	第5種（消基通13—2—4）注61
N．生活関連サービス業・娯楽業	第5種（消基通13—2—4）
O．教育・学習支援業	第5種（消基通13—2—4）
P．医療・福祉	第5種（消基通13—2—4）
Q．複合サービス事業	第5種（消基通13—2—4）
R．サービス業(他に分類されないもの)	第5種（消基通13—2—4）

（注） その他の大分類として、「I．卸売業（第1種）・小売業（第2種）」、「J．金融業・保険業（第4種）」、「S．公務（他に分類されるものを除く）」、「T．（分類不能の産業）」がある。

注59　自己の製造した商品を直接消費者に販売する「製造小売業（日本標準産業分類では小売業に分類されている）」を含む（消令57⑤三ヘ、消基通13—2—4）。
注60　新聞書籍等の発行、出版については、日本標準産業分類では情報通信業に分類されるが、簡易課税の適用にあたっては第3種事業となる（消基通13—2—5）。
注61　飲食サービス業に該当するものを除く（消令57⑤四ハ、消基通13—2—4）。飲食サービス業は第4種事業となる。

③　したがって、請求人の本件事業は、歯科医師の指示に基づいて歯科医療に係る知識もしくは技能、技術を提供するものであり、歯科補てつ物等の作成も歯科医療行為の一環として行っているものと解するのが相当である

④　そうすると、本件事業は、歯科補てつ物等を製作する製造業としてよりも、歯科補てつ物等の製造、納入による歯科医療行為に付随するサービス提供事業である点にその本質があるものと解される

として、歯科技工士の事業区分はみなし仕入れ率の高い（すなわち納税者にとって有利な）製造業（第3種）ではなくサービス業（第4種）であると判断した。

同様の事案として、消費税簡易課税制度選択届出書を提出していた歯科技工業を営む有限会社が、自己の営む歯科技工業が消費税法施行令第57条第5項第3号に定める第3種事業（製造業）に該当し、みなし仕入率が100分の70であるとして消費税の申告をしたところ、課税庁から原告の事業は同項4号に定める第5種事業（サービス業）に該当し、みなし仕入率は100分の50であるとして消費税等の各更正処分及び過少申告加算税の各賦課決定を受けたことから、上記各処分の取消しを求めたものがある。

1審の名古屋地裁は、まず歯科技工業の事業実態について、歯科技工士が歯科医師の補助者であるとしても、そのことを理由として、歯科技工業が無体の役務の提供事業であるとみることはできないと判断し、少なくとも、製造業およびサービス業の語義を厳格に解釈すべき消費税法の適用を念頭に置く局面においては、日本標準産業分類が、歯科技工所をサービス業ないしサービス業としての性格を有する医療業と分類することは合理性を有するとはいえず、歯科技工所との関係では、日本標準産業分類に従って第3種事業と第5種事業を区分する本件通達の合理性を認めることはできないことから、日本標準産業分類に従って第3種事業と第5種事業を区分することが消費税法ないし消費税法施行令の制定者の意思に沿ってお

り、歯科技工所が第5種事業であるとする被告（課税庁）の主張は採用できないとして、課税庁の主張を斥けた（名古屋地裁平成17年6月29日判決・訴月53巻9号2665頁）。

　ところが、2審の名古屋高裁は、消費税法の簡易課税制度が、納税事務の簡素化を目的としつつ、税負担の公平性の実現のために改正が重ねられてきた経緯、前記各消費税基本通達が、消費税法施行令における事業の範囲判定の基準として、いずれも日本標準産業分類を掲げているところ、同分類は、本来、統計上の分類の必要から定められたものではあるが、日本における標準産業を体系的に分類しており、他にこれに代わり得る普遍的で合理的な産業分類基準は見当たらないことなどから簡易課税制度における事業の範囲の判定にあたり、同分類によることの合理性は否定できないこと、本件事業が前記のとおり、歯科医師の指示書に従って、歯科補てつ物を作成し、歯科医師に納品することを業務内容としており、歯科医療行為の一端を担う事業である性質を有すること、また、1企業当たり平均の課税仕入れ（最大見込額）および構成比に照らしても、みなし仕入率を100分の50とすることには合理性があることおよび税負担の公平性、相当性等をも考慮すると、本件事業は、消費税法施行令第57条第5項第4号ハ所定の「第5種事業」中の「サービス業」に該当するものと判断するのが相当である旨判示し、課税庁の主張を認め、納税者の主張を斥けた（名古屋高裁平成18年2月9日判決・訟月53巻9号2645頁、上告不受理・確定）。

　なお、裁判の過程で、当該歯科技工業の仕入および経費の割合がわずか27％に過ぎないことが課税庁の主張により明らかにされている。簡易課税の見直し論議については、後述(4)参照。

(3)　複数の事業を行っている場合の判定

　簡易課税の適用がある小規模な事業者であっても、複数の事業を行っているケースは珍しくない。この場合も原則として総務省の日本標準産業分

類に基づいて事業区分を判断するわけであるが、日本標準産業分類と消費税法の考え方には微妙な乖離が生じているため注意を要する。すなわち、日本標準産業分類の場合、一企業（事業所）において複数の事業（経済活動）が行われているときは、主要な事業により１つの項目に分類することとしているのであるが（日本標準産業分類の一般原則第６項）、簡易課税の事業区分の判定は、資産の譲渡等ごとに行うこととされているのである（消基通13―2―1）。したがって、複数の事業を行っているケースにおいては、簡易課税の場合には複数の事業区分が適用される可能性がある。仮に複数の事業区分が適用される場合には、いわゆる「75％ルール」に基づき特例計算を行うことができる（消法37①、消令57②③、前述本節３参照）。

ただし、その区分が明らかになっていない場合には、行っている事業のうち最も低いみなし仕入率がすべての事業に適用されるため、注意を要する（消令57④）。税務調査において否認されることのないよう、区分が明記された帳簿書類を整備することが肝要である。

また、単一の事業であっても、その事業の性格から複数の事業区分にまたがると考えられるもの（「接点業種」という場合がある）については、第１～第５種のいずれかの事業区分に振り分けることが必要となる。以下で、税務調査において特に問題となりやすい事業区分の判定についてみていくこととする。

1) 商品販売業の判定

商品の販売を行っているからといって、ただちに第１種（事業者に対する販売）または第２種（消費者等事業者以外に対する販売）事業に該当するとは限らない。顧客からのオーダーに応じて製品を製造し販売する（特注品、オーダーメイドないしカスタムメイドの形態）場合には、製造（の一部）を下請けに依頼する場合であっても、製造の請負となり、他の者から購入した商品の販売（消令57⑥）とはならないものと考えられる。したがって、このような事業形態は第３種事業（製造業等）に該当する。

また、第1種および第2種と第3種との違いは、「他の者から購入した商品をその性質および形状を変更しないで販売する（第1種および第2種）」か否か（第3種）である。「他の者から購入した商品の販売」であっても、事業者がその商品の性質・形状を変更した場合には、第3種事業となる（消基通13－2－2）。たとえば、ウナギやブロイラーを購入し、さばいて（解体して）串に刺して飲食店等に販売する場合は、第3種事業に該当する。一方、商標やネーム等の貼付け、複数商品の詰め合わせ販売などの場合には、「性質および形状を変更しないで販売する」場合に該当することとなり、販売先により第1種または第2種事業に分類される（消基通13－2－2）。

　「他の者から購入した商品をその性質及び形状を変更しないで販売する」ことにつき争われた裁決事例を以下でみていく。いずれも納税者不利の結論（みなし仕入率が低い事業区分という判断）となっている。

① 第1種 vs 第3種

　　納税者は、その事業は他の事業者から購入した塗料を性質及び形状を変更せずに特定の事業者に販売するものであるから、卸売業（第1種）に該当する旨を主張したが、審判所は、納税者の事業は塗料を材料として得意先から預かった家具に塗装する家具の塗装業（日本標準産業分類では建設業（塗装工事業）で第3種事業）であり、塗料それ自体を商品として販売する事業とはいえないから、卸売業には該当しないと判断した（国税不服審判所平成6年12月22日裁決・裁事48号479頁）。

② 第2種 vs 第3種

　　納税者は、フランチャイズチェーン本部から購入した紳士服等を販売する事業が、フランチャイズチェーン本部に紳士服等の縫製加工を委託しているとはいえず、本部から購入した商品をその性質や形状を変更しないで販売しており、小売業（第2種事業）に当たる旨主張したが、審判所は、納税者の事業形態は、紳士服等の縫製を実際に行うのは本部であっても、顧客との間においては、当該紳士服等の縫製は

納税者の行為として行われているものであって、本部が縫製した紳士服等の製品を納税者が購入して顧客に販売しているとみることはできないことから、納税者の事業内容は製造業（第3種事業）に該当すると判断した（国税不服審判所平成8年4月19日裁決・裁事51号709頁）。

③ 第1種 vs 第3種

納税者は、自らは印刷そのものを行っておらず、単に他の者から購入した商品をその性質および形状を変更しないで顧客に販売しているだけであるから、卸売業（第1種事業）にあたる旨主張するが、審判所は、納税者の事業形態は、顧客の注文に応じて自己の計算と危険において外注先に印刷加工を行わせることにより、印刷物の性質および形状を変更して付加価値を高め、完成された印刷物を顧客に納品することにより対価を受領していることから、納税者の事業内容は、印刷業（製造業・第3種事業）に該当すると認めるのが相当であると判断した（国税不服審判所平成8年4月26日裁決・裁事51号719頁）。

2) 製造業等の判定

日本標準産業分類を適用した結果「製造業等」に該当する事業であっても、その事業内容が原材料等につき無償で支給を受けて加工等を行うものである場合には、「加工賃その他これに類する料金を対価とする役務の提供」を行う事業として、第4種事業に該当すると扱われる（消令57⑤三、消基通13—2—7）。たとえば、年賀はがきの支給を受けて年賀状の印刷を行う印刷業者の事業（印刷業は製造業等に該当）は、第4種事業に該当する。

これについて争われた裁決事例として、次のようなものがある。納税者は、消費税の簡易課税制度の適用についての事業区分において、得意先から表生地の無償支給を受け、自己調達した裏生地および芯地材ならびにその他の副資材を用いてプレタポルテを製造するものであるが、裏生地および芯地材もプレタポルテの主要な原材料であるから、本件事業は、第3種

事業に該当すると主張したが、審判所は、裏生地および芯地材は、あくまでも表生地に付属するものであって、プレタポルテの主要な原材料である表生地のもっている特性を増補あるいは補完することにより衣服としての価値観、機能性を高めるものであるにすぎないから、プレタポルテの主要な原材料であるとは認められないので、本件事業は、加工賃その他これに類する料金を対価とする役務の提供を行う事業に該当し、第4種事業とするのが相当である、と判断した（国税不服審判所平成9年5月30日裁決・裁事53号491頁）。

また、「加工賃その他これに類する料金を対価とする役務の提供」を行う事業であっても、日本標準産業分類を適用した結果「サービス業」に該当する場合には、第5種事業に該当するので注意を要する（消基通13―2―4、13―2―7（注））。たとえば、自動車整備業者が行う自動車の修理は、自動車整備業がサービス業（他に分類されないもの）に該当するため、第5種事業に該当することとなる。

なお、建設業者や印刷業者が請け負った工事（印刷）を下請けや他の印刷業者等に丸投げした場合には、第3種事業に該当する（消基通13―2―5(2)）。

その他の注意すべき事業は、自ら製造をしないものの、原材料を調達して下請け業者に支給し加工させた完成品を販売する「製造問屋」は第3種事業に該当する（消基通13―2―5(1)）。また、パソコンのダイレクト販売など、製造した商品を直接消費者に販売する「製造小売業」は、日本標準産業分類上は小売業に分類されるが、簡易課税の適用にあたっては第3種事業に該当する（消基通13―2―6）。

(4) 簡易課税制度の見直し論議

本項(2)の裁判例では、歯科技工業の仕入および経費の割合がわずか27％に過ぎないことが課税庁の主張により明らかにされている。簡易課税は実

第4節 簡易課税制度

図表1─33　簡易課税制度におけるみなし仕入率および課税仕入率

		第1種事業	第2種事業	第3種事業	第4種事業	第5種事業
みなし仕入率		90%	80%	70%	60%	50%
法人 (1,040事業者)	課税仕入率 (事業者数)	80.4% (141)	70.9% (133)	60.5% (141)	45.4% (137)	34.6% (488)
個人 (991事業者)	課税仕入率 (事業者数)	85.2% (129)	76.4% (131)	64.0% (129)	52.5% (140)	29.3% (462)
合計 (2,031事業者)	課税仕入率 (事業者数)	82.3% (270)	73.5% (264)	62.1% (270)	48.7% (277)	32.4% (950)

（注1）　複数の事業を行っている事業者は除かれている。
（注2）　法人については平成22年2月から23年1月までの間に終了する課税期間、個人については平成22年分が調査対象年度である。
（出所）　平成24年10月会計検査院「『消費税の簡易課税制度について』に関する会計検査院法第30条の2の規定に基づく報告書（要旨）」3頁

際の仕入割合がいくらであるかを問わず法に定めるみなし仕入率を適用する仕組みになっているのであるが、実際の仕入率とみなし仕入率との差異があまりに大きいと制度の信頼性を損ねることとなる。簡易課税制度については、事業区分とみなし仕入率につき見直しが求められる時期に差しかかっているものと考える。

　実際、会計検査院の調査でも、**図表1─33**のとおり、みなし仕入率が実際の仕入率（課税仕入率）を大幅に上回るなどその差異は顕著であり、益税が発生している。中でも第4種および第5種事業は法人・個人とも差異が大きく、見直しが必至と考えられる。

　改正消費税法でも、「消費税の簡易課税制度の仕入れに係る概算的な控除率については、今後、更なる実態調査を行い、その結果を踏まえた上で、その水準について必要な見直しを行う」とされている（改正消法7一ニ）。

　実際の改正まではまだ時間がかかるであろうが、課税庁が「簡易課税制

度の適切な執行」を旗印に税務調査で内容の精査を行ってくるであろう。簡易課税を適用している事業者におかれては、いま一度、申告内容の点検を行うことをお勧めする次第である。

第5節 一括比例配分方式

1 一括比例配分方式の意義

　本章第2節で説明したとおり、一括比例配分方式は、95％ルールによる仕入税額の全額控除の適用がない事業者、すなわち進行年度の課税売上高が5億円を超える事業者および課税売上割合が95％未満の事業者に関し、課税仕入れ等に係る消費税額について、課税売上割合で按分計算した金額を仕入控除税額とする方法である（消法30②二、④）。

　一括比例配分方式と個別対応方式とは選択適用であるが、仮に一括比例配分方式を選択した場合には、2年間以上継続適用した後でない限り、個別対応方式へ変更することができないという点が非常に重要である（消法30⑤）。なお、この場合であっても、一括比例配分方式を適用した課税期間の翌課税期間以後の課税期間における課税売上高が5億円以下、かつ、課税売上割合が95％以上となり、課税仕入れ等の税額の全額が仕入税額控除の対象とされる場合については、一括比例配分方式を継続適用したことになるので留意すべきであろう（消基通11－2－21、**図表1－34**参照）。

　一括比例配分方式を採用した場合、仕入控除税額の計算は以下の算式により行う（消法30②二）。

> 仕入控除税額 ＝ 課税仕入れ等の税額 × 課税売上割合

図表1―34　一括比例配分方式の継続適用（すべての期の課税売上高5億円以下）

課税売上割合 95%以上	課税売上割合 95%未満	課税売上割合 95%以上	課税売上割合 95%未満
全額控除	一括比例配分方式	全額控除	個別対応方式の選択可

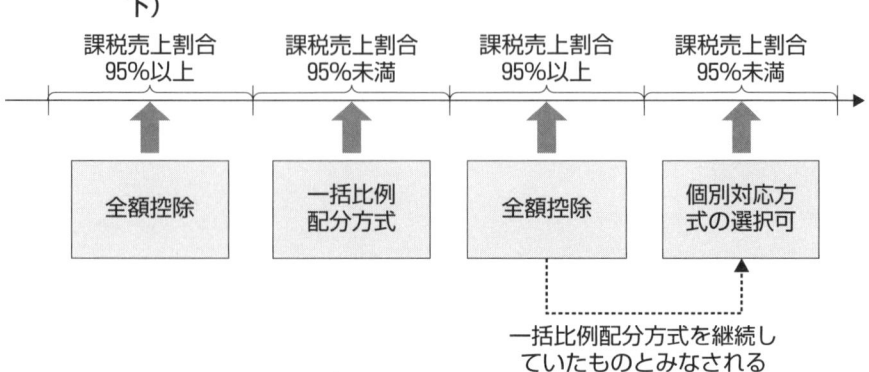

（全額控除および個別対応方式の選択可については）一括比例配分方式を継続していたものとみなされる

　なお、私見ではあるが、一括比例配分方式の「2年間継続適用要件」は理論的に意味のある制約であるとは言いがたいものと考えられる。ある本では「個別対応方式と、簡便法である一括比例配分方式とを巧みに使い分けて恣意的な仕入税額控除をすることは防止しなければなりませんが」注62とあるが、消費税法上、個別対応方式と一括比例配分方式とは並列でいずれを選択するかには優劣がないはずであり、また、一括比例配分方式を用いた租税回避行為というのがそもそも存在するのか不明であるため、この説明には説得力がないものと考える。したがって、当該制約的規定を廃止し、個別対応方式と一括比例配分方式の選択適用はいつでも行えるようにすべきであると考えられる。

2　課税売上割合の意義

　前頁の算式のとおり、一括比例配分方式を採用した場合における仕入控

注62　大島隆夫・木村剛志『消費税法の考え方・読み方（2訂版）』（税務経理協会・平成9年）246頁。

除税額の計算では、課税売上割合の算定が特に重要な意味をもつ。そこで次に、課税売上割合の意義についてみていくこととする。

課税売上割合とは、仕入控除税額を計算する課税期間において、国内において行った資産の譲渡等の対価の額の合計額に占める、国内において行った課税資産の譲渡等の対価の額の合計額の割合をいう（消法30⑥）。これを算式で示すと次のとおりとなる。

$$課税売上割合 = \frac{課税期間中の国内における課税資産の譲渡等の対価の額の合計額（売上に係る対価の返還等の金額控除後）}{課税期間中の国内における資産の譲渡等の対価の額の合計額（売上に係る対価の返還等の金額控除後）}$$

上記算式の分子・分母とも消費税額および地方消費税額に相当する額を含まない金額（要するに税抜金額）であり、また、売上に係る対価の返還等の金額（輸出取引に係る対価の返還等の金額を含む）を控除した金額である（消令48①、消基通11―5―5）。

さらに、上記算式の分子・分母中の「（課税）資産の譲渡等の対価の額」とは、国内において行う取引に係る資産の譲渡等の対価の額をいうので、輸出取引に係る対価の額は含まれるが、国外において行う取引（課税対象外取引）に係る対価の額は含まれない（消基通11―5―4）。

なお、免税事業者であった課税期間において行った課税資産の譲渡等につき、課税事業者となった課税期間において売上に係る対価の返還等を行った場合であっても、その売上に係る対価の返還等の金額については、課税売上割合の計算上、「（課税）資産の譲渡等の対価の額」から控除することとなるが、その売上に係る対価の返還等の金額には、免税事業者であるため消費税額等に相当する金額がないことから、その対価の返還等の金額の全額を控除することとなる（消基通11―5―2）。

その他に留意すべき事項は、以下の点が挙げられる。

図表1―35　課税売上割合の計算単位

```
                    ┌─────────┐
                    │   本社   │                    → 事業者全体：可
                    └─────────┘
        ┌──────┬─────┴──┬──────┐
   ┌────┴───┐┌────┴───┐┌────┴───┐┌────┴───┐     → 事業部単位：不可
   │A事業部 ││B事業部 ││C事業部 ││D事業部 │
   └────────┘└────────┘└────────┘└────────┘
```

(1) 課税売上割合の計算単位

　課税売上割合は前述のとおり、事業者（その全体を1つの課税単位として考える）がその課税期間中に国内のおいて行った資産の譲渡等の対価の合計額に占める課税資産の譲渡等の対価の額の合計額の割合をいう。したがって、課税売上割合の計算上、事業者の内部構成要素である事業所単位または事業部単位で行うことはできない（消基通11―5―1、**図表1―35**参照）。

　仮に、事業部単位で課税売上割合を計算したほうが経営の実態に即していると考えられる場合には、第4章で説明する「課税売上割合に準ずる割合」の適用を検討すべきであろう。

(2) 課税売上割合の端数処理

　課税売上割合の端数処理は原則として行わないが、仮にその端数を切り捨てた場合には、その処理も認められる（消基通11―5―6）。なお、端数の四捨五入は認められない。

(3) 国外における資産の譲渡等の取扱い

　国外における資産の譲渡等または自己の使用のために輸出した資産の価

額(FOB価額)は、課税売上割合の計算上、その分母および分子に含めることとなるが(消法31②)、ここでいうFOB価額は、課税仕入れに係る消費税額等に相当する額を含んだところの支払対価の額となり、また、税抜処理を行っている事業者においては、税抜の帳簿価格とすることが可能である。

　なお、ここでいう「自己の使用のために輸出した」場合とは、たとえば、事業者が国外にある支店において使用するための備品等をその支店宛に輸出するケースなどが当てはまる(消基通11－7－1)。

3　一括比例配分方式と課税売上割合に準ずる割合

　仕入税額控除の計算は原則として課税売上割合に基づいて計算することとなるが、課税売上割合で計算するよりも事業の実態に即しているなど合理的と考えられるケースにおいては、一定の要件の下、所轄税務署長の承認を受けることで、本来用いるべき課税売上割合に代えて、当該合理的な考え方に基づく計算割合である「課税売上割合に準ずる割合」を使用して仕入控除税額の計算を行うことが可能となる(消法30③、後述第4章参照)。

　ただし、課税売上割合に準ずる割合を適用する場合の前提となる条件には、「個別対応方式により仕入控除税額の計算を行っていること」がある。したがって、一括比例配分方式により仕入控除税額の計算を行っている事業者については、課税売上割合に準ずる割合を適用することはできないこととなるため、注意を要する。すなわち、一括比例配分方式を選択した事業者は、必ず課税売上割合を用いて仕入控除税額の計算を行うこととなる。

第6節 個別対応方式

1 個別対応方式の意義

個別対応方式は、課税仕入れ等について、以下の３つの区分（一般に「用途区分」という）がなされていることを条件として、その区分に応じた仕入控除税額を計算する方法である（消法30②一）。

① 課税資産の譲渡等にのみ要するもの
② その他の資産（非課税資産）の譲渡等にのみ要するもの
③ 上記①および②の両方に共通して要するもの

これを算式で示すと以下のようになる。

$$\text{仕入控除税額} = \text{①に係る課税仕入れ等の税額} + \left[\text{③に係る課税仕入れ等の税額} \times \text{課税売上割合}\right]$$

すなわち、①に区分される課税仕入れ等の税額は全額控除の対象となるものの、②に区分される課税仕入れ等の税額は全額控除の対象外となり、また、③に区分される課税仕入れ等の税額は課税売上割合の分だけ控除の対象となるということを意味する。

平成24年４月１日以降に開始する事業年度に関しては、95％ルールによる仕入税額の全額控除の適用がない事業者、すなわち進行年度の課税売上高が５億円を超える事業者および課税売上割合が95％未満の事業者に関し

ては、仕入税額控除に関し一括比例配分方式または当該個別対応方式のいずれかを選択することが強制される。仮に個別対応方式を採用した場合、上記3つの区分（用途区分）に分類することが必須となるが、事業形態によってはその手間は意外に大きいものとなっており、適用誤りも少なくないところである。税務調査においても問題となりやすい項目であるので、個別対応方式を採用した事業者は、その区分を正確に理解し普段から適切な経理処理を行うことが肝要である。

なお、用途区分の具体的な留意事項については、第2章で詳述することとする。

2　「課税資産の譲渡等にのみ要するもの」の意義

個別対応方式における3つの区分のうち、①の「課税資産の譲渡等にのみ要するもの」とは、課税資産の譲渡等を行うためにのみ必要となる課税仕入れ等をいう。したがって、課税資産の譲渡等を行うために（直接）要した課税仕入れということを意味するわけではないため、課税仕入れ等と課税資産の譲渡等の期間対応が問われるわけではなく、両者が同一課税期間において行われたかどうかは問題とならない（消基通11―2―12なお書）。

また、当該通達によれば、課税資産の譲渡等にのみ要する課税仕入れ等には、以下のようなものが該当するとされている（消基通11―2―12）。

①　そのまま他に譲渡される課税資産➡課税売上となる譲渡資産との対応関係が明確であるため

②　課税資産の製造用にのみ消費し、または使用される原材料、容器、包紙、機械および装置、工具、器具、備品等➡課税売上となる譲渡資産に対応する費用項目であるため

③　課税資産に係る倉庫料、運送費、広告宣伝費、支払手数料または支払加工賃等➡課税売上となる譲渡資産に対応する費用項目であるため

さらに、課税資産の譲渡等に係る販売促進のために得意先に配布される試供品、試作品等に係る課税仕入れ等は、「課税資産の譲渡等にのみ要するもの」に区分されることとなる（消基通11―2―20）。

　クロスボーダー取引に関していえば、まず、課税資産の譲渡等（消法2①九）には輸出取引等の免税取引も含まれることから、輸出売上にのみ要する課税仕入れ等は「課税資産の譲渡等にのみ要するもの」に区分されることとなる。また、国外取引のための課税仕入れ等がある場合には、当該課税仕入れ等も「課税資産の譲渡等にのみ要するもの」に区分されることとなる（消基通11―2―13）。

3　「その他の資産（非課税資産）の譲渡等にのみ要するもの」の意義

　その他の資産の譲渡等にのみ要するものとは、非課税となる資産の譲渡等を行うためにのみ必要な課税仕入れをいう。通達によれば、以下のような取引が「その他の資産の譲渡等にのみ要するもの」に該当するものとされている（消基通11―2―15）。

①　販売用土地（更地）の造成費用➡非課税売上となる譲渡資産に対応する費用項目であるため

②　賃貸用住宅の建設費➡非課税売上となるサービスに対応する費用項目であるため

　同様に、以下の取引も「その他の資産の譲渡等にのみ要するもの」に該当する。

③　販売用土地（更地）の取得に係る仲介手数料➡非課税売上となる譲渡資産に対応する費用項目であるため

④　土地（更地）の譲渡に係る仲介手数料➡非課税売上となる譲渡資産に対応する費用項目であるため

⑤　有価証券の売買手数料（売却時・購入時とも）➡非課税売上となる

譲渡資産に対応する費用項目であるため
⑥　販売用のプリペイドカードの製作費用➡非課税売上となる譲渡資産に対応する費用項目であるため
⑦　住宅の賃貸に係る仲介手数料➡非課税売上となるサービスに対応する費用項目であるため

なお、賃貸用（居住用）住宅の建設費が「その他の資産の譲渡等にのみ要するもの」に該当するのは、当該費用が将来の非課税売上（住宅の賃貸）に対応するものに当たるからであるので、費用発生時にその（課税対象）資産をいかなる用途で取得したのかが重要となる。建物の取得であるからといって単純に「課税資産の譲渡等にのみ要するもの」に分類することはできず、また、「両方に共通して要するもの」にも該当しないため、注意を要する。

4　「両方に共通して要するもの」の意義

「両方に共通して要するもの」とは、文字どおり、課税仕入れ等のうち、「課税資産の譲渡等にのみ要するもの」にも該当せず、また、「非課税資産の譲渡等にのみ要するもの」にも該当しないものをいう（図表１—36参照）。

「両方に共通して要するもの」は、具体的には以下のようなものが該当する。

①　福利厚生費、交際費等の一般管理費➡売上との明確な対応関係が不明な費用項目であるため
②　金銭以外[注63]の課税資産を贈与した場合におけるその物品の取得費用（消基通11—2—17）➡売上との明確な対応関係が不明な費用項目であるため

注63　事業者の金銭による寄付は課税仕入れに該当しない（消基通11—2—17）。

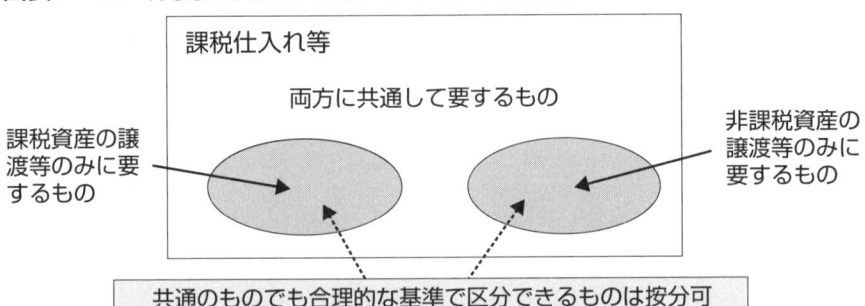

図表1—36 「両方に共通して要するもの」の概念図

```
課税仕入れ等

  両方に共通して要するもの

課税資産の譲渡等のみに要するもの       非課税資産の譲渡等のみに要するもの

共通のものでも合理的な基準で区分できるものは按分可
```

③　土地および建物の一括譲渡に係る仲介手数料➡非課税売上（土地）および課税売上（建物）の両方の売上に対応する費用項目であるため

④　株券の発行にあたって印刷業者に支払う印刷費（消基通11—2—16）➡課税対象外（不課税）取引に要する費用項目は「両方に共通して要するもの」に該当する

⑤　証券会社へ支払う引受手数料（消基通11—2—16）➡課税対象外（不課税）取引に要する費用項目は「両方に共通して要するもの」に該当する

ただし、上記に該当するものであっても、合理的な基準により「課税資産の譲渡等にのみ要するもの」と「非課税資産の譲渡等にのみ要するもの」とに区分することが可能なものについては、当該基準により両者に区分して個別対応方式を適用することができる（消基通11—2—19）。ここでいう「合理的な基準」とは、たとえば、製造業を営む法人の場合、原材料、包装材料、倉庫料、電力料といった項目については、工場での生産実績に基づき按分するという方法が考えられる。

第7節 非課税取引

1 非課税取引の意義

　消費税は消費全般に広く負担を求める税目であるため、課税対象から外すなどの例外的な取扱いは極力制限されるべきこととなるが、本章第1節5で説明したとおり、中には消費に対して負担を求める税としての性格から課税することになじまないものや、社会政策的な配慮から課税しないこととされるものがあり、これを「非課税取引」という。このような取扱いについては、国際的にも付加価値税制においては同様の措置がみられるところである。

　わが国の消費税法は、国際的にみて例外的な取扱いが限定的であると評価されるところであるが、それは**図表1—37**で示される、標準税率で課税された場合の本来の税収から実際の税収がどの程度乖離しているかを示す「VAT収入比率」で比較しても明らかなところである。

　一般に、VAT収入比率が高いほどその国の付加価値税制に非課税や軽減税率といった例外的な措置が少ないことを意味するが、日本は主要国の中でニュージーランドに次いでこの比率が高く、わが国の消費税は今のところ比較的効率的な税制であるといえる。

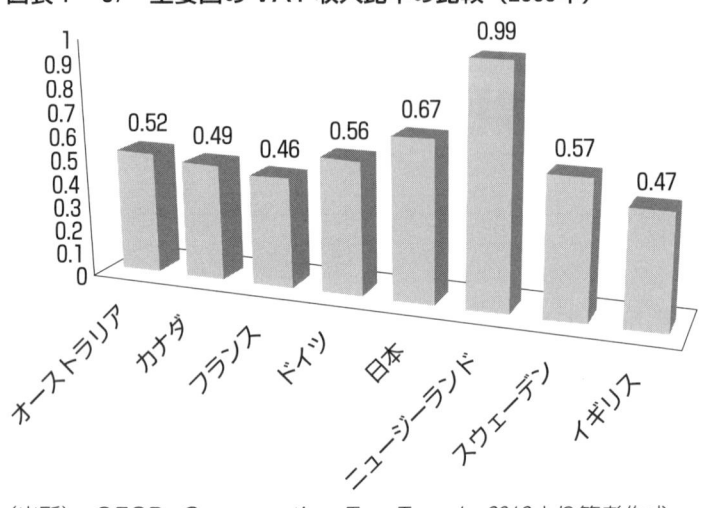

図表1―37　主要国のVAT収入比率の比較（2009年）

国	比率
オーストラリア	0.52
カナダ	0.49
フランス	0.46
ドイツ	0.56
日本	0.67
ニュージーランド	0.99
スウェーデン	0.57
イギリス	0.47

（出所）　OECD *Consumption Tax Trends 2012*より筆者作成。

2　土地の譲渡および貸付

　土地（土地の上に存する権利を含む）の譲渡および貸付は、消費税が非課税となる（消法6①、別表第1一）。ここでいう「土地」には、その土地が宅地の場合、庭木、石垣、庭園（庭園に付属する亭、庭内神し（祠）その他これらに類する付属設備を含む）その他これらに類するもののうち、宅地と一体で譲渡されるもの（ただし、独立して取引の対象となる建物や建物付属設備等は除く）が含まれる（消基通6―1―1）。

　また、「土地の上に存する権利」とは、地上権、土地の賃借権、地役権、永小作権等の土地の使用収益に関する権利をいう。したがって、鉱業権、土石採取権、温泉利用権および土地を目的とした抵当権は当該権利に含まれず、その譲渡および貸付は課税取引となる（消基通6―1―2）。

　ただし、土地の貸付のうち、貸付に係る期間が1か月に満たない場合や、

駐車場その他の施設の利用に伴って土地が使用される場合には、非課税ではなく課税取引となる（消令8）。ここでいう「貸付に係る期間が1か月に満たない場合」とは、当該土地の貸付に係る契約において定められた貸付期間によって判定するものとされている（消基通6―1―4）。したがって、契約において定められた貸付期間が1か月以上であれば、実際の貸付期間が1か月に満たない場合であっても、通常、非課税と取り扱われるものと考えられる。

　さらに、施設の利用に伴って土地が使用される場合、その土地を使用させる行為は土地の貸付から除かれる（消令8）。たとえば、建物、野球場、プールまたはテニスコート等の施設の利用が土地の使用を伴うことになるとしても、その土地の使用は、土地の貸付には含まれない（消基通6―1―5）。

　これに関連して、以下の点に留意すべきであろう（消基通6―1―5（注））。

① 事業者が駐車場または駐輪場として土地を利用させた場合において、その土地につき駐車場または駐輪場としての用途に応じる地面の整備またはフェンス、区画、建物の設置等をしていないとき（駐車または駐輪に係る車両または自転車の管理をしている場合を除く）は、その土地の使用は、非課税の土地の貸付に含まれる

② 建物その他の施設の貸付または役務の提供に伴って土地を使用させた場合において、建物の貸付等に係る対価と土地の貸付に係る対価とに区分しているときであっても、その対価の額の合計額が当該建物の貸付等に係る対価の額となる（全額課税取引）

　なお、土地または土地の上に存する権利の譲渡または貸付に係る「仲介料（仲介手数料）」を対価とする役務の提供は、課税資産の譲渡等に該当する（消基通6―1―6）。

3　有価証券等の譲渡等

　有価証券および有価証券に類するものの譲渡は、消費税が非課税となる（消法6①、別表第1二）。しかし、これらのうち、ゴルフ場その他の施設を利用する権利に係るゴルフ会員権等の譲渡については、課税取引となる（消法6①、別表第1二、消令9②）。通達によれば、非課税となる有価証券等の範囲は**図表1—38**のとおりである（消基通6—2—1）。

　また、居住者が発行する譲渡性預金証書は預金に該当する（消基通6—2—1（注））。

　さらに、匿名組合の出資者の持分は、有価証券に類するものを定めた消費税法施行令第9条第1項第2号に規定する「その他の法人の出資持分」に含まれる。この「その他の法人の出資持分」には、その他に、人格のない社団等、民法上の組合に対するものも含まれている（消基通6—2—1（2）ロ）。

　なお、非課税となる有価証券等には、船荷証券、貨物引換証、倉庫証券または株式、出資もしくは預託の形態によるゴルフ会員権等は含まれない（消基通6—2—2）。

4　支払手段の譲渡等

　支払手段および支払手段に類するものの譲渡は、非課税とされている（消法6①、別表第1二）。しかし、これらのうち、収集品または販売用の支払手段の譲渡は課税取引となる（消法6①、別表第1二、消令9③、消基通6—2—3（注）1）。

　通達によれば、支払手段の範囲は以下のようになる（消基通6—2—3）。
　① 銀行券、政府紙幣、小額紙幣、硬貨

図表1―38　非課税となる有価証券等の範囲

金融商品取引法第2条第1項に規定する有価証券	①国債証券
	②地方債証券
	③農林中央金庫の発行する農林債券その他の特別の法律により法人の発行する債券（④および⑪に掲げるものを除く）
	④資産流動化法に規定する特定社債券
	⑤社債券（相互会社の社債券を含む）
	⑥日本銀行その他の特別の法律により設立された法人の発行する出資証券（⑦、⑧および⑪に掲げるものを除く）
	⑦優先出資法に規定する優先出資証券
	⑧資産流動化法に規定する優先出資証券または新優先出資引受権を表示する証券
	⑨株券または新株予約証券
	⑩投資信託法に規定する投資信託または外国投資信託の受益証券
	⑪投資信託法に規定する投資証券、投資法人債券または外国投資証券
	⑫貸付信託の受益証券
	⑬資産流動化法に規定する特定目的信託の受益証券
	⑭信託法に規定する受益証券発行信託の受益証券
	⑮コマーシャルペーパー（CP）
	⑯抵当証券法に規定する抵当証券
	⑰外国債、海外CPなど外国または外国の者の発行する証券または証書で①から⑨までまたは⑫から⑯までの性質を有するもの
	⑱外国の者の発行する証券または証書で銀行業を営む者その他の金銭の貸付を業として行う者の貸付債権を信託する信託の受益権またはこれに類する権利を表示するもの
	⑲オプションを表示する証券または証書

	⑳預託証券
	㉑譲渡性預金（払戻しについて期限の定めのある預金で、指名債権でないもの）の預金証書のうち外国法人が発行するもの（海外 CD）
上記の有価証券に類するもの	ア　上記①～⑮および⑰（⑯に掲げる有価証券の性質を有するものを除く）に掲げる有価証券に表示されるべき権利で有価証券が発行されないもの
	イ　合名・合資または合同会社の社員の持分、協同組合等の組合員または会員の持分その他法人の出資持分
	ウ　株主または投資主（投資信託法第2条第16項に規定する投資主をいう）となる権利、優先出資者（優先出資法第13条の優先出資者をいう）となる権利、特定社員（資産流動化法第2条第5項に規定する特定社員をいう）または優先出資社員（同法第26条に規定する優先出資社員をいう）となる権利その他法人の出資者となる権利
	エ　貸付金、預金、売掛金その他の金銭債権

② 小切手（旅行小切手（トラベラーズチェック）を含む）、為替手形、郵便為替、信用状
③ 約束手形
④ ①～③に掲げるものに類するもので、支払いのために利用することができるもの
⑤ 証票、電子機器、その他の物に電磁的方法（電子的方法、磁気的方法その他の人の知覚によって認識することができない方法をいう）により入力されている財産的価値であって、不特定または多数の者相互間でその支払いのために使用することができるもの（その使用状況が通貨のそれと近似しているものに限る）

さらに、支払手段に類するものとは、国際通貨基金協定第15条に規定する特別引出権（Special Drawing Rights、SDR）をいう（消令9④）。

5　利子を対価とする貸付金等の金融取引等

　利子を対価とする金銭の貸付等の金融取引等は、消費税の非課税取引となる（消法6①、別表第1三、消令10、消基通6―3―1）。

　非課税となる金融取引等とは、利子、利息、償還差益、信用保証料、信託報酬、保険料、収益分配金、給付補填金、掛金差益、割引料、物上保証料、共済掛金等が該当する。

　上記で列挙されたもののうち、留意事項を挙げると以下のとおりとなる。

① 　介護保険法に基づく第1号被保険者および第2号保険者が支払う保険料は非課税となる

② 　保険代理店が収受する役務の提供に係る代理店手数料または保険会社等の委託を受けて行う損害調査または鑑定等の役務の提供に係る手数料は、課税取引となる（消基通6―3―2）

③ 　クレジット販売において信販会社が加盟店から譲り受ける債権の額と加盟店への支払額との差額は非課税となる（消令10③八、**図表1―39**参照）

　　図表1―39中の「代金支払B」と「代金一括立替A」との差額分がカード会社の手数料となり、消費税は非課税となる。

④ 　割賦手数料については、2月以上にわたり、かつ、3回以上分割して賦払金の支払いを受ける契約に係るものが非課税となるが、申込金または頭金等の支払いも分割回数（支払回数）に含まれるものとして取り扱われる（消基通6―3―6）

⑤ 　保険料に類する共済掛金には、法令等の規定に基づき実施される共済制度に係るその団体の構成員のために行う共済制度に基づいてその構成員が負担する共済掛金のほか、任意の互助組織による団体がその団体の構成員のために行う共済制度に基づいてその構成員が負担する

図表1—39 クレジットカード決済の流れと消費税の取扱い

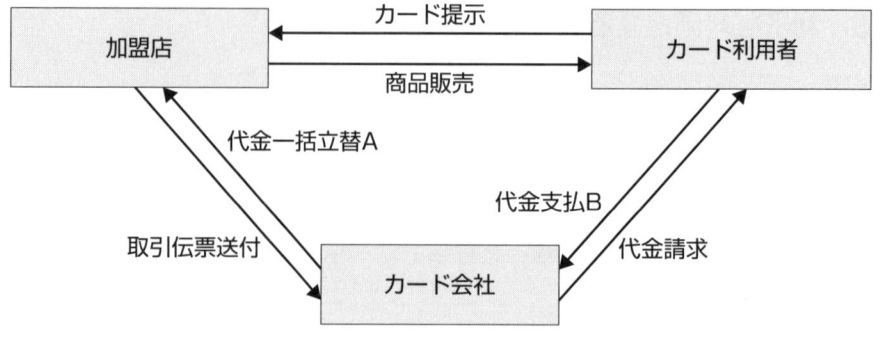

(加盟店 ← カード提示 ← カード利用者)
(加盟店 → 商品販売 → カード利用者)
(加盟店 → 取引伝票送付 → カード会社)
(カード会社 → 代金一括立替A → 加盟店)
(カード利用者 → 代金支払B → カード会社)
(カード会社 → 代金請求 → カード利用者)

図表1—40 売上割引等の取扱い

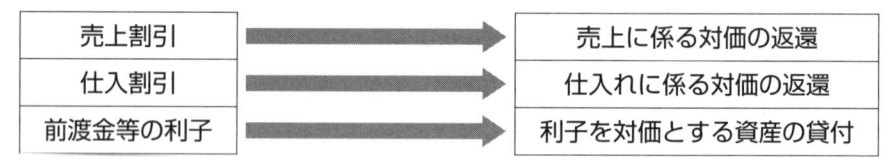

売上割引	→ 売上に係る対価の返還
仕入割引	→ 仕入れに係る対価の返還
前渡金等の利子	→ 利子を対価とする資産の貸付

共済掛金が含まれる（消基通6—3—3）
⑥ 売上割引等については、**図表1—40**のとおり取り扱われる（消基通6—3—4、6—3—5）

6　郵便切手類の譲渡

郵便局株式会社の営業所等が行う郵便切手類および印紙の譲渡は、消費税が非課税となり、また、地方公共団体等が行う証紙の譲渡も非課税とされている（消法6①、別表第1四イ、消基通6—4—1）。ここでいう郵便切手類は、郵便切手、郵便葉書、郵便書簡を指す（消基通6—4—2）。

7　物品切手等の譲渡

　物品切手等の譲渡は消費税が非課税となるが、ここでいう物品切手等とは、商品券その他名称のいかんにかかわらず、次のようなものをいう（消法6①、別表第1四ハ、消令11）。
　①　物品の給付請求権を表彰する証書
　②　役務の提供または物品の貸付に係る請求権を表彰する証書
　具体的には、商品券、ビール券、図書券・図書カード、映画・演劇等の入場券、旅行券、仕立券、プリペイドカード（クオカードなど）などを指す（消基通6―4―4）。
　なお、物品切手等の委託販売による譲渡に関して受ける取扱手数料は役務の提供の対価であるため、課税取引となる（消基通6―4―6）。

8　国等の手数料等

　国、地方公共団体、消費税法別表第3に掲げる法人その他法令に基づき国もしくは地方公共団体の委託または指定を受けた者が徴収する手数料等で消費税が非課税となるのは、**図表1―41**のようなものである（消法6①、別表第1五イ～ハ、消令12、消基通6―5―1、6―5―2）。
　なお、図表中の⑯に関連して、消費税法別表第3に掲げる法人（公益法人等）が⑯に掲げる法律の条文に基づき徴収する手数料は、公文書または公文書に類するものの謄写として非課税になる（消基通6―5―1(4)(注)）。

9　医療の給付等

　健康保険法等の公的医療保険制度に基づく療養、医療等としての資産の

図表1―41　消費税が非課税となるもの
【法令に基づく手数料等の徴収】

①	登記、登録、特許、免許、許可、認可、承認、認定、確認、指定に係る法令に基づく手数料等の徴収
②	検査、検定、試験、審査、講習に係る法令に基づく手数料等の徴収
③	証明
④	公文書の交付、更新、訂正、閲覧、謄写
⑤	裁判その他の紛争の処理
⑥	旅券の発給
⑦	裁定、裁決、判定、決定
⑧	公文書に類するものの交付、更新、訂正、閲覧、謄写
⑨	異議申立て、審査請求その他これらに類するものの処理

【法令に基づいて行われる登録等で法令に手数料の徴収規定がないもの】

⑩	法令において、弁護士＋その他の法令に基づく資格を取得し、維持し、またはその資格に係る業務もしくは行為を行う場合に登録等を受けることが要件とされているもの
⑪	法令において輸出等を行う場合に登録等を受けることが要件とされているもの
⑫	法令において一定の規格についての表示、名称の使用が制限されているもの
⑬	法令において登録を受けることが義務付けられているもの（浄化槽設備士や浄化槽管理士など）
⑭	証明、公文書および公文書に類するものの交付、更新、訂正、閲覧および謄写
⑮	国または地方公共団体が法令に基づいて行う、他の者の徴収すべき料金、賦課金その他これらに類するものの滞納処分について、法令に基づき他の者から徴収する手数料等
⑯	独立行政法人等の保有する情報の公開に関する法律第17条第1項に基づき徴収する手数料、または、独立行政法人等の保有する個人情報の保護に関する法律第26条第1項に基づき徴収する手数料

譲渡等については、消費税が非課税となる（消法6①、別表第1六、消令14）。

非課税となる医療等は以下のとおりである[注64]。

① 　社会保険診療（被保険者の自己負担分を含む）
② 　保険外併用療養費等の支給に係る医療（差額ベッド代、初診または再診に係る特別の料金、予約または時間外診察料等を除く）
③ 　公費負担医療、自賠責および労災（差額ベッド代等は除く）
④ 　公害補償に係る療養（差額ベッド代等は除く）
⑤ 　療養費の支給に係る療養（現物給付）
⑥ 　柔道整復師、鍼灸師、マッサージ師の行う施術で療養費の支給に係るもの

さらに、医師、助産師、その他医療に関する施設の開設者による助産に係る資産の譲渡等は消費税が非課税となる（消法6①、別表第1八）。

10　介護・福祉サービス

介護保険法の規定による居宅介護サービス費の支給に係る居宅サービス、施設介護サービス費の支給に係る施設サービス、およびこれらに類するサービスで一定のものは、消費税が非課税となる[注65]（消法6①、別表第

[注64] 医療における消費税の課非判定については、拙著『医療・福祉施設における消費税の実務』（清文社・2012年）135～140頁参照。なお、消費税の課税対象の判定については、類書において「課否（課税かそれ以外か）判定」と称することが一般的であるが、①消費税において決定的に重要なのは非課税取引の判定であること、②課税取引の中には標準税率による課税のみならず軽減税率（わが国には存在しない）やゼロ税率（免税）による課税も含まれるため、「課税かそれ以外か」という意味での「課否判定」では誤解を招きかねないことから、筆者は課税対象外（不課税）取引も存在することを十分認識したうえで、課税対象のうち代表的な（標準税率での）課・非課税の判定という意味での「課非判定」という用語をあえて用いている。

[注65] 介護保険サービスに係る消費税の課非判定については、拙著前掲注64書141～142頁参照。

1七イ、消令14の2)。

(1) 介護保険サービス

　介護保険サービスの消費税の取扱いについては、以下の点に留意すべきであろう。

1) 居宅介護サービス費の支給に係る居宅サービス等の範囲

　居宅介護サービス費の支給に係る居宅サービスおよび施設介護サービス費の支給に係る施設サービスには、介護保険法の規定により要介護被保険者に対して支給されるこれらの介護サービス費に対応する部分の居宅サービスおよび施設サービスのみが該当するのではなく、同法に規定する居宅サービスおよび施設サービスとして提供されるサービスの全部が非課税となる（消基通6－7－2）。

2) 福祉用具の取扱い

　介護保険法の規定により居宅要介護者または居宅要支援者が福祉用具の貸与を受けまたは購入した場合に、その貸与または購入に要した費用の一部が介護保険により支給される場合であっても、その福祉用具の貸付または譲渡は消費税が非課税となる資産の譲渡等に該当しない。ただし、その福祉用具が消費税法別表第1第10号に規定する身体障害者用物品に該当するときは、同号の規定により非課税となる（消基通6－7－3）。

3) 介護サービスの委託に係る取扱い

　介護保険法に規定する居宅サービス事業者、居宅介護支援事業者または介護保険施設等からの委託により、他の事業者が、消費税法別表第1第7号イに規定する資産の譲渡等に係る業務の一部を行う場合におけるその委託業務は、居宅サービス事業者等に対して行われるものであることから、同号に規定する非課税となる資産の譲渡等には該当しない（消基通6－7－4）。

(2) 社会福祉事業

次に、社会福祉事業についてであるが、社会福祉法に規定する第1種社会福祉事業、第2種社会福祉事業、更生保護事業法に規定する更生保護事業および社会福祉として行われる資産の譲渡等に類するもののうち一定のものは消費税が非課税となる[注66]（消法6①、別表第1七ロ・ハ、消令14の3）。

ただし、社会福祉事業に該当するものであっても、授産活動としての作業に基づきそこで生産した物品の譲渡等は非課税とはならず、課税取引となる（消法6①、別表第1七ロカッコ書）。これは、もともと消費税導入時には授産施設での事業全般が非課税であったが、授産施設での作業による生産品の販売先において、非課税仕入であることから仕入税額控除ができなかったことから、授産施設が取引から排除されるという不合理な事象が生じたことに対処するため、平成3年度に税制改正（非課税⇒課税化）がなされたことによる[注67]。

なお、社会福祉法人等が地方公共団体等からその地方公共団体等が設置した社会福祉施設の経営を委託された場合に、その社会福祉法人等が行うその社会福祉施設の経営は、消費税法別表第1第7号ロに規定する社会福祉事業として行われる資産の譲渡等に該当し、非課税となる（消基通6—7—9）。

11 住宅の貸付

人の居住の用に供する家屋または家屋のうち人の居住の用に供する部分である「住宅」の貸付は、一時的な貸付に該当する場合（貸付期間が1か

[注66] 社会福祉事業に係る消費税の課非判定については、拙著前掲注64書143〜145頁参照。
[注67] 大蔵省編『平成3年税制改正のすべて』376頁参照。

図表1―42 借上げ社宅に係る消費税の取扱い

```
                    法人
         賃貸借契約  ↗   ↖  賃貸借契約（社宅）
         ➡非課税            ➡非課税
        ↙                        ↘
      貸主                       従業員
```

月未満の場合）を除き、消費税が非課税となる（消法6①、別表第1十三、消令16の2）。そこで、消費税法上、非課税の取扱いとなるように、貸付等の契約において人の居住の用に供することが明らかになるよう示すことが重要である。

したがって、旅館、ホテル、貸別荘、ウィークリーマンション、リゾートマンション、マンスリーマンション等のうち、旅館業法第2条第1項に規定する旅館業に該当するものについては、非課税取引とはならない（消基通6―13―4）。

また、家賃には月極め等の家賃本体部分のほか、敷金、礼金、保証金、一時金等のうち返還しない部分および共同住宅における共用部分に係る費用（エレベーターの運行費用、共用スペースの光熱費など）を入居者が応分に負担するような共益費も含まれ、住宅の貸付の対価として非課税とされる（消基通6―13―9）。ただし、駐車場等の施設で独立して賃貸借の目的となるような施設に係る費用は、住宅家賃と合わせて徴収される場合であっても課税取引とされる（消基通6―13―3）。

なお、住宅の貸付については、契約において居住の用に供することが明らかであれば非課税と取り扱われることから、事業者が社宅として借り受ける場合（借上げ社宅）であっても、従業員等に対して居住用として転貸することが明らかであれば、住宅の貸付として非課税とされる（消基通6―13―7、**図表1―42**参照）。

第2章

個別対応方式の用途区分

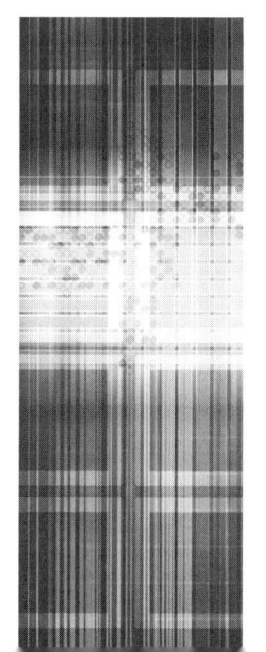

第1節 用途区分の意義

1 用途区分とは

　付加価値税である消費税の仕組みにおいて最も重要な項目の1つに、**仕入税額控除制度**が挙げられる。仕入税額控除制度は、課税の累積を排除するため、前段階の税額である課税仕入れに含まれる消費税額を控除する仕組みである。

　仕入税額控除制度には、大きく分けて**一括比例配分方式**と**個別対応方式**の2つがある。

　このうちの一括比例配分方式においては、課税仕入れ等に係る消費税額について、特にその中身を区分することなく課税売上割合で按分計算した金額を仕入控除税額とする方法を採っている。

　一方、個別対応方式においては、課税仕入れ等に係る消費税額について、対応する売上（資産の譲渡等）により必ず以下の3種類のうちのいずれか1つに分類し、その分類に基づき仕入控除税額を計算する方法を採っている（消法30②一）。

　① 課税資産の譲渡等にのみ要するもの
　② その他の資産（非課税資産）の譲渡等にのみ要するもの
　③ 上記①②に共通して要するもの

　個別対応方式におけるこのような3つの分類のことを一般に「用途区分」という。ここで重要なのは、個別対応方式の適用の際には、上記用途区分

第2章　個別対応方式の用途区分

が必須とされているということである。すなわち、用途区分を行わないと個別対応方式による仕入控除税額の計算はできず、税務調査においても否認されることとなるのである。

　ただし、用途区分が必須であるとしても、必ず3区分に対応する金額がないと個別対応方式の適用がない、というわけではないことに留意すべきであろう。場合によっては、ある区分、たとえば「その他の資産（非課税資産）の譲渡等にのみ要するもの」がまったく存在せず、結果としてその区分の金額だけゼロとなることもあり得るが、この場合も個別対応方式の適用には問題がない。

2　個別対応方式における用途区分の仕分け手順

　用途区分の意義を理解したところで、次に理解すべきは個別対応方式を採用した場合の申告実務のステップである。

　個別対応方式を採用した場合の申告実務のステップ（仕分け手順）は、おおむね以下のようになるものと考えられる。

① 仕入取引の中から課税仕入れを抽出する。すなわち、課税仕入れ以外の仕入れである非課税仕入れ、免税仕入れおよび課税対象外仕入れを除外することとなる

② 次に、課税仕入れの中から課税資産の譲渡等にのみ要するもの（課税売上対応分）およびその他の資産（非課税資産）の譲渡等にのみ要するもの（非課税売上対応分）を抽出する。これにより、両者に該当しない課税仕入れは必然的に共通して要するもの（共通対応分）に分類されることとなる（**図表2－1**参照）

③ 3つに分類された用途区分を基に、個別対応方式の仕入控除税額を計算する

　なお、保税地域からの貨物の引取りについても、上記と同様に3つの用

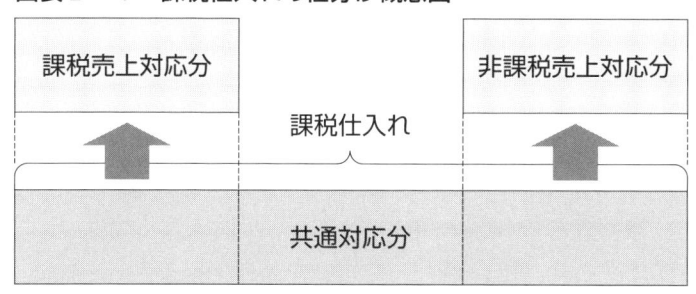

図表2―1　課税仕入れの仕分け概念図

途区分・仕分け手順に基づき分類することとなる。

3　課税資産の譲渡等にのみ要するもの（課税売上対応分）

　用途区分の3分類のうちの1つである「課税資産の譲渡等にのみ要するもの（課税売上対応分）」とは、課税資産の譲渡等にのみ要する課税仕入れ等をいうが、課税売上との直接的な対応関係にある仕入項目（売上原価や製造原価に該当するものがその典型）に限定されず、間接的な対応関係にある仕入項目（一般に、販売費・一般管理費に該当するものを指す）も含まれることとなる。

　通達によれば、課税資産の譲渡等にのみ要する課税仕入れ等につき、以下のような項目を例示している（消基通11―2―12、11―2―14）。
① そのまま他に譲渡される課税資産
② 課税資産の製造用にのみ消費し、または使用される原材料、容器、包紙、機械および装置、工具、器具、備品等
③ 課税資産に係る倉庫料、運送費、広告宣伝費、支払手数料または支払加工賃等
④ 課税資産の譲渡等に係る販売促進等のために得意先等に配布される試供品、試作品等

上記のうち、①②が課税売上との直接的な対応関係にある仕入項目に該当し、③④が課税売上と間接的な対応関係にある仕入項目に該当することになる。

　なお、課税仕入れとそれに対応する課税売上が同一課税期間にあったかどうかは、用途区分の判定に何ら影響を及ぼさない（消基通11—2—12）。すなわち、棚卸資産の仕入れ（課税仕入れ）が期末近くでなされ、実際の販売が翌期に行われた場合でも、棚卸資産の仕入れがあった時点で用途区分の判定（当該棚卸資産は販売目的で取得したものであるから、課税売上対応分とする）を行うことになる。

4　国外取引のために要する課税仕入れ等

　資産やサービスの提供が日本国内に持ち込まれることなくなされる取引、いわゆる「外—外取引」のような国外取引は消費税の課税対象外取引であるため、課税売上割合の計算にはその分母・分子ともいっさい関係させないこととなる。

　この場合、個別対応方式を採用しているときの国外取引のために要する課税仕入れ等の用途区分であるが、通達によれば、当該課税仕入れ等は課税資産の譲渡等にのみ要するものに該当するとされている（消基通11—2—13）。これは、仮に当該仕入れを共通して要するもの（共通対応分）に分類した場合、仕入税額控除の対象となるのは課税売上割合分だけとなる。そのため、控除不能分を事業者がコストとして負担することを嫌って転嫁することとなり、結果として取引価格が上昇することを避けるためである、と解されている。

　また、用途区分のうち「課税資産の譲渡等にのみ要するもの」における「課税資産の譲渡等」とは、非課税資産の譲渡等以外の譲渡を指すのであるから（消法2①九）、非課税資産の譲渡等（国内において行われる資産の譲

渡等に限定される、消法6①）には当たらない国外取引も「課税資産の譲渡等」に該当し、国外取引にのみ要するものは「課税資産の譲渡等にのみ要するもの」に該当することとなるわけである。

なお、国外取引のために要する課税仕入れ等には、以下のようなものが挙げられる。

① 国外に所有する不動産賃貸に関する国内不動産コンサルタントへ支払うコンサルティング報酬
② 国外でのプラント建設工事に要する建設資材の国内における課税仕入れ
③ ソフトウェアの開発・販売を行う外国法人の日本支店が日本国内の顧客の代金回収を行う場合、日本支店が負担する事務所の維持費用（光熱費、事務所賃借料等）

5 非課税資産の輸出等のためにのみ要する課税仕入れ等

非課税資産の輸出等を行った場合（輸出取引等の証明がある場合、消規16）には、それが仮に非課税取引または課税対象外取引（不課税取引）に該当する場合であっても、輸出免税取引とみなされる（消法31①②）。ここでいう非課税資産の輸出等には、国外における資産の譲渡等または自己使用のため、資産を輸出した場合を含む（国外移送の特例、消法31②）。

また、課税資産の譲渡等には輸出免税取引が含まれる（消法2①九）。そのため、非課税資産の輸出等のためにのみ要する課税仕入れ等の用途区分については、課税資産の譲渡等にのみ要するものに分類されることとなる。その結果、非課税資産の輸出等のためにのみ要する課税仕入れ等は全額仕入税額控除の対象となる。

このような取引は具体的には以下のようなものを指す。

① 海外支店で販売する身体障害者用物品（別表第1十）の国内におけ

る課税仕入れ（消法31①）

② 海外支店において使用する備品等の国内における課税仕入れ（国外移送の特例、消法31②）

なお、資産の譲渡等に該当しない、海外の非営利法人への寄付を行うために仕入れた商品は、当該規定の適用対象外である（消法2①八、消基通5—1—2）。

6 その他の資産の譲渡等にのみ要する課税仕入れ等（非課税売上対応分）

その他の資産（非課税資産）の譲渡等にのみ要するもの、すなわち非課税売上対応分とは、その他の資産（非課税資産）の譲渡等にのみ要する課税仕入れ等をいい、課税売上対応分と同様に、非課税売上との直接的な対応関係にある仕入項目（売上原価や製造原価に該当するもの等）に限定されず、間接的な対応関係にある仕入項目（販売費・一般管理費に該当するものを指す）も含まれることとなる（消基通11—2—15）。その他の資産の譲渡等にのみ要する課税仕入れ等には、以下のようなものが該当することとなる。

① 販売用土地の造成費用
② 賃貸用住宅の建設費
③ 販売用土地の取得に係る仲介手数料
④ 賃貸住宅に係る仲介手数料
⑤ 有価証券の取得・売却時における売買手数料　など

なお、課税売上対応分のケースと同様に、課税仕入れとそれに対応する課税売上が同一課税期間にあったかどうかは、用途区分の判定に何ら影響を及ぼさない（消基通11—2—12）。

第2節 共通対応仕入の意義

1 共通して要する課税仕入れ等（共通対応分）

　用途区分のうち共通して要する課税仕入れ等（共通対応分）とは、課税仕入れのうち、課税資産の譲渡等にのみ要するもの（課税売上対応分）とその他の資産の譲渡等にのみ要するもの（非課税売上対応分）のいずれにも該当しない課税仕入れ等をいう。このカテゴリーに該当するものには以下のようなものがある。

① 建物と土地を一括して譲渡したときの不動産仲介手数料
② 社会保険診療（助産を含む）と自由診療とを両方行う診療所における医薬品費、医療材料費、水道光熱費など
③ 課税対象外（不課税）取引のためにのみ要する課税仕入れ等に該当する、新株発行に係る印刷費用や損害賠償に係る弁護士費用等（消基通11―2―16）
④ 金銭以外の資産を贈与した場合の当該資産の課税仕入れ（課税対象外（不課税）取引のためにのみ要する課税仕入れ等に該当、消基通11―2―17）

　共通対応分に係る課税仕入れは、そのうち課税売上割合（第1章第2節7参照）で按分した金額のみ仕入税額控除の対象となる。

2 「合理的な基準」による区分

　本章第1節2の**図表2—1**で説明したとおり、共通して要する課税仕入れ等（共通対応分）の税額は、課税売上と非課税売上の双方に直接的な対応関係がある課税仕入れに係る税額が含まれるのみならず、売上との対応関係が明確ではない課税仕入れに係る税額も含まれるなど、その構成内容は種々雑多であるといえる。そのため、事業者によっては、より厳格な経理の基準を設け、より事業実態に合わせた経理処理の行っているところもみられるが、このような適正な経理処理に熱心な事業者と、悪くいえばどんぶり勘定の事業者とをまったく同じように扱うのは、必ずしも公平の観点から妥当とはいえないものとも考えられる。もちろん、事業者がわざわざ手間ひまをかけて正確な経理処理を行うのは、そのほうがより仕入控除税額が多くなるためであり、いわばタックスプランニングの一環であるといえる。

　そこで、通達では、倉庫料、電力料等のように生産実績その他の「合理的な基準」により、①課税資産の譲渡等にのみ要するもの（課税売上対応分）と②その他の資産（非課税資産）の譲渡等にのみ要するもの（非課税売上対応分）とに区分することが可能なものについて、その合理的な基準により区分している場合には、その区分したところにより個別対応方式の適用を行うことができる、とされている（消基通11—2—19）。

　国税庁は当該通達をより具体化したガイドラインをQ&Aにおいて示している（平成24年3月国税庁消費税室「—平成23年6月の消費税法の一部改正関係—『95%ルール』の適用要件の見直しを踏まえた仕入控除税額の計算方法等に関するQ&A〔Ⅰ〕【基本的な考え方編】」、以下「Q&A〔Ⅰ〕」と称する。巻末**参考資料1**参照）。このQ&A〔Ⅰ〕問20では、通達では原材料、包装材料、倉庫料、電力料のように製品の製造に直接用いられる課税仕入れ等

図表2―2　合理的な基準

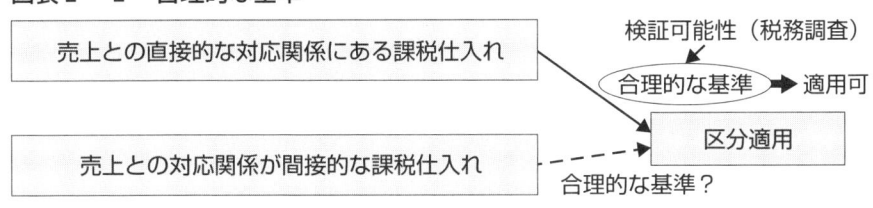

[図表: 「売上との直接的な対応関係にある課税仕入れ」→「合理的な基準」（検証可能性（税務調査））→適用可→「区分適用」。「売上との対応関係が間接的な課税仕入れ」→「区分適用」（合理的な基準？）]

をその適用事例の典型として示しているが、これは、課税売上対応分と非課税売上対応分と明確かつ直接的な対応関係があることにより、生産実績のようにすでに実現している事象の数値のみによって算定される割合で、その合理性が検証可能な基準により機械的に区分することが可能な課税仕入れであるからである、としている。これを図で示すと**図表2―2**のようになる。

基準の合理性は「課税売上割合に準ずる割合」のように事前の（税務署長による）審査の対象とはならず、実務上基本的に税務調査によって事後的に検証されることとなるため、注意を要する。

なお、共通対応分に係る課税仕入れにつき課税売上割合で按分した金額のみ仕入税額控除の対象金額とした場合、事業実態からみて控除税額が過少となると考えられる場合には、税務署長の承認を受けることで、課税売上割合に代えて「課税売上割合準ずる割合」を用いて仕入控除税額を計算することができる（消法30③、Q&A〔Ⅰ〕問20（注）、第4章参照）。

3　「合理的な基準」の適用例

タックスプランニングの観点から採用される「合理的な基準」について、以下でその適用例を検討することとする。

<事例1>
　医療法人A病院はMRI（核磁気共鳴画像診断機器）を保有しており、その購入価格は2億1,000万円（税込）である。A病院の課税売上割合は15％であるが、Aにおける当該MRIの使用実績は課税売上（自由診療分）に係るもの30％、非課税売上（保険診療分）に係るもの70％であった。この場合、A病院の仕入控除税額は以下のように計算する。

① MRIの購入費用をすべて共通対応分として処理した場合
$210,000,000円 \times \frac{4}{105} \times 15\% = 1,200,000円$ …仕入控除税額

② 使用実績を「合理的な基準」として採用した場合
$210,000,000円 \times 30\% = 63,000,000円$ …課税売上対応分
$63,600,000円 \times \frac{4}{105} = 2,400,000円$ …仕入控除税額

②＞①　∴2,400,000円（②を採用した場合の仕入控除税額）

<事例2>
　スーパーマーケットを営むB株式会社は土地付建物を一括して1億100万円（税込）で譲渡した。このとき、B株式会社は不動産業者に仲介手数料として300万円（税抜）支払っているが、B株式会社が消費税の仕入税額控除に関し個別対応方式を採用する場合、当該仲介手数料に係る仕入控除税額はどのように計算するのか。

　土地付建物の譲渡代金の支払いは一括であるが、その内訳を時価の比率で按分する場合、土地部分が8,000万円、建物部分が2,000万円であるとすると（いずれも税抜）、共通対応分である仲介手数料についても、土地と建物の譲渡金額の割合により按分して仕入控除税額を計算することが合理的と考えられる。そのため、仕入控除税額は以下のようになる。

$3,000,000円 \times 4\% \times \dfrac{2,000万円}{8,000万円 + 2,000万円} = 24,000円$

なお、実務上、上記のような項目につき、期中はとりあえず共通対応分として経理処理した場合であっても、最終的に「合理的な基準」を採用する場合には、決算整理等でこれを修正しておかないと、個別対応方式の適用要件を満たさないこととなるため、注意を要する。

第3節 交際費および寄付金の取扱い

1 交際費の取扱い

　仕入税額控除に関し個別対応方式を選択した場合、用途区分の問題が生じるが、法人税の場合と同様に、消費税についても交際費の取扱いは多少注意を要する。以下で交際費の用途区分に関し留意すべき事項を挙げてみる。

(1) 取引先に贈呈する中元・歳暮の購入費用

　取引先が課税資産の譲渡等の相手である場合には、当該費用の用途区分は課税売上にのみ要する課税仕入れ等に分類すべきとなる。同様に、たとえば、医療法人が人間ドック（自由診療で課税売上）を実施している場合、その人間ドックに従業員を送ってもらうため企業の人事部に贈る中元・歳暮の購入費用も、課税売上にのみ要する課税仕入れ等に分類すべきとなるだろう。

(2) 取引先を旅行に招待する場合に要する費用

　たとえば、家電の卸業者が年に1回小売業者の店主等を招待して旅行を行うことがあるが、その際に要した費用は法人税法上一般に交際費に該当する（措通61の4(1)—15(4)）。この場合も、取引先が課税資産の譲渡等の相手である場合には、当該費用の用途区分は課税売上にのみ要する課税仕

入れ等に分類すべきとなる。

(3) 取引先に商品券を贈呈する場合に要する費用

　取引先への中元や歳暮に、商品ではなく商品券やビール券を贈呈することもあるであろう。この場合、商品券やビール券は物品切手等に該当するため、当該支出は非課税仕入れとなる（消法6①、別表第1四ハ、消基通6－4－4）。

(4) 得意先等に試供品として無償で提供する新商品の購入費用

　販売促進目的で、得意先等に試供品として無償で新商品を提供することもよくみられるところである。この場合、その提供先は課税資産の譲渡の相手方とは限らず、当該費用の用途区分の判定が簡単ではないところである。

　しかし、試供品を無償で提供するのは将来当該商品を購入する顧客を開拓するための活動であり、その費用は将来の当該商品の売上と結び付けられるべきであると考えられる。したがって、得意先等に試供品として無償で提供する新商品の購入費用は、新商品の売上が課税売上である限り、その用途区分は課税資産の譲渡等にのみ要するものに分類されることになる（消基通11－2－14）。

(5) 取締役数名による社内交際費

　社長や取締役数名で、社長就任祝い等の名目で料亭などにおいて（飲酒を伴う）会食をすることがあるが、当該飲食費は法人税法上交際費（社内交際費）に該当するものと考えられる。

　一方、このような費用の消費税法上の用途区分であるが、当該飲食費と法人の売上との明確な対応関係が見い出せないため、その用途区分は原則として課税資産の譲渡等とその他の資産の譲渡等に共通して要するものに

該当するものと考えられる。

(6) 建設現場の現場監督との交際費

　ゼネコンが受注した商業ビル建設現場の現場監督を慰労するため、ゼネコンの社員が現場監督を招いて行った飲食の接待も、法人税法上交際費に該当するものと考えられる。

　一方、上記(5)と異なり、当該現場監督との飲食費用は課税売上である商業ビル建設と結び付けられるものであることから、その用途区分は原則として課税資産の譲渡等にのみ要するものに該当するものと考えられる（消基通11－2－12、平成24年3月国税庁消費税室「―平成23年6月の消費税法の一部改正関係―『95％ルール』の適用要件の見直しを踏まえた仕入控除税額の計算方法等に関するQ&A〔Ⅱ〕【具体的事例編】」（以下「Q&A〔Ⅱ〕」と称する。巻末**参考資料2**参照）問1－2参照）。

2　寄付金の取扱い

　仕入税額控除に関し個別対応方式を選択した場合、用途区分の問題が生じるが、法人税の場合と同様に、消費税についても寄付金の取扱いは多少注意を要する。金銭による寄付や贈与は課税仕入れとはならないが、金銭以外の物品を寄付した場合には取扱いが異なる。そこで、以下で寄付金の用途区分に関し留意すべき事項を挙げて検討してみる。

(1) 高齢者ホームに寄付したピアノの購入費

　消費税が課される物品を購入し、それを寄付する場合、当該課税物品の購入は課税仕入れに該当する。印刷業を営む事業者が近隣の高齢者ホームに寄付したピアノの購入費であるが、当該課税仕入れに対応する売上が存在しないため、その用途区分は原則として課税資産の譲渡等とその他の資

産の譲渡等に共通して要するものに該当するものと考えられる（消基通11―2―17）。

(2) 自社生産商品の被災地への寄付

　食品メーカーが震災の被災地に救援物資として自社生産のレトルト食品を寄付した場合、当該商品の寄付自体は消費税法上対価を得ていないため課税対象外（不課税）取引となるが、原材料等の費用については、当初販売目的で仕入れたものと考えられることから、その用途区分は原則として課税資産の譲渡等にのみ要するものに該当するものと考えられる（平成24年12月国税庁「災害に関する法人税、消費税及び源泉所得税の取扱いFAQ」Q31参照）。

(3) 毛布やカイロの被災地への寄付

　被災地に寄付する目的で毛布やカイロといった日常品を購入し贈呈した場合、その購入費はどうなるのか。その購入費は課税仕入れに該当するが、当該課税仕入れに対応する売上が存在しないため、その用途区分は原則として課税資産の譲渡等とその他の資産の譲渡等に共通して要するものに該当するものと考えられる（消基通11―2―17、平成24年12月国税庁「災害に関する法人税、消費税及び源泉所得税の取扱いFAQ」Q31参照）。

(4) 被災地に寄付する物品の輸送費用

　被災地に寄付する物品（自社製品および購入品）を被災地まで輸送する際に要する費用（旅費および宿泊費）は、寄付そのものではないものの寄付に関連する支出であるが、当該寄付に対応する売上が存在しないため、その用途区分は原則として課税資産の譲渡等とその他の資産の譲渡等に共通して要するものに該当するものと考えられる（消基通11―2―17、平成24年12月国税庁「災害に関する法人税、消費税及び源泉所得税の取扱いFAQ」Q

第2章　個別対応方式の用途区分

図表2－3　私道を造成し寄付した場合

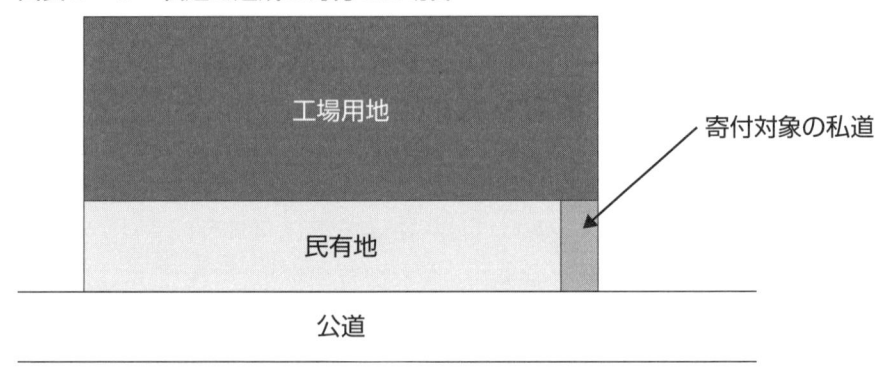

```
┌─────────────────────────────┐
│                             │
│         工場用地              │
│                       ← 寄付対象の私道
│                             │
├─────────────────────┬───────┤
│         民有地        │       │
├─────────────────────┴───────┤
│          公道                │
└─────────────────────────────┘
```

31参照)。

(5) 寄付対象の私道に係る造成費

あるメーカーが取得した工場用地がいわゆる旗竿地（私道造成後、**図表2－3参照**）であったことから、事業活動の便宜のため、公道へと通ずる部分の土地を私道として造成し、その後それを所在する市などの地方公共団体に寄付するケースが時々見受けられる。

この場合、法人税法の取扱いは、寄付する私道の帳簿価額を工場用地の帳簿価額に振り替えることで、寄付による損失を発生させないようにしている（法基通7－3－11の5）。

一方、消費税の取扱いであるが、寄付という行為に着目して、対応する売上がないものとして、その用途区分を課税資産の譲渡等とその他の資産の譲渡等に共通して要するものに分類すべきと考えがちである。しかし、当該寄付は工場への通行の便宜を図るために行う行為であり、工場での生産活動（課税売上）と直接対応するものと考えられることから、用途区分に関しては、課税資産の譲渡等にのみ要するものに該当するものと考えられる。

(6) 近隣の神社に寄付した日本酒の一斗樽

　近隣の神社で行われる夏祭りの際、法人が現金ではなく日本酒の一斗樽を奉納することがあるが、その仕入れ（課税仕入れ）に係る用途区分はどうなるのか。

　この場合は、当該奉納（寄付）に対応する売上が存在しないため、その用途区分は原則として課税資産の譲渡等とその他の資産の譲渡等に共通して要するものに該当するものと考えられる（消基通11—2—17）。

第4節 用途区分の判定時期

1 用途区分の判定時期の原則

　仕入控除税額の計算方法として個別対応方式を採用した場合、用途区分を行う必要があるが、その判定時期はいつになるのであろうか。

　まずその原則は通達に示されており、それによれば、課税仕入れを行った日または課税貨物を引き取った日の状況により行うこととなる（消基通11―2―20）。

　そのため、申告書作成時やその後の税務調査の時点において、その用途区分を見直してみたところ、課税仕入れを行ったとき判断した用途区分と異なる判断となることが生じ得る。しかし、仮にその後の状況の変化等の理由により、当初の用途区分の判断を修正すべき事態が生じたとしても、当初の判断がその当時の状況からみて正当であれば、用途区分を変更する必要はないこととなる（図表2―4参照）。

　たとえば、販売目的で購入した商品がその後滅失したり、陳腐化により廃棄を迫られる場合などは、後の状況から見れば対応する売上が存在しないため、用途区分は課税売上のみに対応する課税仕入れとはならないという考え方もあり得る。しかし、消費税法上、用途区分の判定は課税仕入れを行った日の状況により行うとされているため（消基通11―2―20）、販売目的で購入した商品の用途区分は、原則として課税売上のみに対応する課税仕入れに分類すべきということになる（事故や盗難の場合にも仕入税額控

第4節　用途区分の判定時期

図表2−4　用途区分の判断時期

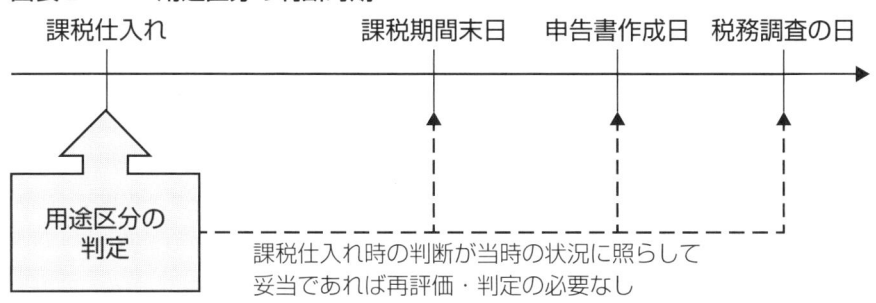

```
課税仕入れ        課税期間末日   申告書作成日  税務調査の日
━━━━━━━━━━━━━━━━━━━━━━━━━━━━━━━━▶
  ▲              ┊           ┊          ┊
  ┃              ┊           ┊          ┊
┌─┴─┐            ┊           ┊          ┊
│用途区分の│╶╶╶╶╶╶╶┘           ┊          ┊
│ 判定  │╶╶╶╶╶╶╶╶╶╶╶╶╶╶╶╶╶╶╶╶╶┘          ┊
└────┘╶╶╶╶╶╶╶╶╶╶╶╶╶╶╶╶╶╶╶╶╶╶╶╶╶╶╶╶╶╶╶╶╶╶┘
        課税仕入れ時の判断が当時の状況に照らして
        妥当であれば再評価・判定の必要なし
```

除の対象となることを示したものとして、消基通11―2―11注68)。

　また、課税仕入れ時の用途区分の判断が当時の状況に照らして妥当であれば、翌課税期間において用途区分を変更する必要が生じたとしても、再判定の必要はなく、修正申告の必要もないこととなる。

　さらに、課税仕入れ時の用途区分の判断が当時の状況に照らして妥当であれば、その後に受けた税務調査において、課税仕入れ時の判定後の状況変化に伴う用途区分の変更の必要性を指摘されたとしても、修正申告の勧奨に応じる必要はないこととなる。

＜事例＞分譲マンションを建設するために取得した土地の仲介手数料

Q　A社はマンションや戸建て住宅を分譲するディベロッパーである。A社は分譲マンションの建設計画に基づき、その用地として埼玉県内の土地を取得したが、当該土地の一部に一軒家が建っており、そこに老夫婦が賃借人として居住している。すなわち、A社は当該土地のうち一軒家が建っている区画については、底地を取得したこととなる。A社は当該土地の取得後、賃借人から借地権を取得するまでの間は、当該賃借人から地代を収受することとなっている。なお、当該住宅は老朽化が激しく、数年以内に取

注68　ただし、事故や盗難の時点では資産の譲渡等とは取り扱われない（消基通5―2―13）。

り壊してマンションの敷地となる予定である。
　Ａ社は当該マンション用地の取得に関し、不動産業者に仲介手数料を支払っている。仕入税額控除の計算につき、Ａ社は個別対応方式を採用しているが、当該仲介手数料は「両方に共通して要するもの」に区分して消費税の申告を行っている。
　ところが、後日受けた税務調査で調査官が、当該仲介手数料の用途区分につき、非課税である土地の取得に要した費用であるので「非課税売上にのみ要するもの」に区分すべきと主張し、修正するよう迫ってきたため、Ａ社は対応に苦慮している。

A　消費税の仕入税額控除に関する個別対応方式に係る用途区分は、原則として取得資産の取得時における利用目的に応じて判断することとなるため、分譲マンションを建設する目的で取得した土地に係る仲介手数料は、土地（非課税売上）および建物（課税売上）の双方に対応する「両方に共通して要するもの」に区分するのが適切であると考えられる。

＜解説＞
① 　個別対応方式に係る用途区分
　消費税の仕入税額控除に関する個別対応方式に係る用途区分は、原則として取得資産の取得時（課税仕入れを行った日）における利用目的に応じて判断することとなる（消基通11―2―20）。取得時に利用目的が未確定の場合には、取得の日の属する課税期間末までにそれが確定したときは、その確定した利用目的により用途区分を判断することとなる（消基通11―2―20）。
② 　用途区分と利用目的
　個別対応方式に係る3つの用途区分は、取得資産の利用目的に応じて判断することとなるため、取得資産そのものの消費税の取扱いとはリンクしない場合もある。すなわち、本件のように非課税の土地を取得するからといって、その仲介手数料を「非課税売上にのみ要するもの」に区分するとは限らないのである（**図表2―5**参照）。

第4節 用途区分の判定時期

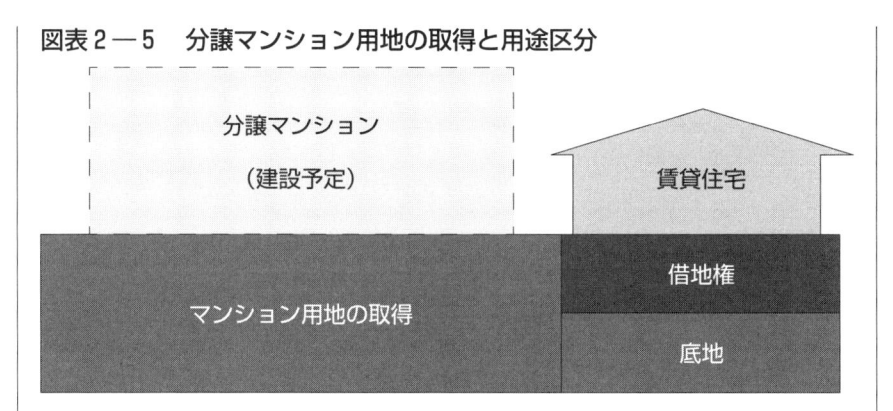

> 図表2―5 分譲マンション用地の取得と用途区分
>
> 分譲マンション（建設予定）／賃貸住宅／借地権／底地／マンション用地の取得
>
> 　確かに、A社は借地権取得までに賃貸住宅の賃借人である老夫婦から地代（非課税）を受けることとなるため、仲介手数料は賃貸住宅の地代収入を得るための費用とみることもできないわけではない。しかし、A社が当該土地を取得する最終目的はあくまで分譲マンションの建設およびその販売であり、用途区分もそれに即して判断すべきとなる。したがって、当該土地の取得に係る仲介手数料は、土地（非課税売上）および建物（課税売上）の双方に対応する「両方に共通して要するもの」に区分するのが適切であると考えられる。

2　判定時に未確定の場合

　一方、課税仕入れを行った日において用途区分が未確定のケースもあるが、どうするのであろうか。この場合は課税売上のみに対応するとも非課税売上のみに対応するともいえないのであるから、用途区分は両方に共通して要するものに分類することになる。

　ただし、課税仕入れを行った日において用途区分が未確定であっても、その日の属する課税期間の末日までにその区分が明らかにされた場合には、その明らかにされた区分により個別対応方式の適用を行うことができる（消基通11―2―20）。仮に、課税期間の末日においてもその区分が明ら

133

かではない場合の用途区分は、課税売上と非課税売上の両方に共通して要するものに分類することになる。

第5節 製造原価と販売費・一般管理費

1 製造原価に算入される費用

　製造する製品がすべて課税資産であるメーカーの場合、その製造原価に算入される課税仕入れの用途区分はどうなるのであろうか。この場合の考え方であるが、基本的に課税仕入れと対応する製品の売上との関係で判断することとなる。すなわち、製造する製品がすべて消費税の課税売上に該当するのであれば、対応する課税仕入れの用途区分は、それが外注費や材料費、水道光熱費、運送費、通信費、製造工具費、広告宣伝費等のいずれであっても、課税資産の譲渡等にのみ要するものに該当することとなる（消基通11—2—12）。

　一方、製造する製品が福祉用具のように非課税資産に該当する場合には、対応する課税仕入れの用途区分は非課税資産の譲渡等にのみ要するものに該当することとなる。このとき、個別対応方式を採用した場合には当該課税仕入れはまったく仕入税額控除の対象とはならないが、一括比例配分方式を採用した場合には、課税売上割合分だけ仕入税額控除の対象となるため、有利になる可能性があることが考えられる。したがって、非課税売上となる製品を製造するメーカーについては、一括比例配分方式の採用を検討すべきということになろう（後述第3章第7節参照）。

　なお、製造する製品がすべて課税資産であるメーカーであっても、非課税売上である利子収入がまったく存在しないケースは非常にまれであろ

う。進行年度の課税売上が5億円を超える事業者で、仕入税額控除に関し個別対応方式を採用しているケースでは、その売上収益の中に利子収入のような非課税売上が少額でも含まれる場合、その企業の事業ないし営業全体にかかわる課税仕入れ、たとえば本社ビルの建設費などの用途区分は、課税売上のみに要するものに分類するのではなく、課税売上と非課税売上の両方に共通して要するものに分類すべきこととなる。

2　医薬品の仕入れの取扱い

　医療を提供する病院・診療所にとって、製造業の製造原価に相当するもののうち大きな割合を占める項目が医薬品の仕入れであろう。

　医療業界は消費税法上特殊な業界であり、その収入の大半を占める社会保険診療が非課税と取り扱われているため、課税売上割合が非常に低い水準（10％前後）にとどまっている。したがって、多くの病院・診療所が95％ルール改正前から仕入税額控除の算定に関し一括比例配分方式または個別対応方式の選択を余儀なくされているところであった。

　それでは医療機関が個別対応方式を採用する場合、課税仕入れである医薬品の用途区分をどのように判定すべきであろうか。まず、仕入れ時において自由診療のみに使用する医薬品（予防接種用のワクチンなど）、社会保険診療のみに使用する医薬品がわかる場合には、それぞれについて課税売上のみに要するもの、非課税売上のみに要するものに区分することとなる。

　しかし、実際には購入時点で自由診療に使用するのか社会保険診療に使用するのか決められない医薬品が多数を占めるものと考えられる。その場合には、いずれでもないということから、課税売上と非課税売上に共通して対応する課税仕入れに分類することとなる。この場合、課税仕入れのうち課税売上のみに要するものをピックアップし、それ以外はすべて共通対応課税仕入れであるという分類方法を採ることはできず、その前に必ず非

課税売上のみに要するものも抽出する必要があるため、注意を要する（消基通11―2―18）。

3　販売費及び一般管理費に該当する費用

　それでは、広告宣伝費などの販売費や水道光熱費や通信費などの一般管理費はどうなるのであろうか。
　まず、販売費についてであるが、その販売費が課税売上となる商品の販売にのみ貢献するものであるというように直接の対応関係があるものについては、その用途区分を課税売上にのみ要する課税仕入れに分類しても問題ないと思われる。それができない販売費については、基本的に課税売上と非課税売上の両方に共通して要するものに分類すべきこととなるだろう。
　次に、一般管理費であるが、その性質上、一般に課税売上となる商品の販売にのみ貢献するというような直接の対応関係は見い出しがたく、むしろその企業の事業ないし営業全体にかかわる費用であると考えられる。そうであれば、一般管理費に係る課税仕入れの用途区分は、課税売上と非課税売上の両方に共通して要するものに分類すべきこととなる。

第6節　不動産関連費用

1　店舗兼用賃貸住宅の取得費

　商店街で長らく小売業を営んでいた者が、店舗を閉じて引退し、その店舗を取り壊して跡地に1階を貸店舗、2階・3階を単身者向け賃貸部屋とする店舗兼用賃貸住宅を建設するという事例は日本全国でみられるところである。この場合、仕入税額控除について個別対応方式を採用したとき、当該店舗兼用賃貸住宅の取得費（建設費）の用途区分はどうなるのであろうか（**図表2－6**参照）。

　この場合、1階の貸店舗から生じる売上（賃料収入）が課税売上となり、2階・3階の賃貸住宅から生じる売上（賃料収入）が非課税売上となる。そのため、当該店舗兼用賃貸住宅の取得費（建設費）の用途区分は、特に何もしなければ、課税売上および非課税売上の共通対応分に分類されることとなる。

　ただし、課税売上および非課税売上の共通対応分に係る課税仕入れは、合理的な基準により課税売上のみに要するものおよび非課税売上のみに要するものに区分することが可能であれば、その合理的な基準による区分に基づき個別対応方式を適用することも認められている（消基通11－2－19）。

　そのため、本件については、たとえば建物の床面積割合により課税仕入れである建設費を課税売上のみに要するものおよび非課税売上のみに要するものに区分することも合理的と考えられる。これは、たとえば建設初年

第6節　不動産関連費用

図表2−6　店舗兼用賃貸住宅の取得費（その1）

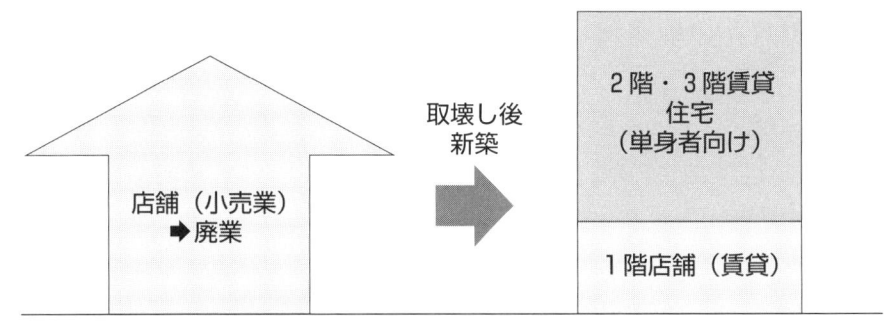

図表2−7　店舗兼用賃貸住宅の取得費（その2）

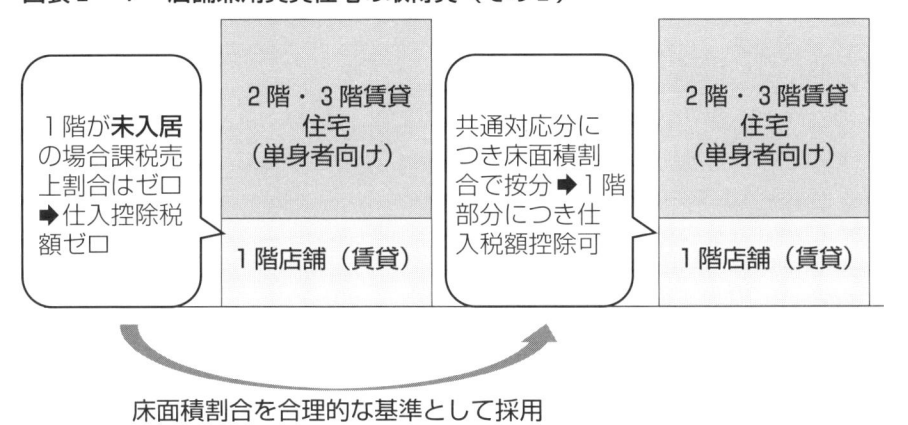

床面積割合を合理的な基準として採用

度で店舗部分にテナントが入居せず、賃貸住宅部分にのみ入居者があった場合、課税仕入れ全体を共通対応分に分類してしまうと、課税売上割合がゼロとなってしまい、仕入控除税額もゼロとなってしまう不合理を回避するために採ることができる手段である。すなわち、建設初年度の売上の偏りにより本来控除できるはずの仕入税額がゼロとなる不合理な事態を、課税売上となる1階部分の賃貸に対応する課税仕入れについては仕入税額控除の対象とするため、平年度の売上割合とほぼ同等と考えられる床面積割合を採用し是正しようという試みであると捉えられよう（**図表2−7参照**）。

2　本社ビルの取得費

たとえば、ファーストフード店を全国展開する企業が本社ビル（自社ビル）を建設した場合の取得費の用途区分は、一般に、本社機能が会社業務の全般を統括するものと考えられ、課税売上となるファーストフード店での売上と直接対応するものではないことから、課税売上および非課税売上の共通対応分に分類されることとなる。

一方、この法人が本社ビルの１階にファーストフードの直営店を開設した場合、その店舗部分からは課税売上が生じることから、店舗部分に対応する建設費の用途区分は課税売上のみに要するものに分類することとなるであろう。したがって、１階直営店部分の建設費相当額は課税売上のみに要するものに該当し、全額仕入税額控除の対象とすることができるものと考えられる。

なお、仮に１階直営店部分の建設費相当額が区分できない場合には、特に取扱いに関するガイドラインが示されているわけではないが、通達の考え方（共通対応分を課税売上対応分と非課税売上対応分に区分する方法、消基通11―2―19）を準用し、床面積割合等の合理的な基準により共通対応分を課税売上対応分と共通売上対応分とに按分した金額を求め、課税売上対応分につき全額仕入税額控除の対象とすることができるものと考えられる（**図表２―８参照**）。

3　自社ビルの一部を賃貸した場合の取得費

事務機器の販売業を営む法人が本社ビルとして自社ビルを建設したものの、本社機能の縮小により全館入居せず、一部階を他社に事務所として賃貸した場合、当該自社ビルの建設費について、個別対応方式に係る用途区

第6節　不動産関連費用

図表2−8　直営店を有する本社ビルの取得費の用途区分

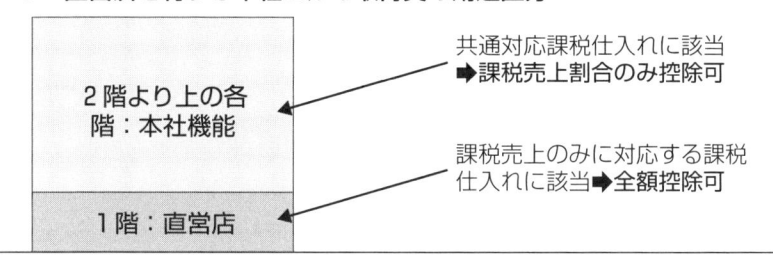

2階より上の各階：本社機能 → 共通対応課税仕入れに該当 ➡ **課税売上割合のみ控除可**

1階：直営店 → 課税売上のみに対応する課税仕入れに該当 ➡ **全額控除可**

図表2−9　自社ビルの一部を賃貸した場合の建設費の用途区分

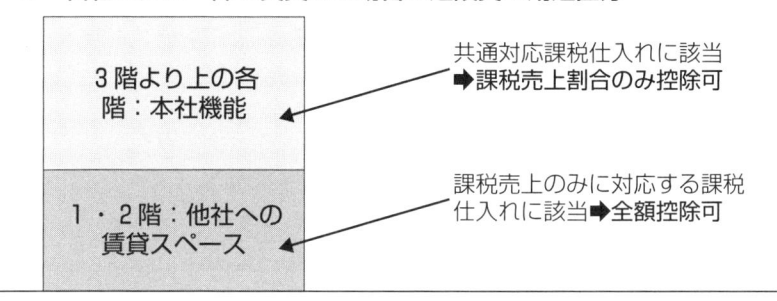

3階より上の各階：本社機能 → 共通対応課税仕入れに該当 ➡ **課税売上割合のみ控除可**

1・2階：他社への賃貸スペース → 課税売上のみに対応する課税仕入れに該当 ➡ **全額控除可**

分はどうなるのであろうか。

　一般に、本社機能が会社業務の全般を統括するものと考えられ、課税売上となる事務機器の販売と直接対応するものではないことから、その用途区分は課税売上および非課税売上の共通対応分に分類されることとなる。しかし、他社への賃貸部分については課税売上に直接対応することとなり、用途区分も課税売上のみに対応するものに分類されることとなる。

　したがって、自社ビルの建設費に係る個別対応方式の用途区分は、本社機能部分については共通対応分に、賃貸部分については課税売上のみに対応するものに区分して適用することとなる（**図表2−9**参照）。

　なお、他社への賃貸部分に係る建設費が明確ではない場合には、本節2で示したように、通達の考え方（消基通11−2−19）を準用し、床面積割合等の合理的な基準により共通対応分を課税売上対応分と共通売上対応分

とに按分した金額を求め、課税売上対応分につき全額仕入税額控除の対象とすることができるものと考えられる。

4　用途未確定の賃貸マンションの取得費

　都市部の駅に程近い土地に賃貸マンションを建設する場合、当該賃貸マンションは居住用のみならず、事務所用としての需要があるケースがみられる。そのため、建設時には賃貸住宅用・事務所用いずれの用途にも使用できるような内装工事を行い、実際の需要を見て柔軟に対応する事業者もみられるところである。

　この場合、マンションの建設工事が完了し、その引渡しがあった時点ではその用途が賃貸住宅用（非課税売上）・事務所用（課税売上）のいずれであるのか確定していないケースもあるであろう。このときの個別対応方式における用途区分であるが、引渡しを受けた時点では用途が確定しておらず、かつ期末においても未確定の場合には、建物の建設費に係る税額は賃貸住宅用のみに要するものではなく、また、事務所用のみに要するものでもないため、双方に共通して要するものに分類されることとなる。

　建物の引渡しの時点では未確定であったが、その後課税期間の末日までに用途が確定した場合には、その確定した用途区分により個別対応方式の適用が可能となる（消基通11―2―20）。したがって、仮に課税期間の末日における賃貸住宅・事務所の区分が**図表2―10**のようであるときは、それに基づき仕入税額控除の計算を行うことになるであろう（消基通11―2―19）。

　なお、引渡し時点では用途未確定で、その後入居者募集活動（住宅用または事務所用いずれでも可）を行った結果、課税期間末日までに居住用としての入居者があったものの一部空室であったため、引き続き募集活動を行っている場合の用途区分はどうであろうか。この場合、課税期間末日に

第6節　不動産関連費用

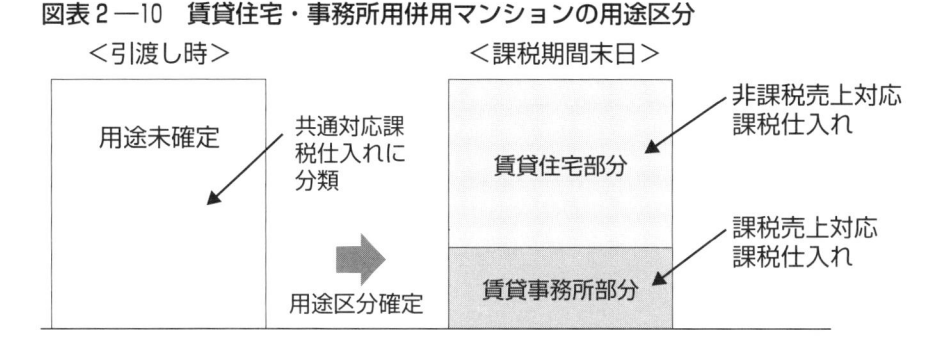

図表２―10　賃貸住宅・事務所用併用マンションの用途区分

<引渡し時>　　　　　　　　<課税期間末日>

用途未確定　→　共通対応課税仕入れに分類　⇒　用途区分確定

賃貸住宅部分　←　非課税売上対応課税仕入れ

賃貸事務所部分　←　課税売上対応課税仕入れ

おけるマンションの用途は未だ確定しておらず、非課税売上のみならず課税売上をも生じる可能性が残っている。したがって、マンション全体の用途区分が未確定であるとして、その建設費は課税売上と非課税売上の双方に共通して要するものに分類すべきということになるものと考えられる。

5　入居者のいる賃貸マンションを転売目的で取得した場合の取得費

　不動産業者が入居者（居住用）のいる賃貸マンションを転売目的で取得した場合、その取得費の用途区分はどう取り扱われるのであろうか。取得時の意図が転売ということであれば、転売時に課税売上が生じることとなる。そのため、建物の取得費用に係る用途区分は課税売上のみに要するものに該当するとも考えられる。しかし、入居者付きで賃貸マンションを取得した場合、ただちに転売できる場合（すでに転売先が見つかっている状態で取得した場合）はともかくとして、実際に転売するまで一定の期間を要するであろう。そうなると、転売までに入居者から賃貸料収入がもたらされることとなるが、当該収入は非課税売上となる。であれば、その取得の意図が転売目的であっても、課税売上のみならず非課税売上をももたらすことから、取得費の用途区分については、課税売上と非課税売上の双方に共通して要するものに分類すべきということになるものと考えられる（図

図表2—11　入居者つき賃貸マンションを転売目的で取得した場合の取得費

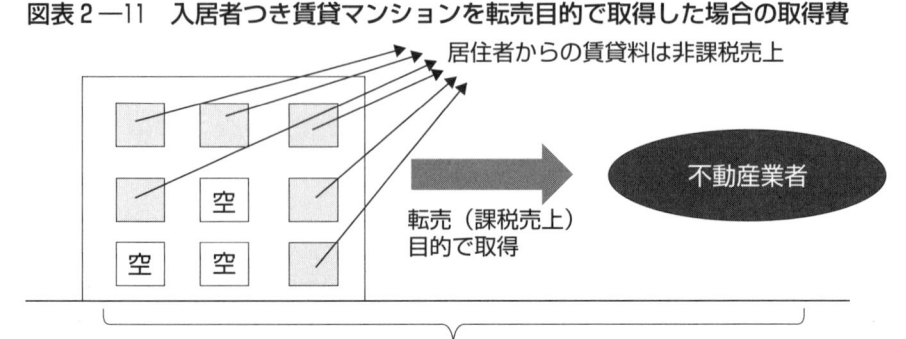

居住者からの賃貸料は非課税売上

転売（課税売上）目的で取得

不動産業者

課税売上と非課税売上に共通して要するものに該当

表2—11参照）。

　一方、全室空室のマンションを転売目的で取得した場合には、転売時までその空室を居住目的の入居者で埋めることがないのであれば、個別対応方式の適用上、取得費の全額を課税売上のみに要するものに分類しても問題ないものと考えられる。

6　販売用分譲マンションを一時的に賃貸に回したときの取得費

　ディベロッパーが開発・建築した分譲マンションを別のマンション販売会社が1棟丸ごと買い取り、引き続き販売を続けたところ、一部住戸が売れ残ったため、課税期間の末日までに一時的に賃貸に回す物件が生じるというケースもみられるが、この場合、マンション販売会社における取得費（建物対応部分）の用途区分はどう取り扱われるのであろうか。

　課税期間の末日における物件の用途区分、すなわち販売用のもの（課税売上）と賃貸用のもの（非課税売上）とが混在する状況を捉えて、取得費の用途区分については、課税売上と非課税売上の双方に共通して要するものに分類すべきという考え方もあり得る。

　しかし、マンション販売会社は当該物件をその全戸につき販売目的で取

図表2―12　販売用マンションの一部を一時的に賃貸に回したときの取得費の用途区分

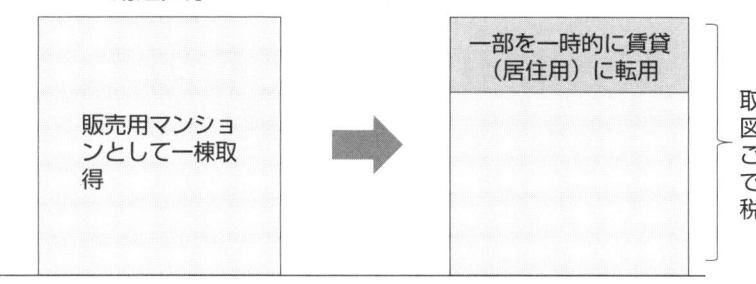

得したのであるから、取得時の意図はすべて販売目的（課税売上）ということになる。そのため、取得してから課税期間の末日までの間に状況が変わり、資金繰り等の理由でやむを得ず一部住戸を賃貸に回したとしても、用途区分の判断に影響を及ぼすものではないものと考えられる。したがって、取得時の意図がすべて販売目的ということであれば、取得費（建物対応部分）の用途区分については、課税売上にのみ要するものに分類すべきということになるものと考えられる（**図表2―12参照**）。

　なお、固定資産については転用した場合の税額調整の問題が生じるが（消法34①、35）、本件の分譲マンションは棚卸資産であって固定資産ではないため、調整対象固定資産に該当せず、税額調整の問題も生じない。

第7節 国外取引に要する費用

1 国外に所在する土地の譲渡に係る費用（その１）

　わが国企業の活動がグローバルに展開するなかで、企業が国外に土地を取得することも、それを売却することもめずらしくないところである。国外で取得した土地を別の企業に売却する場合、その売却そのものは消費税法上国外取引に該当するため、課税対象外（不課税）となる（消法4①）。他方で、当該土地の売却（売却先も日本企業）に際し、企業が国内に事務所を構える日本人の弁護士に土地に係る売買契約等に関する法的アドバイスを求め、その対価としてアドバイザリー報酬を支払うことがある。この場合、当該アドバイザリー報酬は国内取引であるため消費税が課されることとなるが、仕入税額控除の適用はどうなるのであろうか。

　まず、国外取引のために行う課税仕入れであっても、仕入税額控除制度の適用があることを理解する必要があるであろう（消基通11―2―13）。これは仮に当該課税仕入れの控除を認めない場合、その控除不能額が土地の売買価格に転嫁されて売値が上昇してしまうため、国外取引にわが国の消費税が影響を及ぼすこととなり問題であることから、それを回避する目的の措置であると考えられる。

　また、仕入税額控除に関し個別対応方式を採用する場合には、当該課税仕入れは課税資産の譲渡等にのみ要するものに該当する（消基通11―2―13）。

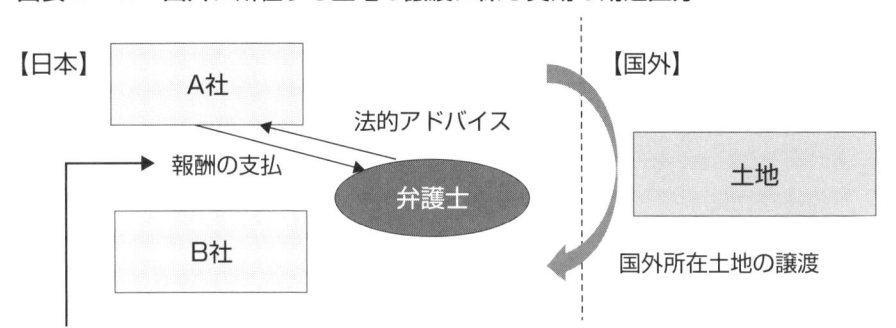

図表2―13　国外に所在する土地の譲渡に係る費用の用途区分

【日本】　　　　　　　　　　　　　　　　　【国外】
　　　　　A社
　　　　　　　　　法的アドバイス
　　　報酬の支払　　　　　　　　　　　　　　土地
　　　　　　　　　弁護士
　　　　　B社
　　　　　　　　　　　　　　　　　　　国外所在土地の譲渡

用途区分：課税売上のみに要するものに分類

　次に、企業が国内の弁護士に土地に係る売買契約等に関する法的アドバイスを求めたときの、当該役務提供の場所であるが、役務提供が国内に事務所を構える日本人の弁護士によってなされたことから、法的アドバイスが海外でなされたということが十分裏付けられるような資料等がない限り、原則として国内においてなされたということになるものと考えられる（消法4③二）。

　したがって、国外取引のために行う仕入れであっても、その仕入れが国内において行う役務提供であれば課税仕入れとなるため、本件弁護士へ支払う法的アドバイス報酬は課税仕入れとなり、仕入税額控除の対象となる。この場合、個別対応方式を採用したときの当該弁護士へ支払う法的アドバイス報酬の用途区分であるが、通達にあるように、課税資産の譲渡等にのみ要するものに該当することとなる（消基通11―2―13、Q&A〔Ⅱ〕問2―1、**図表2―13**参照）。

　なお、本件土地は国外所在の土地であるため、その譲渡は消費税が非課税となる「国内において行われる資産の譲渡等」には該当しないことにも留意すべきであろう（消法6①）。

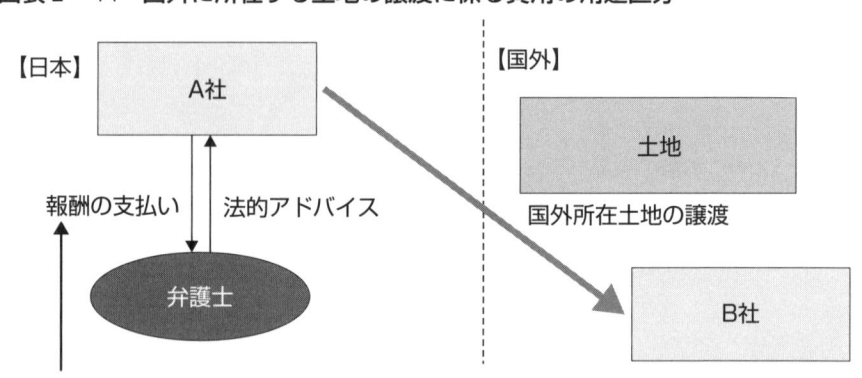

図表2—14　国外に所在する土地の譲渡に係る費用の用途区分

用途区分：課税売上のみに要するものに分類

2　国外に所在する土地の譲渡に係る費用（その2）

　それでは、内国法人が国外で取得した土地を別の企業（外国企業）に売却する場合に、当該内国法人が国内に事務所を構える日本人の弁護士に土地に係る売買契約等に関する法的アドバイスを求め、その対価としてアドバイザリー報酬を支払うケースはどうであろうか。

　本件は前述1と異なり、土地の購入者が非居住者（外国企業）であるため、当該役務提供は国内および国外に渡って行われるものに該当する。この場合、役務の提供場所は役務の提供を行う者の役務提供に係る事務所等の所在地ということになる（消令6②七）。したがって、役務提供者が国内に事務所を構える日本人の弁護士であることから、その事務所の所在地である日本国内ということになり、本件弁護士へ支払う法的アドバイス報酬は課税仕入れに該当する。

　その結果、個別対応方式を採用したときの当該弁護士へ支払う法的アドバイス報酬の用途区分についても、前述1と同様に、通達にあるように、課税資産の譲渡等にのみ要するものに該当することとなる（消基通11—2

第7節　国外取引に要する費用

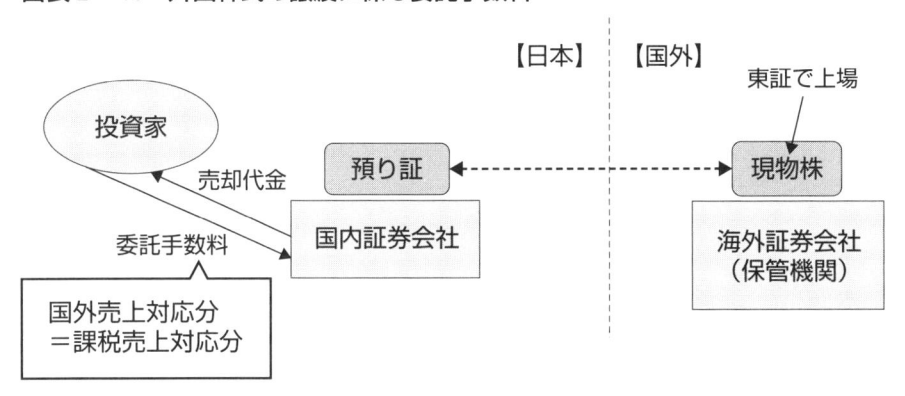

図表2—15　外国株式の譲渡に係る委託手数料

```
                          【日本】 【国外】
                                        東証で上場
   投資家                                   ↓
    ←――――  売却代金   預り証 ←------→ 現物株
    ↓                    ↑
    委託手数料          国内証券会社    海外証券会社
    ↓                                  （保管機関）
 国外売上対応分
 ＝課税売上対応分
```

—13、Q&A〔Ⅱ〕問2—1、**図表2—14**参照）。

3　外国株式の譲渡に係る委託手数料

　東京証券取引所には国内の有力企業が株式を上場しているが、それ以外にもダウ・ケミカルやAIGのように、外国企業が株式（外国株）を上場しているケースもみられる。そのような外国株式の譲渡に係る委託手数料について、個別対応方式を採用している場合、その用途区分はどうなるのであろうか。当該取引を図示すると、**図表2—15**のようになる。

　有価証券の譲渡については、譲渡時にその有価証券が所在していた場所により内外判定を行うこととなる（消令6①九イ）。そのため、外国株式は一般に国外の保管機関（証券会社等）において保護預かりとなることから、株式の現物の所在地は日本国外ということになる。その結果、たとえその外国株式が東京証券取引所に上場している株式であっても、その譲渡は国外取引に該当することとなる。

　仕入税額控除に係る個別対応方式において、課税仕入れである外国株式の譲渡に関し国内の証券会社に支払う委託手数料は国外取引にのみ要する

149

第 2 章　個別対応方式の用途区分

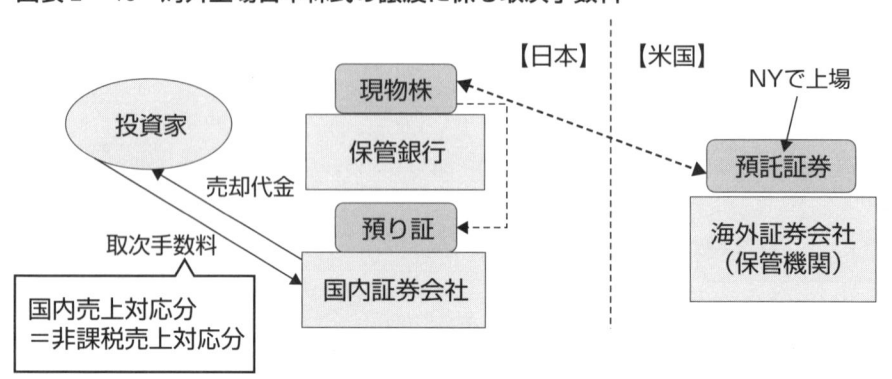

図表 2 —16　海外上場日本株式の譲渡に係る取次手数料

```
                              【日本】 【米国】
                                             NYで上場
                    ┌現物株┐←─────┐   ↓
        投資家       │保管銀行│        │ ┌預託証券┐
                    └────┘        │ │海外証券会社│
         ↑ 売却代金                  │ │（保管機関）│
         │          ┌預り証┐←─────┘ └──────┘
    取次手数料       │国内証券会社│
   ┌─────┐    └──────┘
   │国内売上対応分│
   │＝非課税売上対応分│
   └─────┘
```

ものであるため、その用途区分は課税資産の譲渡等にのみ要するものに区分されることとなる（消基通11— 2 —13）。

4　海外上場日本株式の譲渡に係る取次手数料

　前述 3 とは逆に、NTT やソニーのように日本株式が海外の証券取引所に上場しているケースもみられるところである。このような海外上場日本株式は、たとえばニューヨーク証券取引所に上場している場合、ADR（米国預託証券）が発行され、株式の現物は日本国内の保管銀行で保管される。当該株式の譲渡取引を図示すると、**図表 2 —16**のようになる。

　ニューヨーク証券取引所に上場している株式であっても、その株券の保管場所が国内（保管銀行）であればその譲渡取引は国内取引となる。したがって、国内の投資家が預り証で行う海外上場日本株式の譲渡についての、仕入税額控除に係る個別対応方式に関しては、その株式の譲渡に関し国内の証券会社に支払う取次手数料の用途区分は、非課税資産の譲渡等にのみ要するものに区分されることとなる（消法 6 ①、別表第 1 二、消令 9 ①）。

　なお、当該株式の譲渡に係る課税売上割合の計算においては、その分母

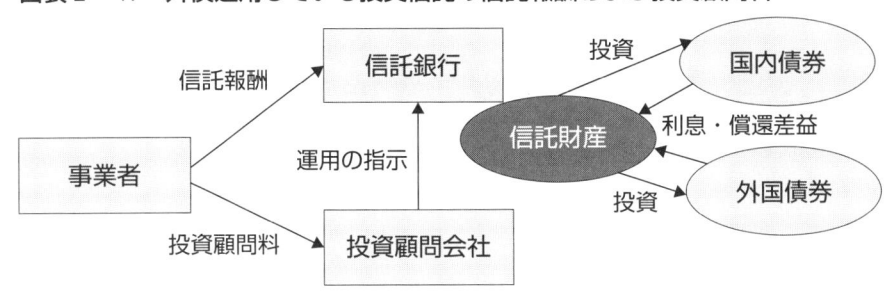

図表2―17　外債運用している投資信託の信託報酬および投資顧問料

に譲渡対価の5％相当額のみを非課税売上高として計上することとなる（消令48⑤）。

5　外債運用している投資信託の信託報酬

次に、証券会社が募集している投資信託の運用財産に国内債券のみならず、外国債券があるケースを検討する。信託財産に係る資産の譲渡等の対価の額には、国内債券から生じる利子のほか、非課税資産の輸出であっても課税資産の譲渡等に係る輸出取引等（消法31①）とみなされる外国債券から生じる受取利息・償還差益がある。

この場合、当該信託財産に係る信託報酬および投資顧問料といった課税仕入れは、個別対応方式の用途区分において何に分類するのであろうか。

本件の場合、信託財産の運用の結果、国内債券から生じる利子（非課税売上）のほか、課税売上とみなされる外国債券から生じる受取利息・償還差益を得ることとなるため、それに対応する課税仕入れである信託報酬および投資顧問料の用途区分は、課税資産の譲渡等とその他の資産の譲渡等に共通して要するものに該当することとなる（Q&A〔Ⅱ〕問3―1、**図表2―17参照**）。

第8節 個別対応方式に係る申告書記載例

1 課税売上割合が95％未満の事業者のケース

　課税売上割合が95％未満の事業者については、課税仕入れ等に係る消費税額を全額控除することができず、個別対応方式または一括比例配分方式のいずれかを選択して控除税額を計算することとなるのは、本書で繰り返し述べている点である。そこで以下では、課税売上割合が95％未満の事業者に関し、個別対応方式の是非を検討し、申告するまでの過程を、申告書の記載例を交えながらみていくこととしたい。

(1) 医療法人における個別対応方式または一括比例配分方式の選択

　医療法人社団渋谷会における平成25年3月期（平成24年4月1日～平成25年3月31日）の消費税の課税取引等をまとめた計算書（税抜経理を採用）は以下のとおりである。この場合、まず、仕入税額控除に関し、個別対応方式または一括比例配分方式の選択から行うため、課税売上割合の計算を行う。

第8節　個別対応方式に係る申告書記載例

(2) 計算例

＜売上項目＞　　　　　　　　　　　　　　　　　　　　　　　税抜（単位：円）

勘定科目	決算額	内訳 非課税売上	内訳 課税対象外	内訳 課税売上
保険診療	227,382,150	227,382,150		
自由診療	31,654,200			31,654,200
受取利息	10,120	10,120		
雑収入	958,980		150,000	808,980
合計	260,005,450	227,392,270	150,000	32,463,180
			仮受消費税合計	1,623,159

＜仕入項目＞　　　　　　　　　　　　　　　　　　　　　　　税抜（単位：円）

勘定科目 ＜損益科目＞	決算額	内訳 非課税	内訳 課税対象外	内訳 課税仕入れ	課税仕入れの内訳（用途区分）課税売上対応	課税仕入れの内訳（用途区分）共通対応	課税仕入れの内訳（用途区分）非課税売上対応
医薬品仕入高	39,273,687			39,273,687	1,776,395	5,123,981	32,373,311
役員給与	48,000,000		48,000,000				
従業員給与	82,378,000		82,378,000				
福利厚生費	3,650,000		200,000	3,450,000		3,450,000	
法定福利費	8,945,380		8,945,380				
検査委託費	3,218,000			3,218,000			3,218,000
賃借料	9,840,000			9,840,000		9,840,000	
減価償却費	10,218,545		10,218,545				
その他経費	8,687,218		2,945,000	5,742,218		5,742,218	
小計	214,210,830	0	152,686,925	61,523,905	1,776,395	24,156,199	35,591,311
支払利息	380,540	380,540					
仕入割引	△791,218			△791,218		△791,218	
合計	213,800,152	380,540	152,686,925	60,732,687	1,776,395	23,364,981	35,591,311

153

第2章　個別対応方式の用途区分

<資産科目>

		非課税	課税対象外	課税仕入れ	課税売上対応	共通対応	非課税売上対応
医療機器	12,728,752			12,728,752		12,728,752	
ソフトウェア	1,500,000			1,500,000		1,500,000	
合　計	14,287,752			14,287,752		14,287,752	
	課税仕入れの額合計			75,020,439	1,776,395	37,652,733	35,591,311
	仮払消費税合計			3,751,020	88,819	1,882,636	1,779,565

<課税売上割合の計算>

① 課税資産の譲渡等の対価の額を計算する

　$(32,463,180円 + 1,623,159円) \times \dfrac{100}{105} = 32,463,180円$

② 資産の譲渡等の対価の額を計算する

　32,463,180円 + 227,392,270円（非課税売上額）= 259,855,450円

③ 課税売上割合を計算する

　①÷②= 32,463,180円 ÷ 259,855,450円 = 12.4927…% ➡ 12.49%

<課税仕入れに係る消費税額の計算>

次に、課税仕入れに係る消費税額を計算する。

課税仕入れに係る支払対価の額 = 75,020,439円 + 3,751,020円
= 78,771,459円

課税仕入れに係る消費税額 = 78,771,459円 × 4／105 = 3,000,817円

<個別対応方式による場合の控除税額>

① 課税売上のみに要するもの

　$(1,776,395円 + 88,819円) \times \dfrac{4}{105} = 71,055円$

② 共通して要するもの

　$(37,652,733円 + 1,882,636円) \times \dfrac{4}{105} = 1,506,109円$

③ 個別対応方式による場合の控除税額の計算

71,055円+1,506,109円×32,463,180／259,855,450＝259,209円

＜一括比例配分方式による場合の控除税額＞

3,000,817円×32,463,180／259,855,450＝374,885円

＜個別対応方式または一括比例配分方式の選択＞

259,209円＜374,885円　∴一括比例配分方式を選択する

なお、一括比例配分方式を採用した場合、2年間は継続して適用しなければならないため、注意を要する（消法30⑤）。

(3) 申告書記載例

以上を消費税申告書（一般用）および付表2で示すと、**図表2—18、2—19**のとおりとなる。

第2章　個別対応方式の用途区分

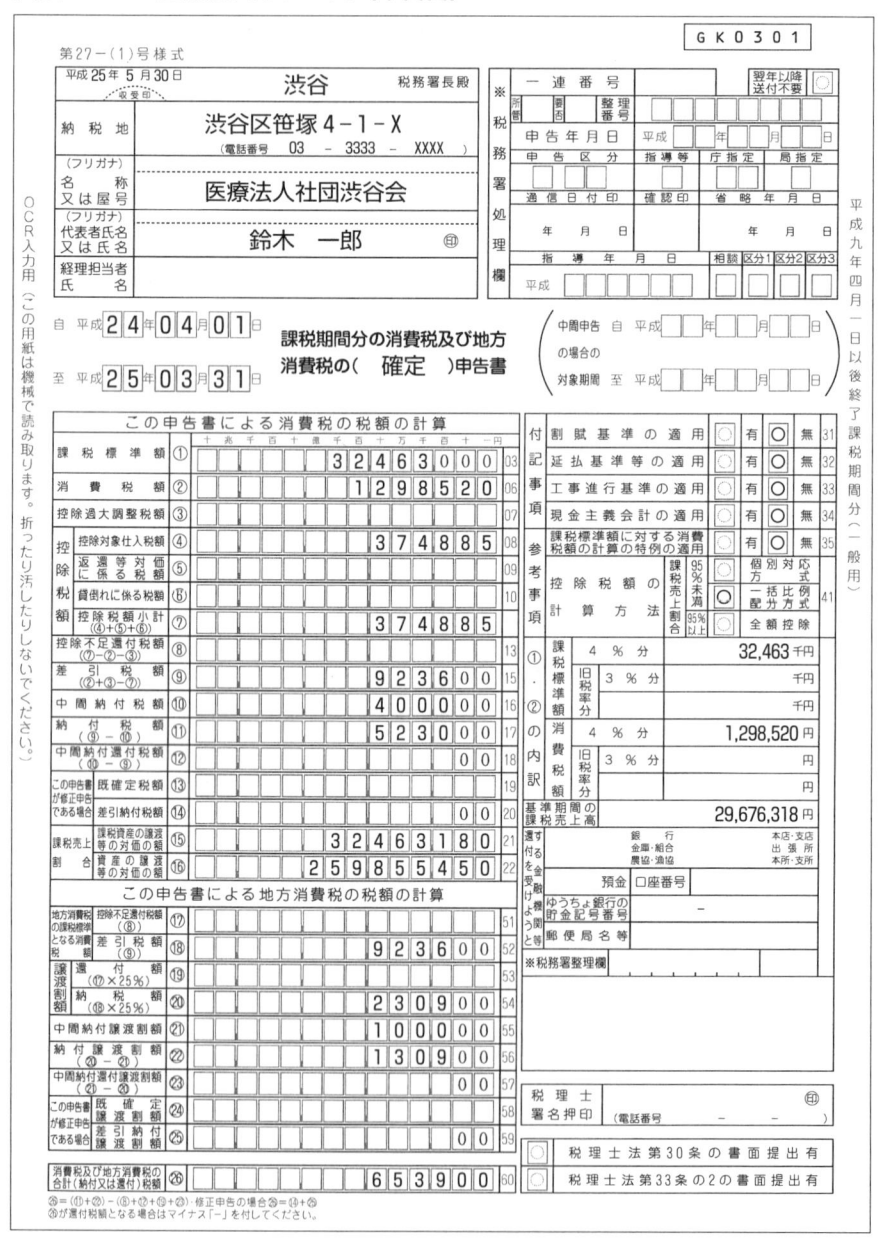

図表2—18　医療法人のケース（申告書）

第8節　個別対応方式に係る申告書記載例

図表2−19　医療法人のケース（付表2）

付表2　課税売上割合・控除対象仕入税額等の計算表　　　一般

課税期間　24・4・1〜25・3・31　氏名又は名称　医療法人社団渋谷会

項目		金額
課税売上額（税抜き）	①	32,463,180 円
免税売上額	②	
非課税資産の輸出等の金額、海外支店等へ移送した資産の価額	③	
課税資産の譲渡等の対価の額（①+②+③）	④	32,463,180
課税資産の譲渡等の対価の額（④の金額）	⑤	32,463,180
非課税売上額	⑥	227,392,270
資産の譲渡等の対価の額（⑤+⑥）	⑦	259,855,450
課税売上割合（④/⑦）		〔 12.49 %〕 ※端数切捨て
課税仕入れに係る支払対価の額（税込み）	⑧	78,771,459
課税仕入れに係る消費税額（⑧×4/105）	⑨	3,000,817
課税貨物に係る消費税額	⑩	
納税義務の免除を受けない（受ける）こととなった場合における消費税額の調整（加算又は減算）額	⑪	
課税仕入れ等の税額の合計額（⑨+⑩±⑪）	⑫	3,000,817
課税売上高が5億円以下、かつ、課税売上割合が95％以上の場合（⑫の金額）	⑬	
課税売上高5億円超又は課税売上割合95％未満の場合 個別対応方式 ⑫のうち、課税売上げにのみ要するもの	⑭	71,055
⑫のうち、課税売上げと非課税売上げに共通して要するもの	⑮	1,506,109
個別対応方式により控除する課税仕入れ等の税額〔⑭+（⑮×④/⑦）〕	⑯	259,209
一括比例配分方式により控除する課税仕入れ等の税額（⑫×④/⑦）	⑰	374,885
控除の税額調整 課税売上割合変動時の調整対象固定資産に係る消費税額の調整（加算又は減算）額	⑱	
調整対象固定資産を課税業務用（非課税業務用）に転用した場合の調整（加算又は減算）額	⑲	
差引 控除対象仕入税額〔（⑬、⑯又は⑰の金額）±⑱±⑲〕がプラスの時	⑳	374,885
控除過大調整税額〔（⑬、⑯又は⑰の金額）±⑱±⑲〕がマイナスの時	㉑	
貸倒回収に係る消費税額	㉒	

注意1　金額の計算においては、1円未満の端数を切り捨てる。
　　2　⑧欄には、値引き、割戻し、割引きなど仕入対価の返還等の金額がある場合（仕入対価の返還等の金額を仕入金額から直接減額している場合を除く。）には、その金額を控除した後の金額を記入する。
　　3　上記2に該当する場合には、⑨欄には次の算式により計算した金額を記入する。

　　　課税仕入れに係る消費税額=〔課税仕入れに係る支払対価の額（仕入対価の返還等の金額を控除する前の税込金額）×4/105〕−〔仕入対価の返還等の金額（税込み）×4/105〕

　　4　㉑欄と㉒欄のいずれにも記載がある場合は、その合計額を申告書③欄に記入する。

24.5（H24.4.1以後開始課税期間用）

2　課税売上割合が95％を超える事業者のケース

次に、課税売上割合が95％を超える事業者ではあるものの、進行年度の課税売上高が5億円を超えるため、課税仕入れ等に係る消費税額を全額控除することができず、個別対応方式または一括比例配分方式のいずれかを選択して控除税額を計算することとなるケースを取り上げる。

(1)　家具販売業における個別対応方式または一括比例配分方式の選択

家具販売業を営む株式会社笹塚商事における平成26年3月期（平成25年4月1日～平成26年3月31日）の消費税の課税取引等をまとめた計算書（税込経理を採用）は、以下のとおりである。この場合も、まず、仕入税額控除に関し、個別対応方式または一括比例配分方式の選択から行うため、課税売上割合の計算を行う。

(2)　計算例

＜売上項目＞　　　　　　　　　　　　　　　　　　　　税込（単位：円）

勘定科目	決算額	内訳 非課税売上	内訳 課税対象外・免税	内訳 課税売上
国内商品売上高	685,222,500			685,222,500
商品輸出売上高	139,338,000		139,338,000	
受取利息	100,220	100,220		
受取家賃	3,450,000	3,450,000		
合　計	828,110,720	3,550,220	139,338,000	685,222,500

（注）　受取利息のうち82,000円は外国国債の利子である。

第8節 個別対応方式に係る申告書記載例

＜仕入項目＞

税込（単位：円）

勘定科目＜損益科目＞	決算額	内訳 非課税	内訳 課税対象外	内訳 課税仕入れ	課税仕入れの内訳（用途区分） 課税売上対応	課税仕入れの内訳（用途区分） 共通対応	課税仕入れの内訳（用途区分） 非課税売上対応
当期商品仕入高	562,444,000			326,273,000	326,273,000		
役員給与	40,000,000		48,000,000				
従業員給与	80,378,000		100,378,000				
福利厚生費	5,650,000		300,000	5,350,000		5,350,000	
法定福利費	10,045,380		8,945,380				
水道光熱費	6,418,000			6,418,000		6,418,000	
賃借料	9,840,000			9,840,000		9,840,000	
減価償却費	10,218,335		10,218,335				
その他経費	8,687,218		2,945,000	5,742,218		5,112,218	630,000
小　計	733,680,933	0	152,686,925	353,623,218	326,273,000	26,720,218	630,000
支払利息	3,850,400	3,850,400					
仕入値引	△1,540,770			△1,540,770	△1,540,770		
合　計	735,990,623	3,850,400	152,686,925	352,082,448	324,732,230	26,720,218	630,000

（注）　当期商品仕入高のうち236,171,000円は輸入仕入高である。この額には輸入関税8,250,000円および税関に納付した消費税額10,500,000円（うち地方消費税2,100,000円）が含まれているが、残額は海外への仕入れ代金等の国内における課税仕入れに該当しないものである。

＜その他の留意事項＞

① 支払利息は銀行借入れに係る利息である

② 基準期間の課税売上高は643,261,000円である

＜課税売上割合の計算＞

① 課税資産の譲渡等の対価の額を計算する

　ア　課税売上額

　　$685,222,500円 \times \dfrac{100}{105} = 652,592,857円 ➡ 652,592,000円$（千円未満切捨）

　イ　免税売上額

　　139,338,000円

第2章　個別対応方式の用途区分

　　ウ　非課税資産の輸出等の金額
　　　82,000円（外国国債の利子は非課税資産の輸出等に該当する）
　　エ　課税資産の譲渡等の対価の額
　　　652,592,000円＋139,338,000円＋82,000円＝792,012,000円
② 資産の譲渡等の対価の額を計算する。
　　ア　非課税売上額
　　　3,450,000円＋（100,220円－82,000円）＝3,468,220円
　　イ　資産の譲渡等の対価の額
　　　792,012,000円＋3,468,220円＝795,480,220円
③ 課税売上割合を計算する。
　　①÷②＝792,012,000円÷795,480,220円＝99.5640…%➡99.56%

＜当課税期間の課税売上高＞
　652,592,000円＋139,338,000円＝791,930,000円（非課税資産の輸出等の金額を含めない）

＜課税仕入れに係る消費税額の計算＞
　次に、課税仕入れに係る消費税額を計算する。
① 課税仕入れに係る支払対価の額
　　326,273,000円＋26,720,218円＋630,000円＝353,623,218円
　　353,623,218円－1,540,770円（仕入値引）＝352,082,448円
② 課税仕入れに係る消費税額
　　$353,623,218円 \times \frac{4}{105} - 1,540,770 \times \frac{4}{105} = 13,412,664円$
③ 課税貨物に係る消費税額
　　10,500,000円－2,100,000円＝8,400,000円
④ 課税仕入れ等の税額の合計額
　　13,412,664円＋8,400,000円＝21,812,664円

＜個別対応方式による場合の控除税額＞
① 課税売上のみに要するもの
　　326,273,000円（仕入値引控除前）

$$326,273,000円 \times \frac{4}{105} - 1,540,770 \times \frac{4}{105} + 8,400,000円 = 20,770,751円$$

② 共通して要するもの

$$26,720,218円 \times \frac{4}{105} = 1,017,913円$$

③ 個別対応方式による場合の控除税額の計算

20,770,751円＋1,017,913円×644,393,000円／647,861,220円

＝21,783,214円

＜一括比例配分方式による場合の控除税額＞

21,812,664円×644,393,000円／647,861,220円＝21,695,893円

＜個別対応方式または一括比例配分方式の選択＞

21,783,214円＞21,695,893円　∴個別対応方式を選択する

(3) 申告書記載例

以上を消費税申告書（一般用）および付表2で示すと、**図表2―20、2―21**のとおりとなる。

第2章　個別対応方式の用途区分

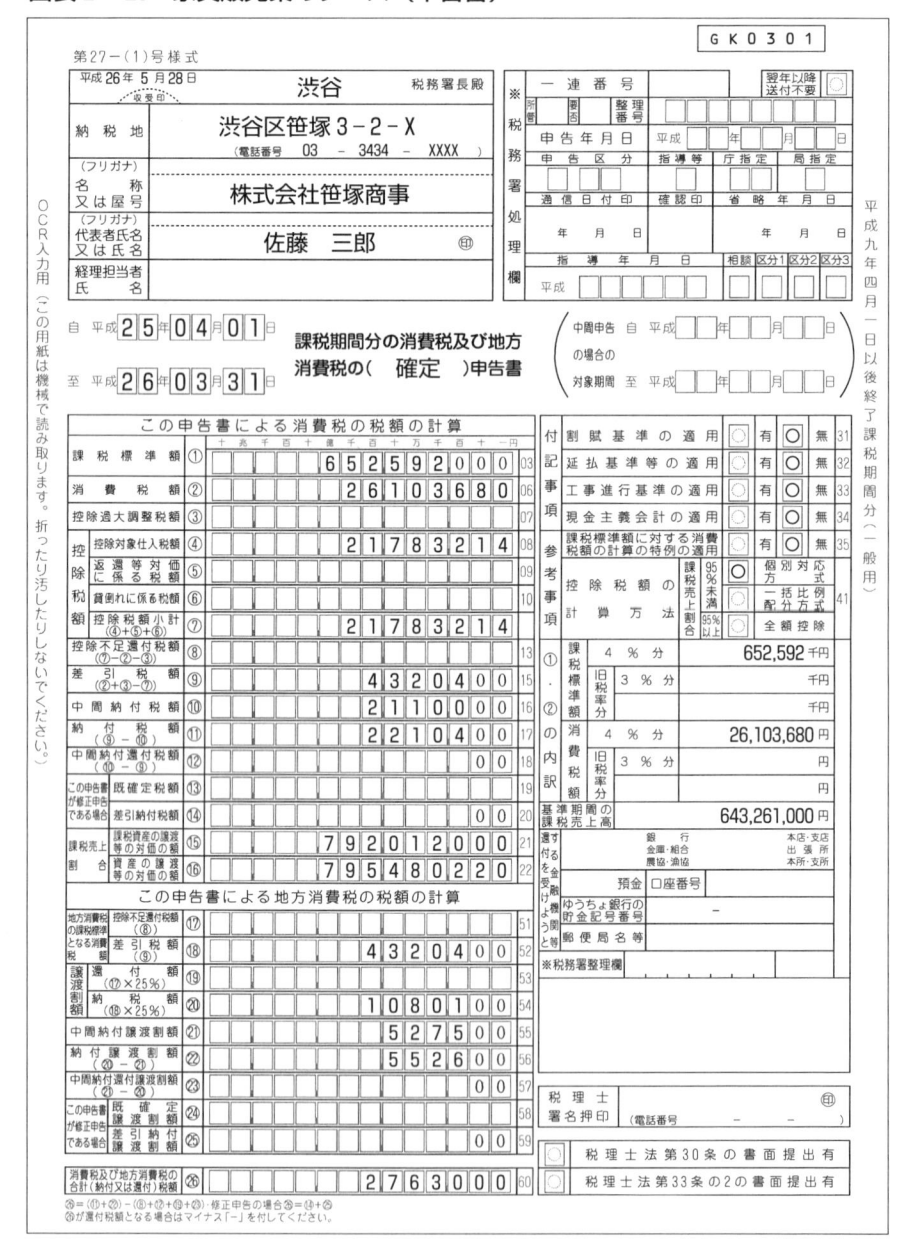

図表2-20　家具販売業のケース（申告書）

第8節　個別対応方式に係る申告書記載例

図表2―21　家具販売業のケース（付表2）

付表2　課税売上割合・控除対象仕入税額等の計算表　　　　　　　一般

| 課税期間 | 25・4・1～26・3・31 | 氏名又は名称 | 株式会社笹塚商事 |

項目		金額
課税売上額（税抜き）	①	652,592,000 円
免税売上額	②	139,338,000
非課税資産の輸出等の金額、海外支店等へ移送した資産の価額	③	82,000
課税資産の譲渡等の対価の額（①+②+③）	④	792,012,000
課税資産の譲渡等の対価の額（④の金額）	⑤	792,012,000
非課税売上額	⑥	3,468,220
資産の譲渡等の対価の額（⑤+⑥）	⑦	795,480,220
課税売上割合（④／⑦）		〔 99.56 %〕※端数切捨て
課税仕入れに係る支払対価の額（税込み）	⑧	352,082,448
課税仕入れに係る消費税額（⑧×4／105）	⑨	13,412,664
課税貨物に係る消費税額	⑩	8,400,000
納税義務の免除を受けない（受ける）こととなった場合における消費税額の調整（加算又は減算）額	⑪	
課税仕入れ等の税額の合計額（⑨+⑩±⑪）	⑫	21,812,664
課税売上高が5億円以下、かつ、課税売上割合が95％以上の場合（⑫の金額）	⑬	
課税売上高が5億円超又は課税売上割合が95％未満の場合は 個別対応方式 ⑫のうち、課税売上げにのみ要するもの	⑭	20,770,751
⑫のうち、課税売上げと非課税売上げに共通して要するもの	⑮	1,017,913
個別対応方式により控除する課税仕入れ等の税額〔⑭+(⑮×④／⑦)〕	⑯	21,783,214
一括比例配分方式により控除する課税仕入れ等の税額（⑫×④／⑦）	⑰	
控除税額の調整 課税売上割合変動時の調整対象固定資産に係る消費税額の調整（加算又は減算）額	⑱	
調整対象固定資産を課税業務用（非課税業務用）に転用した場合の調整（加算又は減算）額	⑲	
差引 控除対象仕入税額〔(⑬、⑯又は⑰の金額)±⑱±⑲〕がプラスの時	⑳	21,783,214
控除過大調整税額〔(⑬、⑯又は⑰の金額)±⑱±⑲〕がマイナスの時	㉑	
貸倒回収に係る消費税額	㉒	

注意1　金額の計算においては、1円未満の端数を切り捨てる。
2　⑧欄には、値引き、割戻し、割引きなど仕入対価の返還等の金額がある場合（仕入対価の返還等の金額を仕入金額から直接減額している場合を除く。）には、その金額を控除した後の金額を記入する。
3　上記2に該当する場合には、⑨欄には次の算式により計算した金額を記入する。
　　課税仕入れに係る消費税額⑨=〔課税仕入れに係る支払対価の額（仕入対価の返還等の金額を控除する前の税込金額）×4／105〕-〔仕入対価の返還等の金額（税込み）×4／105〕
4　㉑欄と㉒欄のいずれにも記載がある場合は、その合計金額を申告書③欄に記入する。

24.5（H24.4.1以後開始課税期間用）

第3章

個別対応方式と一括比例配分方式の有利不利
～ケーススタディ

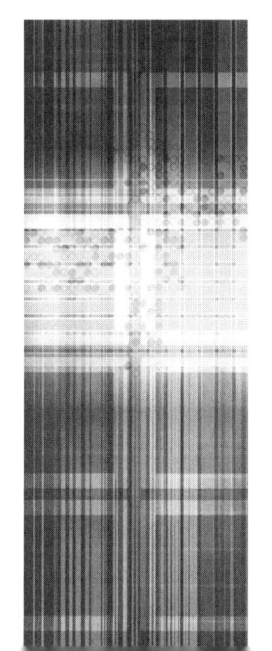

第1節 不動産や有価証券の譲渡があるケース

ケース1　事業用不動産の譲渡があるケース

　酒類販売業を営むA株式会社は、平成25年3月期（平成24年4月1日～平成25年3月31日）中に事業用不動産である土地を1億2,000万円（帳簿価格1億円）で売却している。その際、不動産業者に仲介手数料315万円（税込）を支払っている。A株式会社の平成25年3月期の損益計算書（税込経理を採用している）は以下のとおりである。これに基づき、消費税の納付税額の計算を行う。

(1)　計算例

＜損益計算書＞　　　　　　　　　　　　　　　　　　　税込（単位：円）

【売上高】		
売上高	571,326,000	
売上値引高	3,326,000	568,000,000
【売上原価】		
期首商品棚卸高	84,263,000	
当期商品仕入高	475,687,000	
仕入値引高	2,393,000	
計	557,557,000	
期末商品棚卸高	109,733,000	447,824,000
売上総利益		120,176,000

【販売費及び一般管理費】		108,649,500
営業利益		11,526,500
【営業外収益】		
受取利息配当金	106,800	106,800
【営業外費用】		
支払利息	2,366,500	
貸倒損失	1,260,000	3,626,500
経常利益		8,006,800
【特別利益】		
不動産売却益		16,850,000
税引前当期純利益		24,856,800

＜上記損益計算書に係る留意事項＞

① 売上高の内訳

　売上高はすべて国内における商品売上高である。

② 当期商品仕入高の内訳

　当期商品仕入高はすべて国内における商品仕入高である。

③ 販売費及び一般管理費の内訳

　ア　課税売上対応分の課税仕入れ　32,183,700円

　イ　非課税売上対応分の課税仕入れ　150,000円

　ウ　共通対応分の課税仕入れ　14,922,500円

　エ　課税対象外仕入れ　61,393,300円

④ 受取利息配当金の内訳

　受取利息配当金の内訳は、銀行預金利息6,800円と上場株式の配当金100,000円である。

⑤ 支払利息

　支払利息は銀行からの借入金に関する利息である。

⑥ 貸倒損失

　貸倒損失は国内の商品売上に係る売掛金の貸倒額である。

⑦ 不動産売却益

　不動産売却益は事業用不動産を120,000,000円で売却したときの、その帳

簿価額100,000,000円および仲介手数料3,150,000円（税込）を控除した金額である。

⑧　基準期間の課税売上高

基準期間の課税売上高は558,200,000円である。

＜課税売上割合の計算＞

① 課税資産の譲渡等の対価の額を計算する。

571,326,000円×$\frac{100}{105}$－3,326,000円×$\frac{100}{105}$＝540,952,380円

② 非課税売上高を計算する。

6,800円＋120,000,000円＝120,006,800円

なお、上場株式の配当金は課税対象外（不課税）である。

③ 資産の譲渡等の対価の額を計算する。

540,952,380円＋120,006,800円（非課税売上額）＝660,959,180円

④ 課税売上割合を計算する。

①÷③＝540,952,380円÷660,959,180円＝81.8435…%➡81.84%

＜課税仕入れに係る消費税額の計算＞

次に課税仕入れに係る消費税額を計算する。

① 課税仕入れに係る支払対価の額

475,687,000円＋32,183,700円＋150,000円＋14,922,500円＋3,150,000円
＝526,093,200円

526,093,200円－2,393,000円＝523,700,200円

② 課税仕入れに係る消費税額

526,093,200円×$\frac{4}{105}$－2,393,000円×$\frac{4}{105}$＝19,950,483円

＜個別対応方式による場合の控除税額＞

① 課税売上のみに要するもの

（473,294,000円＋32,183,700円）×$\frac{4}{105}$＝19,256,293円

② 共通して要するもの

14,922,500円×$\frac{4}{105}$＝568,476円

③ 個別対応方式による場合の控除税額の計算
19,256,293円＋568,476円×540,952,380円／660,959,180円
＝19,721,553円

<一括比例配分方式による場合の控除税額>
19,950,483円×540,952,380円／660,959,180円＝16,328,181円

<個別対応方式または一括比例配分方式の選択>
19,721,553円＞16,328,181円　∴個別対応方式を選択する

<貸倒損失>
4％課税売上に係る売掛債権の貸倒れについては、その領収できなくなった日の属する課税期間の課税標準額に対する消費税額から、その領収することができなくなった課税資産の譲渡等の税込価格に係る消費税額の合計額を控除することとなる（消法39①）。

$$1,260,000円 \times \frac{4}{105} = 48,000円$$

(2) 本ケースの評価

　本ケースは、たまたま非課税取引となる事業用不動産である土地の譲渡があったため、課税売上割合が大幅に低下したことから、仕入税額控除に関し個別対応方式と一括比例配分方式の選択適用が求められることとなった。本ケースの場合、課税売上割合の低下に伴い、一括比例配分方式による仕入控除税額もそれに合わせて減額したというものである。このような場合には、一般に個別対応方式を選択するほうが有利である。

(3) 申告書記載例

　以上を消費税申告書（一般用）および付表2で示すと、**記載例1、2**のとおりとなる。

第1節 不動産や有価証券の譲渡があるケース

記載例1　不動産の譲渡があるケース（申告書）

第3章 個別対応方式と一括比例配分方式の有利不利～ケーススタディ

記載例2　不動産の譲渡があるケース（付表2）

付表2　課税売上割合・控除対象仕入税額等の計算表　　一般

課税期間　24・4・1～25・3・31　氏名又は名称　A株式会社

項　目		金　額
課税売上額（税抜き）	①	540,952,380 円
免税売上額	②	
非課税資産の輸出等の金額、海外支店等へ移送した資産の価額	③	
課税資産の譲渡等の対価の額（①＋②＋③）	④	540,952,380　※申告書の⑮欄へ
課税資産の譲渡等の対価の額（④の金額）	⑤	540,952,380
非課税売上額	⑥	120,006,800
資産の譲渡等の対価の額（⑤＋⑥）	⑦	660,959,180　※申告書の⑯欄へ
課税売上割合（④／⑦）		〔 81.84 ％〕　※端数切捨て
課税仕入れに係る支払対価の額（税込み）	⑧	※注2参照　523,700,200
課税仕入れに係る消費税額（⑧×4／105）	⑨	※注3参照　19,950,483
課税貨物に係る消費税額	⑩	
納税義務の免除を受けない（受ける）こととなった場合における消費税額の調整（加算又は減算）額	⑪	
課税仕入れ等の税額の合計額（⑨＋⑩±⑪）	⑫	19,950,483
課税売上高が5億円以下、かつ、課税売上割合が95％以上の場合（⑫の金額）	⑬	
課税売上高5億円超又は課税売上割合95％未満の場合　個別対応方式	⑫のうち、課税売上げにのみ要するもの	⑭	19,256,293
	⑫のうち、課税売上げと非課税売上げに共通して要するもの	⑮	568,476
	個別対応方式により控除する課税仕入れ等の税額〔⑭＋（⑮×④／⑦）〕	⑯	19,721,553
	一括比例配分方式により控除する課税仕入れ等の税額（⑫×④／⑦）	⑰	
控除税額の調整	課税売上割合変動時の調整対象固定資産に係る消費税額の調整（加算又は減算）額	⑱	
	調整対象固定資産を課税業務用（非課税業務用）に転用した場合の調整（加算又は減算）額	⑲	
差引	控除対象仕入税額〔（⑬、⑯又は⑰の金額）±⑱±⑲〕がプラスの時	⑳	19,721,553　※申告書の④欄へ
	控除過大調整税額〔（⑬、⑯又は⑰の金額）±⑱±⑲〕がマイナスの時	㉑	※申告書の③欄へ
貸倒回収に係る消費税額	㉒	※申告書の③欄へ

注意1　金額の計算においては、1円未満の端数を切り捨てる。
　　2　⑧欄には、値引き、割戻し、割引きなど仕入対価の返還等の金額がある場合（仕入対価の返還等の金額を仕入金額から直接減額している場合を除く。）には、その金額を控除した後の金額を記入する。
　　3　上記2に該当する場合には、⑨欄には次の算式により計算した金額を記入する。
　　　　課税仕入れに係る消費税額⑨＝（課税仕入れに係る支払対価（仕入対価の返還等の金額を控除する前の税込金額）×4／105）－（仕入対価の返還等の金額（税込み）×4／105）
　　4　⑳欄と㉒欄のいずれにも記載がある場合は、その合計金額を申告書③欄に記入する。

24.5（H24.4.1以後開始課税期間用）

第 1 節　不動産や有価証券の譲渡があるケース

ケース2　有価証券の譲渡があるケース

　婦人服販売業を営む株式会社 B は、平成26年 3 月期（平成25年 4 月 1 日～平成26年 3 月31日）中に上場有価証券を7,500万円（帳簿価格6,800万円）で売却している。その際、証券会社に売買委託手数料84万円（税込）を支払っている。株式会社 B の平成26年 3 月期の損益計算書（税込経理を採用している）は以下のとおりである。これに基づき、消費税の納付税額の計算を行う。

(1) 計算例

＜損益計算書＞		税込（単位：円）
【売上高】		
売上高	533,612,000	
売上値引高	3,216,000	530,396,000
【売上原価】		
期首商品棚卸高	64,633,000	
当期商品仕入高	388,294,000	
仕入値引高	2,472,000	
計	450,455,000	
期末商品棚卸高	80,733,000	369,722,000
売上総利益		160,674,000
【販売費及び一般管理費】		149,649,000
営業利益		11,025,000
【営業外収益】		
受取利息配当金	606,800	
有価証券売却益	6,160,000	6,766,800

173

【営業外費用】		
支払利息	1,366,500	
貸倒損失	1,640,000	3,006,500
経常利益		14,785,300
【特別利益】		
償却済債権取立益		1,720,215
税引前当期純利益		16,505,515

＜上記損益計算書に係る留意事項＞

① 売上高の内訳

売上高はすべて国内における商品売上高である。

② 当期商品仕入高の内訳

当期商品仕入高の内訳は以下のとおりである。

　ア　国内における商品仕入高：274,395,000円

　イ　海外からの輸入商品仕入高：113,899,000円（輸入関税5,250,000円および消費税4,139,000円、地方消費税1,034,750円を含む）

　ウ　仕入値引高はすべて国内における商品仕入高に係るものである。

③ 販売費及び一般管理費の内訳

　ア　課税売上対応分の課税仕入れ　　43,183,700円

　イ　非課税売上対応分の課税仕入れ　　　120,000円

　ウ　共通対応分の課税仕入れ　　　　10,922,500円

　エ　課税対象外仕入れ　　　　　　　95,422,800円

④ 受取利息配当金の内訳

受取利息配当金の内訳は、銀行預金利息6,800円と上場株式の配当金600,000円である。

⑤ 支払利息

支払利息は銀行からの借入金に関する利息である。

⑥ 貸倒損失

貸倒損失は国内の商品売上に係る売掛金の貸倒額である。

⑦　有価証券売却益

　有価証券売却益は、東証に上場している株式を75,000,000円で売却したときの売却価額から、その帳簿価額68,000,000円および証券会社に支払った売買委託手数料840,000円（税込）を控除した金額である。

⑧　償却済債権取立益

　償却済債権取立益は、前事業年度中に貸倒処理した国内の商品売上に係る売掛金につき、当事業年度中に回収された金額である。

⑨　基準期間の課税売上高

　基準期間の課税売上高は438,200,000円である。

＜課税売上割合の計算＞

①　課税資産の譲渡等の対価の額を計算する。

　$533,612,000円 \times \dfrac{100}{105} - 3,216,000円 \times \dfrac{100}{105} = 505,139,047円 > 500,000,000円$

➡95％ルールにより仕入控除税額の計算は個別対応方式または一括比例配分方式の選択適用となる

②　非課税売上高を計算する。

　$6,800円 + 75,000,000円 \times 5\% = 3,756,800円$

　課税売上割合の計算上、有価証券の譲渡はその譲渡対価の5％相当額を分母に計上することとなる（消令48⑤）。なお、上場株式の配当金は課税対象外（不課税）である。

③　資産の譲渡等の対価の額を計算する。

　$505,139,047円 + 3,756,800円 = 508,895,847円$

④　課税売上割合を計算する。

　①÷③＝505,139,047円÷508,895,847円＝99.2617…％➡99.26％

＜課税仕入れに係る消費税額の計算＞

　次に、課税仕入れに係る消費税額を計算する。

①　課税仕入れに係る支払対価の額

　274,395,000円＋43,183,700円＋120,000円＋10,922,500円＋840,000円
　＝329,461,200円

329,461,200円－2,472,000円＝326,989,200円

② 課税仕入れに係る消費税額

329,461,200円×$\frac{4}{105}$－2,472,000円×$\frac{4}{105}$＝12,456,731円

③ 課税貨物に係る消費税額

4,139,000円（国税分のみで地方消費税は含まない）

④ 課税仕入れ等の税額の合計額

12,456,731円＋4,139,000円＝16,595,731円

＜個別対応方式による場合の控除税額＞

① 課税売上のみに要するもの

(274,395,000円＋43,183,700円－2,472,000円)×$\frac{4}{105}$＋4,139,000円

＝16,143,064円

② 共通して要するもの

10,922,500円×$\frac{4}{105}$＝416,095円

③ 個別対応方式による場合の控除税額の計算

16,143,064円＋416,095円×505,139,047円／508,895,847円

＝16,556,087円

＜一括比例配分方式による場合の控除税額＞

16,595,731円×505,139,047円／508,895,847円＝16,473,217円

＜個別対応方式または一括比例配分方式の選択＞

16,556,087円＞16,473,217円　∴個別対応方式を選択する

＜貸倒回収に係る消費税額＞

　４％課税売上に係る売掛債権の貸倒れにつき、その貸倒れに係る税額の控除の対象となった売掛債権の一部または全部を回収した場合には、回収した売掛債権に含まれる消費税額を計算し、課税標準額に対する消費税額に加算することとなる。

$$1,720,215円 \times \frac{4}{105} = 65,532円$$

<貸倒損失>

　4％課税売上に係る売掛債権の貸倒れについては、その領収できなくなった日の属する課税期間の課税標準額に対する消費税額から、その領収することができなくなった課税資産の譲渡等の税込価格に係る消費税額の合計額を控除することとなる（消法39①）。

$$1,640,000円 \times \frac{4}{105} = 62,476円$$

(2) 本ケースの評価

　本ケースも、**ケース1**と同様に、たまたま非課税取引となる上場有価証券の譲渡があったが、有価証券の場合、課税売上割合の計算上譲渡対価の5％相当額のみ分母に加算すればよいため、その割合が大幅に低下することはなかった。その結果、個別対応方式と一括比例配分方式による仕入控除税額の差異は少額となったが、わずかに個別対応方式を選択するほうが有利となった。

(3) 申告書記載例

　以上を消費税申告書（一般用）および付表2で示すと、**記載例3**、**4**のとおりとなる。

第3章 個別対応方式と一括比例配分方式の有利不利～ケーススタディ

記載例3 有価証券の譲渡があるケース（申告書）

申告書番号：GK0301

提出日：平成26年5月28日
提出先：渋谷税務署長殿

納税地：渋谷区本町1-2-X
電話番号：03-3437-XXXX
名称又は屋号：株式会社B

課税期間：自 平成25年04月01日 至 平成26年03月31日
課税期間分の消費税及び地方消費税の（確定）申告書

この申告書による消費税の税額の計算

① 課税標準額	508,201,000
② 消費税額	20,328,040
③ 控除過大調整税額	65,532
④ 控除対象仕入税額	16,556,087
⑤ 返還等対価に係る税額	122,514
⑥ 貸倒れに係る税額	62,476
⑦ 控除税額小計（④+⑤+⑥）	16,741,077
⑧ 控除不足還付税額（⑦-②-③）	
⑨ 差引税額（②+③-⑦）	3,652,400
⑩ 中間納付税額	2,200,000
⑪ 納付税額（⑨-⑩）	1,452,400
⑫ 中間納付還付税額（⑩-⑨）	00
⑬ 既確定税額	
⑭ 差引納付税額	00
⑮ 課税資産の譲渡等の対価の額	505,139,047
⑯ 資産の譲渡等の対価の額	508,895,847

この申告書による地方消費税の税額の計算

⑰ 地方消費税の課税標準 控除不足還付税額	
⑱ 差引税額	3,652,400
⑲ 還付額（⑰×25%）	
⑳ 納付額（⑱×25%）	913,100
㉑ 中間納付譲渡割額	550,000
㉒ 納付譲渡割額（⑳-㉑）	363,100
㉓ 中間納付還付譲渡割額（㉑-⑳）	00
㉔ 既確定譲渡割額	
㉕ 差引納付譲渡割額	00
㉖ 消費税及び地方消費税の合計（納付又は還付）税額	1,815,500

付記事項・参考事項

- 割賦基準の適用：無
- 延払基準等の適用：無
- 工事進行基準の適用：無
- 現金主義会計の適用：無
- 課税標準額に対する消費税額の計算の特例の適用：無
- 控除税額の計算方法：個別対応方式、課税売上割合 95%未満

内訳

① 課税標準額 4%分：508,201 千円、 旧税率3%分：千円
② 消費税額 4%分：20,328,040 円、 旧税率3%分：円
基準期間の課税売上高：438,200,000 円

※税務署整理欄

税理士署名押印（電話番号　－　－　）
税理士法第30条の書面提出有
税理士法第33条の2の書面提出有

㉖＝(⑨+⑳)－(⑫+⑳+㉓) 修正申告の場合は＝(⑭+㉕)
㉖が還付税額となる場合はマイナス「－」を付してください。

178

第1節 不動産や有価証券の譲渡があるケース

記載例4　有価証券の譲渡があるケース（付表2）

付表2　課税売上割合・控除対象仕入税額等の計算表　　　　　　一般

課税期間　25・4・1～26・3・31　氏名又は名称　株式会社B

項目		金額
課税売上額（税抜き） ①		505,139,047 円
免税売上額 ②		
非課税資産の輸出等の金額、海外支店等へ移送した資産の価額 ③		
課税資産の譲渡等の対価の額（①+②+③）④		505,139,047　※申告書の⑮欄へ
課税資産の譲渡等の対価の額（④の金額）⑤		505,139,047
非課税売上額 ⑥		3,756,800
資産の譲渡等の対価の額（⑤+⑥）⑦		508,895,847　※申告書の⑯欄へ
課税売上割合（④/⑦）	〔 99.26 ％〕※端数切捨て	
課税仕入れに係る支払対価の額（税込み）⑧	※注2参照	326,989,200
課税仕入れに係る消費税額（⑧×4/105）⑨	※注3参照	12,456,731
課税貨物に係る消費税額 ⑩		4,139,000
納税義務の免除を受けない（受ける）こととなった場合における消費税額の調整（加算又は減算）額 ⑪		
課税仕入れ等の税額の合計額（⑨+⑩±⑪）⑫		16,595,731
課税売上高が5億円以下、かつ、課税売上割合が95％以上の場合（⑫の金額）⑬		
課税売上高が5億円超又は課税売上割合が95％未満の場合　個別対応方式	⑫のうち、課税売上げにのみ要するもの ⑭	16,143,064
	⑫のうち、課税売上げと非課税売上げに共通して要するもの ⑮	416,095
	個別対応方式により控除する課税仕入れ等の税額〔⑭+（⑮×④/⑦）〕⑯	16,556,087
	一括比例配分方式により控除する課税仕入れ等の税額（⑫×④/⑦）⑰	
控除税額調整	課税売上割合変動時の調整対象固定資産に係る消費税額の調整（加算又は減算）額 ⑱	
	調整対象固定資産を課税業務用（非課税業務用）に転用した場合の調整（加算又は減算）額 ⑲	
差引	控除対象仕入税額〔（⑬、⑯又は⑰の金額）±⑱±⑲〕がプラスの時 ⑳	16,556,087　※申告書の④欄へ
	控除過大調整税額〔（⑬、⑯又は⑰の金額）±⑱±⑲〕がマイナスの時 ㉑	※申告書の③欄へ
貸倒回収に係る消費税額 ㉒		65,532　※申告書の③欄へ

注意1　金額の計算においては、1円未満の端数を切り捨てる。
2　⑧欄には、値引き、割戻し、割引きなど仕入対価の返還等の金額がある場合（仕入対価の返還等の金額を仕入金額から直接減額している場合を除く。）には、その金額を控除した後の金額を記入する。
3　上記2に該当する場合には、⑨欄には次の算式により計算して記入する。

課税仕入れに係る消費税額⑨＝（課税仕入れに係る支払対価の額（仕入対価の返還等の金額を控除する前の税込金額））×4/105 －（仕入対価の返還等の金額（税込み））×4/105

4　㉑欄と㉒欄のいずれにも記載がある場合は、その合計金額を申告書③欄に記入する。

24.5（H24.4.1以後開始課税期間用）

第3章 個別対応方式と一括比例配分方式の有利不利～ケーススタディ

第2節 課税売上割合が低い業種のケース

ケース3　病院のケース

　都内で内科を標榜する病院を経営する医療法人Ｃは、保険診療の傍ら、自由診療である健康診断や人間ドックといった予防医学にも力を入れている。医療法人Ｃの平成26年3月期（平成25年4月1日～平成26年3月31日）の損益計算書(控除対象外消費税算定前で税抜経理)は以下のとおりである。これに基づき、消費税の納付税額の計算を行う。

(1) 計算例

＜損益計算書＞　　　　　　　　　　　　　　税抜（単位：円）

【医業収益】		
保険診療	5,000,000,000	
自由診療	1,500,000,000	6,500,000,000
【医業費用】		
職員給与	2,700,000,000	
医療材料費	1,000,000,000	
薬剤費	800,000,000	
減価償却費	150,000,000	
その他経費	1,000,000,000	
課税分	150,000,000	

180

非課税分	450,000,000	
共通対応分	230,000,000	
課税対象外	170,000,000	
医業費用計		<u>5,650,000,000</u>
営業利益		850,000,000
【営業外収益】		
売店販売収益	12,000,000	
受取利息	30,000	12,030,000
【営業外費用】		
支払利息	3,000,000	
売店商品仕入高	<u>10,400,000</u>	13,400,000
経常利益		848,630,000

＜上記損益計算書に係る留意事項＞

① 医業収益の内訳

　自由診療の中に非課税売上高は含まれていない。

② 職員給与

　職員給与は全額課税対象外仕入れである。

③ 医療材料費の内訳

　ア　課税売上対応分の課税仕入れ　　　120,000,000円

　イ　非課税売上対応分の課税仕入れ　　520,000,000円

　ウ　共通対応分の課税仕入れ　　　　　360,000,000円

④ 薬剤費の内訳

　ア　課税売上対応分の課税仕入れ　　　100,000,000円

　イ　非課税売上対応分の課税仕入れ　　470,000,000円

　ウ　共通対応分の課税仕入れ　　　　　230,000,000円

⑤ 売店販売収益

　売店販売収益は全額課税売上である。

⑥ 受取利息の内訳

受取利息の内訳は銀行預金利息30,000円である。
⑦ 支払利息
支払利息は銀行からの借入金に関する利息である。
⑧ 売店商品仕入高
売店商品仕入高は全額国内における商品の期中の仕入高であり、期首および期末商品棚卸高はないものとする。
⑨ 基準期間の課税売上高
基準期間の課税売上高は1,380,200,000円である。
⑩ 期中取得固定資産
医療機器150,000,000円（税抜）を取得しており、用途区分は共通対応分の課税仕入れである。

＜課税売上割合の計算＞
① 課税資産の譲渡等の対価の額を計算する。
 1,500,000,000円＋12,000,000円＝1,512,000,000円＞500,000,000円➡95％ルールにより仕入控除税額の計算は個別対応方式または一括比例配分方式の選択適用となる
② 非課税売上高を計算する。
 5,000,000,000円＋30,000円＝5,000,030,000円
 社会保険診療は非課税売上である。
③ 資産の譲渡等の対価の額を計算する。
 1,512,000,000円＋5,000,030,000円＝6,512,030,000円
④ 課税売上割合を計算する。
 ①÷③＝1,512,000,000円÷6,512,030,000円＝23.2185…％➡23.21％

＜課税標準額＞
 1,512,000,000円（税抜の課税売上高）
＜課税標準額に対する消費税額＞
 1,512,000,000円×4％＝60,480,000円
＜課税仕入れに係る消費税額の計算＞
次に、課税仕入れに係る消費税額を計算する。

① 課税仕入金額

1,000,000,000円＋800,000,000円＋150,000,000円＋450,000,000円＋230,000,000円＋10,400,000円＋150,000,000円＝2,790,400,000円（税抜）

2,790,400,000円×$\frac{105}{100}$＝2,929,920,000円（税込）

② 課税仕入金額に対する消費税額

2,929,920,000円×$\frac{4}{105}$＝111,616,000円

＜個別対応方式による場合の控除税額＞

① 課税売上のみに要するもの

(120,000,000円＋100,000,000円＋150,000,000円＋10,400,000円)×4％
＝15,216,000円

② 共通して要するもの

(360,000,000円＋230,000,000円＋230,000,000円＋150,000,000)×4％
＝38,800,000円

③ 個別対応方式による場合の控除税額の計算

15,216,000円＋38,800,000円×1,512,000,000円／6,512,030,000円
＝15,216,000円＋9,008,803円＝24,224,803円

＜一括比例配分方式による場合の控除税額＞

111,616,000円×1,512,000,000円／6,512,030,000円＝25,915,634円

＜個別対応方式または一括比例配分方式の選択＞

24,224,803円＜25,915,634円　∴一括比例配分方式を選択する

(2) 本ケースの評価

　本ケースは、総収入に占める非課税となる社会保険診療の割合が高いため、課税売上割合が通常の業種と比較して相当程度低い医療法人の事例である。医療法人で95％ルールの適用により仕入税額が全額控除される事例は非常にまれであると思われ、簡易課税制度の適用が受けられるケースを

第3章　個別対応方式と一括比例配分方式の有利不利～ケーススタディ

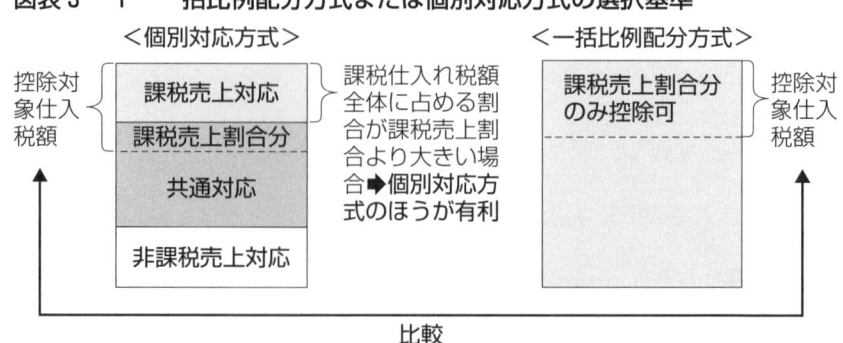

図表3－1　一括比例配分方式または個別対応方式の選択基準

＜個別対応方式＞
- 控除対象仕入税額
  - 課税売上対応
  - 課税売上割合分
  - 共通対応
  - 非課税売上対応
- 課税仕入れ税額全体に占める割合が課税売上割合より大きい場合➡個別対応方式のほうが有利

＜一括比例配分方式＞
- 課税売上割合のみ控除可
- 控除対象仕入税額

比較

除き、通常は一括比例配分方式または個別対応方式の選択適用となる。そのため、医療法人については当該選択のポイントを把握しておくことが重要であるが、本件を例にとれば、それは個別対応方式の用途区分のうち「課税売上のみに要するもの」の税額が課税仕入金額に対する消費税額の占める割合ということになるであろう。

すなわち、「課税売上のみに要するもの」の税額が課税仕入金額に係る消費税額全体に占める割合が課税売上割合より大きいときには、課税仕入金額に係る消費税額に課税売上割合を乗じて仕入控除税額を求める（課税売上割合分で控除税額が頭打ちとなる）一括比例配分方式による仕入控除税額が、必ず個別対応方式の場合のそれよりも小さくなる。

一方、「課税売上のみに要するもの」の税額が課税仕入金額に係る消費税額全体に占める割合が課税売上割合より小さいときには、「共通に要するもの」の金額が仕入控除税額を左右するため、いずれが有利とも一概にはいえないが、一括比例配分方式を選択したほうが有利となる可能性があることには留意したほうがよいであろう（**図表3－1**参照）。

これを本ケースに当てはめると、以下のようになる。

① 「課税売上のみに要するもの」の税額が課税仕入金額に対する消費税額全体に占める割合

15,216,000円／111,616,000円＝13.63%

② 課税売上割合

1,512,000,000円÷6,512,030,000円＝23.2185…%➡23.21%

③ 個別対応方式と一括比例配分方式の選択基準

①＜② ∴**一括比例配分方式を選択したほうが有利となる可能性がある**

➡実際に計算したところ、**一括比例配分方式のほうが有利**であった。

(3) 申告書記載例

以上を消費税申告書（一般用）および付表2で示すと、**記載例5**、**6**のとおりとなる。

第3章 個別対応方式と一括比例配分方式の有利不利～ケーススタディ

記載例5 医療法人のケース（申告書）

第2節　課税売上割合が低い業種のケース

記載例6　医療法人のケース（付表2）

付表2　課税売上割合・控除対象仕入税額等の計算表　　　　一般

| 課税期間 | 25・4・1～26・3・31 | 氏名又は名称 | 医療法人C |

項目		金額
課税売上額（税抜き）	①	1,512,000,000 円
免税売上額	②	
非課税資産の輸出等の金額、海外支店等へ移送した資産の価額	③	
課税資産の譲渡等の対価の額（①＋②＋③）	④	1,512,000,000　※申告書の⑮欄へ
課税資産の譲渡等の対価の額（④の金額）	⑤	1,512,000,000
非課税売上額	⑥	5,000,030,000
資産の譲渡等の対価の額（⑤＋⑥）	⑦	6,512,030,000　※申告書の⑯欄へ
課税売上割合（④／⑦）		〔 23.21 ％〕※端数切捨て
課税仕入れに係る支払対価の額（税込み）	⑧	※注2参照　2,929,920,000
課税仕入れに係る消費税額（⑧×4／105）	⑨	※注3参照　111,616,000
課税貨物に係る消費税額	⑩	
納税義務の免除を受けない（受ける）こととなった場合における消費税額の調整（加算又は減算）額	⑪	
課税仕入れ等の税額の合計額（⑨＋⑩±⑪）	⑫	111,616,000
課税売上高が5億円以下、かつ、課税売上割合が95％以上の場合（⑫の金額）	⑬	
課税売上高が5億円超又は課税売上割合が95％未満の場合　個別対応方式　⑫のうち、課税売上げにのみ要するもの	⑭	
同　⑫のうち、課税売上げと非課税売上げに共通して要するもの	⑮	
同　個別対応方式により控除する課税仕入れ等の税額〔⑭＋（⑮×④／⑦）〕	⑯	
一括比例配分方式により控除する課税仕入れ等の税額（⑫×④／⑦）	⑰	25,915,634
控除の税額調整　課税売上割合変動時の調整対象固定資産に係る消費税額の調整（加算又は減算）額	⑱	
調整対象固定資産を課税業務用（非課税業務用）に転用した場合の調整（加算又は減算）額	⑲	
差引　控除対象仕入税額〔（⑬、⑯又は⑰の金額）±⑱±⑲〕がプラスの時	⑳	25,915,634　※申告書の④欄へ
控除過大調整税額〔（⑬、⑯又は⑰の金額）±⑱±⑲〕がマイナスの時	㉑	※申告書の③欄へ
貸倒回収に係る消費税額	㉒	※申告書の③欄へ

注意1　金額の計算においては、1円未満の端数を切り捨てる。
　　2　⑧欄には、値引き、割戻し、割引きなど仕入対価の返還等の金額がある場合（仕入対価の返還等の金額を仕入金額から直接減額している場合を除く。）には、その金額を控除した後の金額を記入する。
　　3　上記2に該当する場合には、⑨欄には次の算式により計算した金額を記入する。
　　　　課税仕入れに係る消費税額⑨＝〔課税仕入れに係る支払対価の額（仕入対価の返還等の金額を控除する前の税込金額）×4／105〕－〔仕入対価の返還等の金額（税込み）×4／105〕
　　4　㉑欄と㉒欄のいずれにも記載がある場合は、その合計金額を申告書③欄に記入する。

24.5（H24.4.1以後開始課税期間用）

第3章　個別対応方式と一括比例配分方式の有利不利～ケーススタディ

ケース4　持株会社のケース

　食品の製造・販売子会社を数社傘下に抱える持株会社である株式会社Dは、持株会社自身も食品の製造・販売を行う事業持株会社である。株式会社Dの平成26年3月期（平成25年4月1日～平成26年3月31日）の損益計算書（税込経理）は以下のとおりである。これに基づき、消費税の納付税額の計算を行う。

(1)　計算例

<損益計算書>　　　　　　　　　　　　　　　　　税込（単位：円）

【売上高】		
売上高	547,326,000	
売上値引高	13,326,000	534,000,000
【売上原価】		
期首商品棚卸高	51,540,000	
当期商品仕入高	450,687,000	
仕入値引高	8,393,000	
計	493,834,000	
期末商品棚卸高	89,733,000	404,101,000
売上総利益		129,899,000
【販売費及び一般管理費】		102,190,500
営業利益		27,708,500
【営業外収益】		
受取利息配当金	20,356,800	
経営指導料	1,560,000	21,916,800

188

【営業外費用】		
支払利息	3,366,500	
貸倒損失	1,260,000	4,626,500
経常利益		44,998,800
【特別損失】		
関係会社株式評価損		8,650,000
税引前当期純利益		36,348,800

＜上記損益計算書に係る留意事項＞

① 売上高の内訳

売上高は、すべて国内における商品売上高である。

② 当期商品仕入高の内訳

当期商品仕入高の内訳は以下のとおりである。

　ア　国内における商品仕入高：374,395,000円

　イ　海外からの輸入商品仕入高：76,292,000円（輸入関税1,300,000円および消費税2,998,000円、地方消費税749,500円を含む）

　ウ　仕入値引高はすべて国内における商品仕入高に係るものである。

③ 販売費及び一般管理費の内訳

　ア　課税売上対応分の課税仕入れ　　　33,183,700円

　イ　非課税売上対応分の課税仕入れ　　 1,300,000円

　ウ　共通対応分の課税仕入れ　　　　　40,922,500円

　エ　課税対象外仕入れ　　　　　　　　26,784,300円

④ 受取利息配当金の内訳

受取利息配当金の内訳は、子会社貸付金利息20,116,800円と子会社株式の配当金240,000円である。

⑤ 経営指導料

経営指導料は、子会社に対する経営に関するアドバイスの対価として受けるものである。

⑥ 支払利息

支払利息は銀行からの借入金に関する利息である。
⑦　貸倒損失
貸倒損失は国内の商品売上に係る売掛金の貸倒額である。
⑧　関係会社株式評価損
関係会社株式評価損は、子会社株式のうち債務超過となり回復の見込みがないものに係る評価損であり、法人税法上も適正な金額である。
⑨　基準期間の課税売上高
基準期間の課税売上高は538,200,000円である。

＜課税売上割合の計算＞
①　課税資産の譲渡等の対価の額を計算する。

$(547,326,000円＋1,560,000円) \times \frac{100}{105} － 13,326,000円 \times \frac{100}{105} ＝510,057,142$

円＞500,000,000円➡95％ルールにより仕入控除税額の計算は個別対応方式または一括比例配分方式の選択適用となる。なお、子会社から受ける経営指導料は課税売上となる。

②　非課税売上高を計算する。
20,116,800円
子会社貸付金利息は非課税売上に該当する（消法6①、別表第1三）。なお、子会社から受ける配当金は課税対象外（不課税）である。

③　資産の譲渡等の対価の額を計算する。
510,057,142円＋20,116,800円＝530,173,942円

④　課税売上割合を計算する。
①÷③＝510,057,142円÷530,173,942円＝96.2056…％➡96.20％

＜課税仕入れに係る消費税額の計算＞
次に、課税仕入れに係る消費税額を計算する。
①　課税仕入れに係る支払対価の額
374,395,000円＋33,183,700円＋1,300,000円＋40,922,500円
＝449,801,200円
449,801,200円－8,393,000円＝441,408,200円

② 課税仕入れに係る消費税額

$$449,801,200円 \times \frac{4}{105} - 8,393,000円 \times \frac{4}{105} = 16,815,550円$$

③ 課税貨物に係る消費税額

2,998,000円（国税分のみで地方消費税は含まない）

④ 課税仕入れ等の税額の合計額

16,815,550円＋2,998,000円＝19,813,550円

＜個別対応方式による場合の控除税額＞

① 課税売上のみに要するもの

$$(374,395,000円 + 33,183,700円 - 8,393,000円) \times \frac{4}{105} + 2,998,000円 =$$

18,205,074円

仕入値引分は控除し、課税貨物に係る消費税額（国税分のみ）を加算する。

② 共通して要するもの

$$40,922,500円 \times \frac{4}{105} = 1,558,952円$$

③ 個別対応方式による場合の控除税額の計算

18,205,074円＋1,558,952円×510,057,142円／530,173,942円

＝19,704,873円

＜一括比例配分方式による場合の控除税額＞

19,813,550円×510,057,142円／530,173,942円＝19,061,749円

＜個別対応方式または一括比例配分方式の選択＞

19,704,873円＞19,061,749円　∴個別対応方式を選択する

＜貸倒損失に係る消費税額＞

　4％課税売上に係る売掛債権の貸倒れについては、その領収できなくなった日の属する課税期間の課税標準額に対する消費税額から、その領収することができなくなった課税資産の譲渡等の税込価格に係る消費税額の合計額を控除することとなる（消法39①）。

$$1,260,000円 \times \frac{4}{105} = 48,000円$$

(2) 本ケースの評価

　本ケースは、事業持株会社のケースであり、非課税売上としても多額の子会社貸付金を収受しているが、課税売上割合はかろうじて95％を上回っているという状況である。以前であればこのようなケースであっても課税仕入税額が全額控除できたが、95％ルールの改正により、進行年度の課税売上高が5億円を超えているため仕入税額控除の計算は個別対応方式または一括比例配分方式の選択を余儀なくされることとなった。

　本ケースの場合、個別対応方式と一括比例配分方式による仕入控除税額の差異は少額となったが、わずかに個別対応方式を選択するほうが有利となった。

(3) 申告書記載例

　以上を消費税申告書（一般用）および付表2で示すと、**記載例7、8**のとおりとなる。

第2節 課税売上割合が低い業種のケース

記載例7 持株会社のケース（申告書）

納税地	渋谷区渋谷5-1-X（電話番号 03-3399-XXXX）	
名称又は屋号	株式会社D	

税務署長殿：渋谷
平成26年5月27日
GK0301
第27-(1)号様式

自 平成25年04月01日
至 平成26年03月31日
課税期間分の消費税及び地方消費税の（確定）申告書

この申告書による消費税の税額の計算

① 課税標準額	522,748,000
② 消費税額	20,909,920
③ 控除過大調整税額	
④ 控除対象仕入税額	19,704,873
⑤ 返還等対価に係る税額	507,657
⑥ 貸倒れに係る税額	48,000
⑦ 控除税額小計 (④+⑤+⑥)	20,260,530
⑧ 控除不足還付税額 (⑦-②-③)	
⑨ 差引税額 (②+③-⑦)	649,300
⑩ 中間納付税額	500,000
⑪ 納付税額 (⑨-⑩)	149,300
⑫ 中間納付還付税額 (⑩-⑨)	
⑬ 既確定税額	
⑭ 差引納付税額	00
⑮ 課税資産の譲渡等の対価の額	510,057,142
⑯ 資産の譲渡等の対価の額	530,173,942

この申告書による地方消費税の税額の計算

⑰ 控除不足還付税額	
⑱ 差引税額 (⑨)	649,300
⑲ 還付額 (⑰×25%)	
⑳ 納税額 (⑱×25%)	162,300
㉑ 中間納付譲渡割額	125,000
㉒ 納付譲渡割額	37,300
㉓ 中間納付還付譲渡割額	00
㉔ 既確定譲渡割額	
㉕ 差引納付譲渡割額	00
㉖ 消費税及び地方消費税の合計（納付又は還付）税額	186,600

付記事項・参考事項

	有	無
割賦基準の適用		○
延払基準等の適用		○
工事進行基準の適用		○
現金主義会計の適用		○
課税標準額に対する消費税額の計算の特例の適用		○

控除税額の計算方法：課税売上割合 95%未満、一括比例配分方式

① 課税標準額 4%分 522,748千円
② の内訳 消費税額 4%分 20,909,920

基準期間の課税売上高 538,200,000円

193

第3章 個別対応方式と一括比例配分方式の有利不利～ケーススタディ

記載例8 持株会社のケース（付表2）

付表2 課税売上割合・控除対象仕入税額等の計算表　　　　　　　　　　一般

課税期間	25・4・1～26・3・31	氏名又は名称	株式会社D

項　目		金　額
課　税　売　上　額（税抜き）	①	510,057,142 円
免　税　売　上　額	②	
非課税資産の輸出等の金額、海外支店等へ移送した資産の価額	③	
課税資産の譲渡等の対価の額（①＋②＋③）	④	510,057,142　※申告書の⑮欄へ
課税資産の譲渡等の対価の額（④の金額）	⑤	510,057,142
非　課　税　売　上　額	⑥	20,116,800
資産の譲渡等の対価の額（⑤＋⑥）	⑦	530,173,942　※申告書の⑯欄へ
課　税　売　上　割　合（④／⑦）		〔 96.20 ％〕 ※端数切捨て
課税仕入れに係る支払対価の額（税込み）	⑧	※注2参照　441,408,200
課税仕入れに係る消費税額（⑧×4／105）	⑨	※注3参照　16,815,550
課税貨物に係る消費税額	⑩	2,998,000
納税義務の免除を受けない（受ける）こととなった場合における消費税額の調整（加算又は減算）額	⑪	
課税仕入れ等の税額の合計額（⑨＋⑩±⑪）	⑫	19,813,550
課税売上高が5億円以下、かつ、課税売上割合が95％以上の場合（⑫の金額）	⑬	
課税売上高が5億円超又は課税売上割合が95％未満の場合 / 個別対応方式	⑫のうち、課税売上げにのみ要するもの	⑭	18,205,074
	⑫のうち、課税売上げと非課税売上げに共通して要するもの	⑮	1,558,952
	個別対応方式により控除する課税仕入れ等の税額〔⑭＋（⑮×④／⑦）〕	⑯	19,704,873
	一括比例配分方式により控除する課税仕入れ等の税額（⑫×④／⑦）	⑰	
控除の税額調整	課税売上割合変動時の調整対象固定資産に係る消費税額の調整（加算又は減算）額	⑱	
	調整対象固定資産を課税業務用（非課税業務用）に転用した場合の調整（加算又は減算）額	⑲	
差引	控除対象仕入税額〔（⑬、⑯又は⑰の金額）±⑱±⑲〕がプラスの時	⑳	19,704,873　※申告書の④欄へ
	控除過大調整税額〔（⑬、⑯又は⑰の金額）±⑱±⑲〕がマイナスの時	㉑	※申告書の③欄へ
貸倒回収に係る消費税額		㉒	※申告書の③欄へ

注意1　金額の計算においては、1円未満の端数を切り捨てる。
　　2　⑧欄には、値引き、割戻し、割引きなど仕入対価の返還等の金額がある場合（仕入対価の返還等の金額を仕入金額から直接減額している場合を除く。）には、その金額を控除した後の金額を記入する。
　　3　上記2に該当する場合には、⑨欄には次の算式により計算した金額を記入する。
　　　　課税仕入れに係る消費税額⑨＝〔課税仕入れに係る支払対価（仕入対価の返還等の金額を控除する前の税込金額）×4/105〕－〔仕入対価の返還等の金額（税込み）×4/105〕
　　4　㉑欄と㉒欄のいずれにも記載がある場合は、その合計金額を申告書③欄に記入する。

24.5（H24.4.1以後開始課税期間用）

第3節　課税売上割合が変動するケース

第3節 課税売上割合が変動するケース

ケース5　保険診療から自由診療中心となったクリニックのケース

　都内で歯科を営む医療法人Eは、従来は保険診療を中心に行っていたが、きびしい競争を生き残るために、歯列矯正やホワイトニングといった審美歯科（自由診療）に注力するようになった。医療法人Eの平成26年3月期（平成25年4月1日〜平成26年3月31日）の損益計算書（控除対象外消費税算定前で税抜経理を採用）は以下のとおりである。これに基づき、消費税の納付税額の計算を行う。

(1) 計算例

＜損益計算書＞　　　　　　　　　　　　　　　税抜（単位：円）

【医業収益】		
保険診療	90,000,000	
自由診療	130,000,000	220,000,000
【医業費用】		
役員及び職員給与	60,000,000	
薬剤費・材料費	54,000,000	
減価償却費	15,000,000	
その他経費	45,000,000	
うち課税分	10,000,000	

195

第3章　個別対応方式と一括比例配分方式の有利不利～ケーススタディ

非課税分	8,000,000	
共通対応分	26,000,000	
課税対象外	1,000,000	
医業費用計		174,000,000
営業利益		46,000,000
【営業外収益】		
売店販売収益	330,000	
受取利息	30,000	360,000
【営業外費用】		
支払利息	2,300,000	
売店商品仕入高	240,000	
医業未収金償却	850,000	3,390,000
経常利益		42,970,000

＜上記損益計算書に係る留意事項＞

① 医業収益の内訳

　自由診療の中に非課税売上高は含まれていない。

② 役員および職員給与

　役員および職員給与は全額課税対象外仕入れである。

③ 薬剤費・材料費の内訳

　ア　課税売上対応分の課税仕入れ　　12,000,000円
　イ　非課税売上対応分の課税仕入れ　10,000,000円
　ウ　共通対応分の課税仕入れ　　　　32,000,000円

④ 売店販売収益

　売店販売収益は全額課税売上である。

⑤ 受取利息の内訳

　受取利息の内訳は、銀行預金利息30,000円のみである。

⑥ 支払利息

　支払利息は銀行からの借入金に関する利息である。

⑦　売店商品仕入高

　売店商品仕入高は、全額国内における商品の期中仕入高であり、期首棚卸高および期末棚卸高はないものとする。

⑧　医業未収金償却

　医業未収金償却の内訳は、保険診療に係るもの300,000円と自由診療に係るもの550,000円である。

⑨　基準期間の課税売上高

　基準期間の課税売上高は、68,000,000円である。基準期間の課税売上割合は32.62%であった。

⑩　期中取得固定資産

　医療機器50,000,000円（税抜）を取得しており、用途区分は共通対応分の課税仕入れである。

＜課税売上割合の計算＞

①　課税資産の譲渡等の対価の額を計算する。

　130,000,000円＋330,000円＝130,330,000円＜500,000,000円➡95%ルールの適用を受けるか否かは課税売上割合にかかっている。

②　非課税売上高を計算する。

　90,000,000円＋30,000円＝90,030,000円

　社会保険診療は非課税売上である。

③　資産の譲渡等の対価の額を計算する。

　130,330,000円＋90,030,000円＝220,360,000円

④　課税売上割合を計算する。

　①÷③＝130,330,000円÷220,360,000円＝59.1441…%➡59.14%

＜課税標準額＞

　130,330,000円（税抜の課税売上高）

＜課税標準額に対する消費税額＞

　130,330,000円×4%＝5,213,200円

＜課税仕入れに係る消費税額の計算＞

　次に課税仕入れに係る消費税額を計算する。

① 課税仕入金額
 54,000,000円＋10,000,000円＋8,000,000円＋26,000,000円＋240,000円＋50,000,000円＝148,240,000円（税抜）

 $148,240,000円 \times \dfrac{105}{100} = 155,652,000円$（税込）

② 課税仕入金額に対する消費税額

 $155,652,000円 \times \dfrac{4}{105} = 5,929,600円$

<個別対応方式による場合の控除税額>
① 課税売上のみに要するもの
 （12,000,000円＋10,000,000円＋240,000円）×4％＝889,600円
② 共通して要するもの
 （32,000,000円＋26,000,000円＋50,000,000）×4％＝4,320,000円
③ 個別対応方式による場合の控除税額の計算
 889,600円＋4,320,000円×130,330,000円／220,360,000円
 ＝889,600円＋2,555,026円＝3,444,626円

<一括比例配分方式による場合の控除税額>
 5,929,600円×130,330,000円／220,360,000円＝3,507,010円

<個別対応方式または一括比例配分方式の選択>
 3,444,626円＜3,507,010円　∴一括比例配分方式を選択する

<貸倒れに係る税額>
　4％課税売上に係る売掛債権の貸倒れについては、その領収できなくなった日の属する課税期間の課税標準額に対する消費税額から、その領収することができなくなった課税資産の譲渡等の税込価格に係る消費税額の合計額を控除することとなる（消法39①）。これの対象となるのは課税売上に係るもの、すなわち自由診療に係る医業未収金の償却額550,000円である。
　550,000円×4％＝22,000円

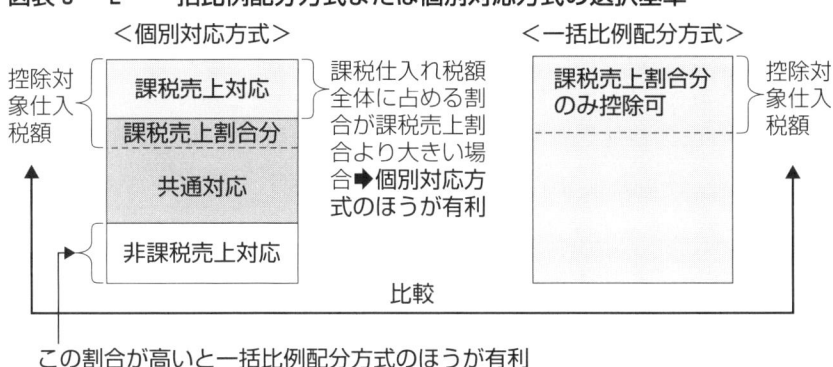

図表3-2 一括比例配分方式または個別対応方式の選択基準

＜個別対応方式＞

- 控除対象仕入税額
  - 課税売上対応
  - 課税売上割合分
  - 共通対応
- 非課税売上対応

課税仕入れ税額全体に占める割合が課税売上割合より大きい場合➡個別対応方式のほうが有利

＜一括比例配分方式＞

課税売上割合分のみ控除可 — 控除対象仕入税額

比較

この割合が高いと一括比例配分方式のほうが有利

(2) 本ケースの評価

　本ケースは、課税売上割合が通常の業種と比較して相当程度低い医療法人のうち、自由診療の比重が高いため課税売上割合が比較的高い事例であり、また、課税売上割合が大幅に上昇した事例でもある（基準期間の課税売上割合32.62％➡課税期間の課税売上割合59.14％）。

　本章第2節の**ケース3**で説明したとおり、医療法人で95％ルールの適用により仕入税額が全額控除される事例は非常にまれであるため、通常は一括比例配分方式または個別対応方式の選択適用となる。本件の場合も、個別対応方式の用途区分のうち「課税売上のみに要するもの」の税額が課税仕入金額に係る消費税額に占める割合が、その選択の際の1つのカギとなる（**図表3-2**参照）。

　これを本ケースに当てはめると、以下のようになる。

① 「課税売上のみに要するもの」の税額が課税仕入金額に係る消費税額に占める割合

　889,600円／5,929,600円＝15.00％

② 課税売上割合

　130,330,000円÷220,360,000円＝59.1441…％➡59.14％

③　個別対応方式と一括比例配分方式の選択基準

　①＜②　∴**一括比例配分方式を選択したほうが有利となる可能性がある**

　次に考慮すべきは、課税仕入金額に係る消費税額に占める「共通して要するもの」の税額の割合である。個別対応方式の場合、仕入控除税額は「課税売上のみに要するもの」の税額に加え、「共通して要するもの」の税額に課税売上割合を乗じて求めるので、仮に前述の「課税売上のみに要するもの」の税額が課税仕入金額に係る消費税額に占める割合が低くても、「共通して要するもの」の税額の割合が高ければ（裏を返せば「非課税売上のみに要するもの」の割合が低ければ）、個別対応方式を採用したほうが有利となる。

　本ケースの場合、実際に計算したところ、課税仕入金額に係る消費税額に占める「共通して要するもの」の税額の割合が72.85％であり、それ以外の「非課税売上のみに要するもの」の割合が12.14％と比較的高かったため、一括比例配分方式を選択したほうが有利という結果となった。

(3)　申告書記載例

　以上を消費税申告書（一般用）および付表2で示すと、**記載例9**、**10**のとおりとなる。

第3節　課税売上割合が変動するケース

記載例9　自由診療中心となったクリニックのケース（申告書）

納税地: 渋谷区東4-2-X
電話番号 03-3477-XXXX
名称又は屋号: 医療法人E

課税期間: 自 平成25年04月01日　至 平成26年03月31日
課税期間分の消費税及び地方消費税の（確定）申告書

この申告書による消費税の税額の計算

① 課税標準額	130,330,000
② 消費税額	5,213,200
③ 控除過大調整税額	
④ 控除対象仕入税額	3,507,010
⑤ 返還等対価に係る税額	
⑥ 貸倒れに係る税額	22,000
⑦ 控除税額小計（④+⑤+⑥）	3,529,010
⑧ 控除不足還付税額（⑦-②-③）	
⑨ 差引税額（②+③-⑦）	1,684,100
⑩ 中間納付税額	840,000
⑪ 納付税額（⑨-⑩）	844,100
⑫ 中間納付還付税額（⑩-⑨）	
⑬ 既確定税額	
⑭ 差引納付税額	00
⑮ 課税資産の譲渡等の対価の額	130,330,000
⑯ 資産の譲渡等の対価の額	220,360,000

この申告書による地方消費税の税額の計算

⑰ 控除不足還付税額	
⑱ 差引税額	1,684,100
⑲ 還付額（⑫×25%）	
⑳ 納税額（⑱×25%）	421,000
㉑ 中間納付譲渡割額	210,000
㉒ 納付譲渡割額（⑳-㉑）	211,000
㉓ 中間納付還付譲渡割額	00
㉔ 既確定譲渡割額	
㉕ 差引納付譲渡割額	00
㉖ 消費税及び地方消費税の合計（納付又は還付）税額	1,055,100

付記事項・参考事項

- 割賦基準の適用: 無
- 延払基準等の適用: 無
- 工事進行基準の適用: 無
- 現金主義会計の適用: 無
- 課税標準額に対する消費税額の計算の特例の適用: 無
- 控除税額の計算方法: 課税売上割合95%未満・個別対応方式
- 課税標準額 4%分: 130,330 千円
- 消費税額 4%分: 5,213,200 円
- 基準期間の課税売上高: 68,000,000 円

第3章 個別対応方式と一括比例配分方式の有利不利～ケーススタディ

記載例10　自由診療中心となったクリニックのケース（付表2）

付表2　課税売上割合・控除対象仕入税額等の計算表　　一般

課税期間　25・4・1～26・3・31　氏名又は名称　医療法人E

項目		金額
課　税　売　上　額（税　抜　き）	①	130,330,000 円
免　税　売　上　額	②	
非課税資産の輸出等の金額、海外支店等へ移送した資産の価額	③	
課税資産の譲渡等の対価の額（①+②+③）	④	130,330,000 ※申告書の⑮欄へ
課税資産の譲渡等の対価の額（④の金額）	⑤	130,330,000
非　課　税　売　上　額	⑥	90,030,000
資産の譲渡等の対価の額（⑤+⑥）	⑦	220,360,000 ※申告書の⑯欄へ
課　税　売　上　割　合（④／⑦）		〔　59.14　%〕※端数切捨て
課税仕入れに係る支払対価の額（税込み）	⑧	155,652,000 ※注2参照
課税仕入れに係る消費税額（⑧×4/105）	⑨	5,929,600 ※注3参照
課税貨物に係る消費税額	⑩	
納税義務の免除を受けない（受ける）こととなった場合における消費税額の調整（加算又は減算）額	⑪	
課税仕入れ等の税額の合計額（⑨+⑩±⑪）	⑫	5,929,600
課税売上高が5億円以下、かつ、課税売上割合が95%以上の場合（⑫の金額）	⑬	
課税売上高が5億円超又は課税売上割合が95%未満の場合 — 個別対応方式 — ⑫のうち、課税売上げにのみ要するもの	⑭	
⑫のうち、課税売上げと非課税売上げに共通して要するもの	⑮	
個別対応方式により控除する課税仕入れ等の税額〔⑭+（⑮×④／⑦）〕	⑯	
一括比例配分方式により控除する課税仕入れ等の税額（⑫×④／⑦）	⑰	3,507,010
控除の税額調整	課税売上割合変動時の調整対象固定資産に係る消費税額の調整（加算又は減算）額	⑱	
	調整対象固定資産を課税業務用（非課税業務用）に転用した場合の調整（加算又は減算）額	⑲	
差引	控除対象仕入税額〔（⑬、⑯又は⑰の金額）±⑱±⑲〕がプラスの時	⑳	3,507,010 ※申告書の④欄へ
	控除過大調整税額〔（⑬、⑯又は⑰の金額）±⑱±⑲〕がマイナスの時	㉑	※申告書の③欄へ
貸倒回収に係る消費税額	㉒	※申告書の③欄へ

注意1　金額の計算においては、1円未満の端数を切り捨てる。
　　2　⑧欄には、値引き、割戻し、割引きなど仕入対価の返還等の金額がある場合（仕入対価の返還等の金額を仕入金額から直接減額している場合を除く。）には、その金額を控除した後の金額を記入する。
　　3　上記注2に該当する場合には、⑨欄には次の算式により計算した金額を記入する。

課税仕入れに係る消費税額⑨＝（課税仕入れに係る支払対価（仕入対価の返還等の金額を控除する前の税込金額）×$\frac{4}{105}$）－（仕入対価の返還等の金額（税込み）×$\frac{4}{105}$）

　　4　㉑欄と㉒欄のいずれにも記載がある場合は、その合計金額を申告書③欄に記入する。

24.5（H24.4.1以後開始課税期間用）

第4節 課税売上割合に準ずる割合を利用するケース

ケース6 事業部門ごとの課税売上割合に準ずる割合を適用するケース（その1）

　医療機器の販売業を営むF株式会社は、本店においては管理部門と営業部門とで独立した経理体制を採っており、また、支店ごとに独立採算制を採っている。そのため、事業部門ごとに「課税売上割合に準ずる割合」を適用することを検討しており、税務署長への適用申請を行う前に、平成26年3月期（平成25年4月1日～平成26年3月31日）に関し、そのシミュレーションを行ってみた。F株式会社の平成26年3月期の損益計算書（税抜経理による）は以下のとおりである。これに基づき、消費税の納付税額の計算を行う。

(1) 計算例

＜損益計算書＞　　　　　　　　　　　　　　　　　　　税抜（単位：円）

項　目	本　店 管理部門	本　店 営業部門	甲支店	乙支店
課税売上高	0	2,700,000,000	1,500,000,000	1,300,000,000
非課税売上高	30,000,000	2,000,000	1,000,000	800,000
売上高合計	30,000,000	2,702,000,000	1,501,000,000	1,300,800,000
課税売上割合	0%	99.92%	99.93%	99.93%
課税仕入額合計	88,000,000	2,300,500,000	1,380,000,000	1,178,000,000

第3章　個別対応方式と一括比例配分方式の有利不利～ケーススタディ

うち				
課税売上対応分	0	1,800,000,000	956,000,000	764,000,000
非課税売上対応分	35,000,000	5,500,000	2,000,000	3,200,000
共通対応分	53,000,000	495,000,000	422,000,000	410,800,000

＜上記損益計算書に係る留意事項＞

① 各部門の従業員数

　各部門の従業員数の内訳は、本店管理部門15人、本店営業部門30人、甲支店50人および乙支店45人である。

② 基準期間の課税売上高

　基準期間の課税売上高は5,258,200,000円である。

(1)　ケース6-1：課税売上割合による場合

＜課税売上割合の計算＞

① 課税資産の譲渡等の対価の額を計算する

　2,700,000,000円+1,500,000,000円+1,300,000,000円
　=5,500,000,000円

② 非課税売上高を計算する

　30,000,000円+2,000,000円+1,000,000円+800,000円
　=33,800,000円

③ 資産の譲渡等の対価の額を計算する

　5,500,000,000円+33,800,000円（非課税売上額）=5,533,800,000円

④ 課税売上割合を計算する

　①÷③=5,500,000,000円÷5,533,800,000円=99.3892…%➡99.38%

＜課税仕入れに係る消費税額の計算＞

次に課税仕入れに係る消費税額を計算する。

① 課税仕入れに係る支払対価の額

　88,000,000円+2,300,500,000円+1,380,000,000円+1,178,000,000円=4,946,500,000円（税抜）

　$4,946,500,000円 \times \frac{105}{100} = 5,193,825,000$円（税込）

② 課税仕入れに係る消費税額
　4,946,500,000円×4％＝197,860,000円
＜個別対応方式による場合の控除税額＞
① 課税売上のみに要するもの
　(1,800,000,000円＋956,000,000円＋764,000,000円)×4％＝140,800,000円
② 共通して要するもの
　(53,000,000円＋495,000,000円＋422,000,000円＋410,800,000円)×4％
　＝55,232,000円
③ 個別対応方式による場合の控除税額の計算
　140,800,000円＋55,232,000円×5,500,000,000円／5,533,800,000円
　＝195,694,647円
＜一括比例配分方式による場合の控除税額＞
　197,860,000円×5,500,000,000円／5,533,800,000円＝196,651,487円
＜個別対応方式または一括比例配分方式の選択＞
　195,694,647円＜196,651,487円　∴一括比例配分方式を選択する

(2) ケース6－2：課税売上割合に準ずる割合（本店管理部門は全社における課税売上割合、その他の部門は事業部門ごとの課税売上割合）による場合

　本店管理部門には課税売上がないため、事業部門ごとの課税売上割合を適用することは困難であり、仮に税務署長に申請しても認められないものと考えられる（Q&A〔Ⅰ〕問24参照）。そのため、それ以外の部門について事業部門ごとの課税売上割合を計算し、それを「課税売上割合に準ずる割合」として承認を受けようというものである。

　「課税売上割合に準ずる割合」の適用を受ける場合には、一括比例配分方式の適用はないことに留意すべきである。したがって、共通対応分の税額を部門ごとに「課税売上割合に準ずる割合」により按分することとなる。

＜課税売上割合に準ずる割合による場合の控除税額＞
① 課税売上のみに要するもの
　140,800,000円

② 本店管理部門
　53,000,000円×4％×5,500,000,000円／5,533,800,000円
　＝2,107,051円
③ 本店営業部門
　495,000,000円×4％×2,700,000,000円／2,702,000,000円
　＝19,785,344円
④ 甲支店
　422,000,000円×4％×1,500,000,000円／1,501,000,000円
　＝16,868,754円
⑤ 乙支店
　410,800,000円×4％×1,300,000,000円／1,300,800,000円
　＝16,421,894円
⑥ 共通対応分の合計
　2,107,051円＋19,785,344円＋16,868,754円＋16,421,894円
　＝55,183,043円
⑦ 控除対象仕入税額
　140,800,000円＋55,183,043円＝195,983,043円

(3) ケース6―3：課税売上割合に準ずる割合（本店管理部門の共通対応の税額はいったんその他の部門に従業員割合で配分し、その他の部門はそれを加算したうえで事業部門ごとの課税売上割合により按分計算）による場合

　課税売上が生じない本店管理部門の共通対応分の税額については、本店管理部門以外の各部門に配分するほうがより合理的とも考えられる。そこで、本店管理部門の共通対応の税額については従業員割合で配分し、その他の部門はそれを加算したうえで事業部門ごとの課税売上割合により按分計算という方法によることとする。

＜課税売上のみに要するものに係る税額＞
　140,800,000円
＜本店管理部門の共通対応分の税額の各事業部門への配分＞

① 本店営業部門

$$53,000,000円 \times 4\% \times \frac{30人}{30人+50人+45人} = 508,800円$$

② 甲支店

$$53,000,000円 \times 4\% \times \frac{50人}{30人+50人+45人} = 848,000円$$

③ 乙支店

$$53,000,000円 \times 4\% \times \frac{45人}{30人+50人+45人} = 763,200円$$

<各事業部門における共通対応分の税額>

① 本店営業部門

$$(508,800円 + 495,000,000円 \times 4\%) \times \frac{2,700,000,000円}{2,702,000,000円} = 20,293,767円$$

② 甲支店

$$(848,000円 + 422,000,000円 \times 4\%) \times \frac{1,500,000,000円}{1,501,000,000円} = 17,716,189円$$

③ 乙支店

$$(763,200円 + 410,800,000円 \times 4\%) \times \frac{1,300,000,000円}{1,300,800,000円} = 17,184,624円$$

④ 共通対応分の合計

20,293,767円 + 17,716,189円 + 17,184,624円 = 55,194,580円

⑤ 控除対象仕入税額

140,800,000円 + 55,194,580円 = 195,994,580円

(2) 本ケースの評価

　本店管理部門等で本業以外の非課税取引を発生させるような取引（たとえば財務取引など）を行った結果、全体の課税売上割合を低下させるケースがある。仕入税額控除に関し、個別対応方式を採用している場合、課税

取引である本業を行っているその他の部門において、共通対応分の税額に乗じる当該課税売上割合が低下することにより算出控除税額もそれに合わせて減少することとなる。これを避けるため、全体の「傾向」とは異なる本店管理部門等を切り離し、部門ごとに課税売上割合を計算し、それを基に仕入控除税額を計算する方法を「課税売上割合に準ずる割合」としたほうが、一般に有利になる。

ただし、本件は本店管理部門における課税仕入れ税額のうち、非課税売上対応仕入れ税額の割合がたまたま大きかったため、一括比例配分方式による仕入控除税額（**ケース6―1**）が最も大きいという結果となった。これと異なる結果となるのが次の事案（**ケース7**）である。

(3) 申告書記載例

以上を消費税申告書（一般用）および付表2で示すと、**記載例**11、12のとおりとなる。

第4節 課税売上割合に準ずる割合を利用するケース

記載例11 管理部門の課税売上割合が低いケース（申告書）

第3章　個別対応方式と一括比例配分方式の有利不利～ケーススタディ

記載例12　管理部門の課税売上割合が低いケース（付表2）

付表2　課税売上割合・控除対象仕入税額等の計算表　　一般

| 課税期間 | 25・4・1～26・3・31 | 氏名又は名称 | F株式会社 |

項目		金額
課税売上額（税抜き）	①	5,500,000,000 円
免税売上額	②	
非課税資産の輸出等の金額、海外支店等へ移送した資産の価額	③	
課税資産の譲渡等の対価の額（①+②+③）	④	5,500,000,000 ※申告書の⑮欄へ
課税資産の譲渡等の対価の額（④の金額）	⑤	5,500,000,000
非課税売上額	⑥	33,800,000
資産の譲渡等の対価の額（⑤+⑥）	⑦	5,533,800,000 ※申告書の⑯欄へ
課税売上割合（④/⑦）		〔 99.38 ％〕 ※端数切捨
課税仕入れに係る支払対価の額（税込み）	⑧	5,193,825,000 ※注2参照
課税仕入れに係る消費税額（⑧×4/105）	⑨	197,860,000 ※注3参照
課税貨物に係る消費税額	⑩	
納税義務の免除を受けない（受ける）こととなった場合における消費税額の調整（加算又は減算）額	⑪	
課税仕入れ等の税額の合計額（⑨+⑩±⑪）	⑫	197,860,000
課税売上高が5億円以下、かつ、課税売上割合が95％以上の場合（⑫の金額）	⑬	
課税売上高5億円超又は課税売上割合95％未満の場合／個別対応方式／⑫のうち、課税売上げにのみ要するもの	⑭	
〃／⑫のうち、課税売上げと非課税売上げに共通して要するもの	⑮	
〃／個別対応方式により控除する課税仕入れ等の税額〔⑭+(⑮×④/⑦)〕	⑯	
〃／一括比例配分方式により控除する課税仕入れ等の税額（⑫×④/⑦）	⑰	196,651,487
控除の税額調整／課税売上割合変動時の調整対象固定資産に係る消費税額の調整（加算又は減算）額	⑱	
〃／調整対象固定資産を課税業務用（非課税業務用）に転用した場合の調整（加算又は減算）額	⑲	
差引／控除対象仕入税額〔（⑬、⑯又は⑰の金額）±⑱±⑲〕がプラスの時	⑳	196,651,487 ※申告書の④欄へ
〃／控除過大調整税額〔（⑬、⑯又は⑰の金額）±⑱±⑲〕がマイナスの時	㉑	※申告書の③欄へ
貸倒回収に係る消費税額	㉒	※申告書の③欄へ

注意1　金額の計算においては、1円未満の端数を切り捨てる。
　　2　⑧欄には、値引き、割戻し、割引きなど仕入対価の返還等の金額がある場合（仕入対価の返還等の金額を仕入金額から直接減額している場合を除く。）には、その金額を控除した後の金額を記入する。
　　3　上記2に該当する場合には⑨欄には次の算式により計算した金額を記入する。
　　　　課税仕入れに係る消費税額⑨＝〔課税仕入れに係る支払対価（仕入対価の返還等の金額を控除する前の税込金額）×4/105〕－〔仕入対価の返還等の金額（税込み）×4/105〕
　　4　㉑欄と㉒欄のいずれにも記載がある場合は、その合計金額を申告書③欄に記入する。

24.5（H24.4.1以後開始課税期間用）

ケース7 事業部門ごとの課税売上割合に準ずる割合を適用するケース（その2）

　事務用機器の販売業を営むG株式会社は、本店においては管理部門と営業部門とで独立した経理体制を採っており、また、支店ごとに独立採算制を採っている。そのため、事業部門ごとに「課税売上割合に準ずる割合」を適用することを検討しており、税務署長への適用申請を行う前に、平成26年3月期（平成25年4月1日～平成26年3月31日）に関し、そのシミュレーションを行ってみた。G株式会社の平成26年3月期の損益計算書（税抜経理による）は以下のとおりである。これに基づき、消費税の納付税額の計算を行う。

(1) 計算例

＜損益計算書＞　　　　　　　　　　　　　　　　　　税抜（単位：円）

項　目	本店 管理部門	本店 営業部門	甲支店	乙支店
課税売上高	0	2,500,000,000	1,200,000,000	1,000,000,000
非課税売上高	20,000,000	3,000,000	1,200,000	800,000
売上高合計	20,000,000	2,503,000,000	1,201,200,000	1,000,800,000
課税売上割合	0%	99.88%	99.90%	99.92%
課税仕入額合計	74,000,000	2,230,000,000	1,080,000,000	878,000,000
うち　課税売上対応分	0	1,700,000,000	816,000,000	714,000,000
非課税売上対応分	4,000,000	3,500,000	2,000,000	1,200,000
共通対応分	70,000,000	526,500,000	260,000,000	162,800,000

＜上記損益計算書に係る留意事項＞

① 各部門の従業員数

　各部門の従業員数の内訳は、本店管理部門10人、本店営業部門30人、甲支店40人および乙支店30人である。

② 基準期間の課税売上高

基準期間の課税売上高は、4,248,700,000円である。

(1) ケース7―1：課税売上割合による場合

＜課税売上割合の計算＞

① 課税資産の譲渡等の対価の額を計算する

2,500,000,000円＋1,200,000,000円＋1,000,000,000円
＝4,700,000,000円

② 非課税売上高を計算する

20,000,000円＋3,000,000円＋1,200,000円＋800,000円
＝25,000,000円

③ 資産の譲渡等の対価の額を計算する

4,700,000,000円＋25,000,000円（非課税売上額）＝4,725,000,000円

④ 課税売上割合を計算する

①÷③＝4,700,000,000円÷4,725,000,000円＝99.4708…％ ➡ 99.47％

＜課税仕入れに係る消費税額の計算＞

次に、課税仕入れに係る消費税額を計算する。

① 課税仕入れに係る支払対価の額

74,000,000円＋2,230,000,000円＋1,080,000,000円＋878,000,000円
＝4,262,000,000円（税抜）

$4,262,000,000円 \times \dfrac{105}{100} = 4,475,100,000円$（税込）

② 課税仕入れに係る消費税額

4,262,000,000円×4％＝170,480,000円

＜個別対応方式による場合の控除税額＞

① 課税売上のみに要するもの

(1,700,000,000円＋816,000,000円＋714,000,000円)×4％＝129,200,000円

② 共通して要するもの

(70,000,000円＋526,500,000円＋260,000,000円＋162,800,000円)×4％
＝40,772,000円

③ 個別対応方式による場合の控除税額の計算
 129,200,000円＋40,772,000円×4,700,000,000円／4,725,000,000円
 ＝169,756,275円
＜一括比例配分方式による場合の控除税額＞
 170,480,000円×4,700,000,000円／4,725,000,000円＝169,577,989円
＜個別対応方式または一括比例配分方式の選択＞
 169,756,275円＞169,577,989円　∴個別対応方式を選択する

(2) **ケース7－2：課税売上割合に準ずる割合（本店管理部門は全社における課税売上割合、その他の部門は事業部門ごとの課税売上割合）による場合**

　本店管理部門には課税売上がないため、事業部門ごとの課税売上割合を適用することは困難であり、仮に税務署長に申請しても認められないものと考えられる（Q&A〔Ⅰ〕問24参照）。そのため、それ以外の部門について事業部門ごとの課税売上割合を計算し、それを「課税売上割合に準ずる割合」として承認を受けようというものである。

　ケース6－2と同様に、「課税売上割合に準ずる割合」を適用する場合には、共通対応分の税額を部門ごとに「課税売上割合に準ずる割合」により按分することとなる。

＜課税売上割合に準ずる割合による場合の控除税額＞
① 課税売上のみに要するものに係る税額
　129,200,000円
② 本店管理部門
　70,000,000円×4％×4,700,000,000円／4,725,000,000円
　＝2,785,185円
③ 本店営業部門
　526,500,000円×4％×2,500,000,000円／2,503,000,000円
　＝21,034,758円
④ 甲支店
　260,000,000円×4％×1,200,000,000円／1,201,200,000円

＝10,389,610円
⑤　乙支店
　　162,800,000円×4％×1,000,000,000円／1,000,800,000円
　　＝6,506,794円
⑥　共通対応分の合計
　　2,785,185円＋21,034,758円＋10,389,610円＋6,506,794円
　　＝40,716,347円
⑦　控除対象仕入税額
　　129,200,000円＋40,716,347円＝169,916,347円

(3) **ケース7－3：課税売上割合に準ずる割合（本店管理部門の共通対応の税額はいったんその他の部門に従業員割合で配分し、その他の部門はそれを加算したうえで事業部門ごとの課税売上割合により按分計算）による場合**

　課税売上が生じない本店管理部門の共通対応分の税額については、本店管理部門以外の各部門に配分するほうがより合理的とも考えられる。そこで、**ケース6－3**と同様に、本店管理部門の共通対応の税額については従業員割合で配分し、その他の部門はそれを加算したうえで事業部門ごとの課税売上割合により按分計算という方法によることとする。

＜課税売上のみに要するものに係る税額＞
　　129,200,000円

＜本店管理部門の共通対応分の税額の各事業部門への配分＞
①　本店営業部門

$$70,000,000円 \times 4\% \times \frac{30人}{30人+40人+30人} = 840,000円$$

②　甲支店

$$70,000,000円 \times 4\% \times \frac{40人}{30人+40人+30人} = 1,120,000円$$

③　乙支店

第4節　課税売上割合に準ずる割合を利用するケース

$$70,000,000円 \times 4\% \times \frac{30人}{30人+40人+30人} = 840,000円$$

＜各事業部門における共通対応分の税額＞
① 本店営業部門

$$(840,000円+526,500,000円\times 4\%) \times \frac{2,500,000,000円}{2,503,000,000円} = 21,873,751円$$

② 甲支店

$$(1,120,000円+260,000,000円\times 4\%) \times \frac{1,200,000,000円}{1,201,200,000円} = 11,508,491円$$

③ 乙支店

$$(840,000円+162,800,000円\times 4\%) \times \frac{1,000,000,000円}{1,000,800,000円} = 7,346,123円$$

④ 共通対応分の合計
21,873,751円＋11,508,491円＋7,346,123円＝40,728,365円
⑤ 控除対象仕入税額
129,200,000円＋40,728,365円＝**169,928,365円**（最も控除税額が大きい）

(2) 本ケースの評価

　本ケースは、**ケース6**と同様に、本店管理部門等で本業以外の非課税取引を発生させるような取引（たとえば財務取引など）を行った結果、全体の課税売上割合を低下させるケースである。仕入税額控除に関し個別対応方式を採用している場合、課税取引である本業を行っているその他の部門において、共通対応分の税額に乗じる当該課税売上割合の低下により算出控除税額もそれに合わせて減少することとなる。これを避けるため、全体の傾向とは異なる本店管理部門等を切り離し、部門ごとに課税売上割合を計算しそれを基に仕入控除税額を計算する方法を「課税売上割合に準ずる割合」としたほうが、一般に有利になる。

　本ケースは、本店管理部門における課税仕入れ税額のうち、非課税売上

対応仕入れ税額の割合がそれほど大きくなかったため、目論見どおり「課税売上割合に準ずる割合」を採用する場合（**ケース7－3**）が最も大きいという結果となった。

(3) 申告書記載例

以上を消費税申告書（一般用）および付表2で示すと、**記載例**13、14のとおりとなる。

第4節 課税売上割合に準ずる割合を利用するケース

記載例13 課税売上割合に準ずる割合を適用するケース（申告書）

第27-(1)号様式
GK0301

平成26年5月24日 渋谷 税務署長殿

納税地：渋谷区本町6-1-X
（電話番号 03-3333-XXXX）

名称又は屋号：G株式会社

自 平成25年04月01日
至 平成26年03月31日
課税期間分の消費税及び地方消費税の（確定）申告書

平成九年四月一日以後終了課税期間分（一般用）

この申告書による消費税の税額の計算

課税標準額 ①	4,700,000,000
消費税額 ②	188,000,000
控除過大調整税額 ③	
控除対象仕入税額 ④	169,928,365
返還等対価に係る税額 ⑤	
貸倒れに係る税額 ⑥	
控除税額小計（④+⑤+⑥）⑦	169,928,365
控除不足還付税額（⑦-②-③）⑧	
差引税額（②+③-⑦）⑨	18,071,600
中間納付税額 ⑩	12,000,000
納付税額（⑨-⑩）⑪	6,071,600
中間納付還付税額（⑩-⑨）⑫	
既確定税額 ⑬	
差引納付税額 ⑭	00
課税資産の譲渡等の対価の額 ⑮	4,700,000,000
資産の譲渡等の対価の額 ⑯	4,725,000,000

この申告書による地方消費税の税額の計算

控除不足還付税額 ⑰	
差引税額 ⑱	18,071,600
還付額（⑫×25%）⑲	
納税額（⑱×25%）⑳	4,517,900
中間納付譲渡割額 ㉑	3,000,000
納付譲渡割額 ㉒	1,517,900
中間納付還付譲渡割額 ㉓	
既確定譲渡割額 ㉔	
差引納付譲渡割額 ㉕	00
消費税及び地方消費税の合計（納付又は還付）税額 ㉖	7,589,500

付記事項・参考事項

項目	有/無
割賦基準の適用	無
延払基準等の適用	無
工事進行基準の適用	無
現金主義会計の適用	無
課税標準額に対する消費税額の計算の特例の適用	無
控除税額の計算方法	課税売上割合95%未満・個別対応方式

課税標準額の内訳

① 課税標準額 4% 分 4,700,000 千円
② 消費税額 4% 分 188,000,000 円
基準期間の課税売上高 4,278,700,000 円

217

第3章 個別対応方式と一括比例配分方式の有利不利～ケーススタディ

記載例14 課税売上割合に準ずる割合を適用するケース（付表2）

付表2 課税売上割合・控除対象仕入税額等の計算表　　　一般

| 課税期間 | 25・4・1～26・3・31 | 氏名又は名称 | G株式会社 |

項　目		金　額
課税売上額（税抜き）	①	4,700,000,000 円
免税売上額	②	
非課税資産の輸出等の金額、海外支店等へ移送した資産の価額	③	
課税資産の譲渡等の対価の額（①+②+③）	④	4,700,000,000 ※申告書の⑮欄へ
課税資産の譲渡等の対価の額（④の金額）	⑤	4,700,000,000
非課税売上額	⑥	25,000,000
資産の譲渡等の対価の額（⑤+⑥）	⑦	4,725,000,000 ※申告書の⑯欄へ
課税売上割合（④／⑦）		〔 99.47 %〕※端数切捨て
課税仕入れに係る支払対価の額（税込み）	⑧	※注2参照　4,475,100,000
課税仕入れに係る消費税額（⑧×4／105）	⑨	※注3参照　170,480,000
課税貨物に係る消費税額	⑩	
納税義務の免除を受けない（受ける）こととなった場合における消費税額の調整（加算又は減算）額	⑪	
課税仕入れ等の税額の合計額（⑨+⑩±⑪）	⑫	170,480,000
課税売上高が5億円以下、かつ、課税売上割合が95％以上の場合（⑫の金額）	⑬	
課税売上高が5億円超又は課税売上割合が95％未満の場合 個別対応方式	⑫のうち、課税売上げにのみ要するもの	⑭	129,200,000
	⑫のうち、課税売上げと非課税売上げに共通して要するもの	⑮	40,772,000
	個別対応方式により控除する課税仕入れ等の税額〔⑭+（⑮×④／⑦）〕	⑯	169,928,365
	一括比例配分方式により控除する課税仕入れ等の税額（⑫×④／⑦）	⑰	
控除の税額調整	課税売上割合変動時の調整対象固定資産に係る消費税額の調整（加算又は減算）額	⑱	
	調整対象固定資産を課税業務用（非課税業務用）に転用した場合の調整（加算又は減算）額	⑲	
差引	控除対象仕入税額〔（⑬、⑯又は⑰の金額）±⑱±⑲〕がプラスの時	⑳	169,928,365 ※申告書の④欄へ
	控除過大調整税額〔（⑬、⑯又は⑰の金額）±⑱±⑲〕がマイナスの時	㉑	※申告書の③欄へ
貸倒回収に係る消費税額	㉒	※申告書の③欄へ

注意1 金額の計算においては、1円未満の端数を切り捨てる。
　　2 ⑧欄には、値引き、割戻し、割引きなど仕入対価の返還等の金額がある場合（仕入対価の返還等の金額を仕入金額から直接減額している場合を除く。）には、その金額を控除した後の金額を記入する。
　　3 上記2に該当する場合には、⑨欄には次の算式により計算した金額を記入する。
　　　課税仕入れに係る消費税額⑨=（課税仕入れに係る支払対価の額（仕入対価の返還等の金額を控除する前の税込金額）×4／105）-（仕入対価の返還等の金額（税込み）×4／105）
　　4 ㉑欄と㉒欄のいずれにも記載がある場合は、その合計金額を申告書③欄に記入する。

24.5（H24.4.1以後開始課税期間用）

第5節 固定資産に関する税額調整を要するケース

ケース8　課税売上割合が著しく増加したケース

　消費税の仕入税額控除の計算においては、固定資産を購入したときに係る消費税額については、一般にその取得した課税期間において全額控除の対象となる（即時控除の原則、消法30①）。

　しかし、固定資産は比較的短期間（おおむね5年以下）のうちに耐用年数が来るものもあれば、長期間にわたるもの（10年以上）も存在し、後者の長期間にわたるものについて取得時の状況や用途等により消費税の税額控除を完結させることには無理があるとも考えられる。そのため、固定資産を取得後課税売上割合が著しく変動した場合や、当該固定資産の用途をその後変更した場合には、当初の控除税額についてそれに合わせて調整を加えることとされている（消法2①十六、消令5）。

　ここで調整の対象となる固定資産であるが、建物、構築物、機械装置などで、一取引単位の税抜の取得価額が100万円以上の固定資産（調整対象固定資産）である。調整対象固定資産は新たに取得した固定資産に限定されず、既存の固定資産に対する資本的支出であっても、その税抜の金額が100万円以上であれば、調整対象固定資産として取り扱われるので、注意を要する（消基通12―2―5）。

　固定資産に関する税額調整を要するケースの第1は、課税売上割合が著しく増加した場合である。

第3章　個別対応方式と一括比例配分方式の有利不利～ケーススタディ

(1) 適用要件

以下の①～③のすべての要件に該当する場合、仕入控除税額の調整が必要となる（消法33①）。

① 課税売上割合が著しく増加したこと（消令53①）

これは以下の算式のいずれも満たす場合をいう。

$$\frac{通算課税売上割合A^{注69}-仕入等の課税期間の課税売上割合B}{仕入等の課税期間の課税売上割合B} \geqq 50\%$$

かつ

$$通算課税売上割合A-仕入等の課税期間の課税売上割合B \geqq 5\%$$

これを図で示すと、**図表3－3**のようになる。

なお、「仕入等の課税期間」において課税売上が生じていない場合には、通算課税売上割合が5％以上であれば、課税売上割合が著しく増加した場合に該当するものとして扱われる（消基通12－3－2）。

② 調整対象固定資産を取得した課税期間において、調整対象固定資産に係る仕入税額について次のいずれかに該当すること

ア　課税売上割合が95％未満で、個別対応方式で共通用として計算した場合

イ　課税売上割合が95％未満で、一括比例配分方式により計算した場合

すなわち、仕入税額控除について個別対応方式を採用している場合において、調整対象固定資産に係る仕入税額の用途区分が「課税売上

注69　仕入等の課税期間から第3年度の課税期間（後掲注70参照）までの各課税期間における資産の譲渡等の対価の額の合計額のうちに占める、その各課税期間における課税資産の譲渡等の対価の額の合計額の占める割合をいう（消法33②、消令53③）。

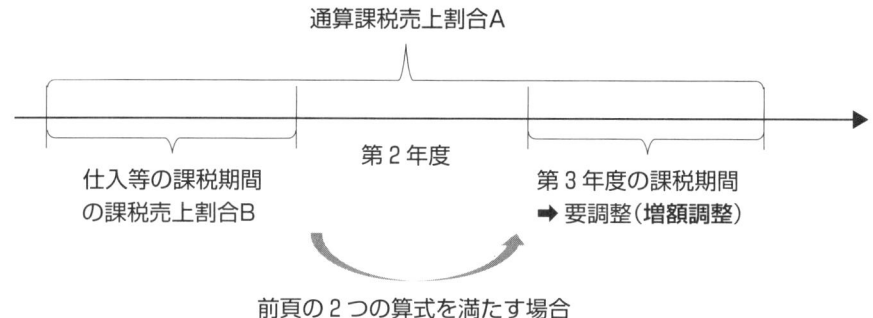

図表 3 ― 3　課税売上割合が著しく増加したケース

```
                    通算課税売上割合A
        ┌──────────────┴──────────────┐
────────┬────────────┬────────────┬────────────→
        │            │  第2年度   │
        └─────┬──────┘            └─────┬──────┘
      仕入等の課税期間                第3年度の課税期間
      の課税売上割合B                 ➡ 要調整（増額調整）

              前頁の2つの算式を満たす場合
```

のみに要するもの」または「非課税売上のみに要するもの」に分類されている場合には、当該調整計算の適用はないのである。また、課税売上割合が95％以上（100％の場合を含む）で、仕入税額が全額控除された場合にも、当該規定の適用はない。なぜなら、課税売上割合が95％以上のときには、通算課税売上割合が仕入等の課税期間の課税売上割合を5％以上上回る（著しく増加する）ことは、計算上あり得ないからである。

　なお、上記アおよびイによる仕入税額控除の計算方法のことを、特に「比例配分法」という（消法33②）。

③　第3年度の課税期間[注70]の末日においてその調整対象固定資産を保有していること

(2)　調整税額

　次の算式により計算した金額を、第3年度の課税期間の控除対象仕入税額に加算する。

注70　仕入れ等の課税期間の開始の日から3年を経過する日の属する課税期間をいう（消法33②）。

$$\begin{bmatrix}調整対象固定資産\\に係る消費税額\end{bmatrix} \times \begin{bmatrix}通算課税\\売上割合B\end{bmatrix} - \begin{bmatrix}調整対象固定資産\\に係る消費税額\end{bmatrix} \times \begin{bmatrix}仕入等の課税期間\\の課税売上割合A\end{bmatrix}$$

要するに、課税売上割合の上昇により控除税額が過少となったため、通算課税売上割合と取得時における課税売上割合の差額分だけ追加で仕入税額控除を認めようという趣旨である。

(3) 調整による効果

小売業を営むA社が不動産賃貸業も行っているケースを考える。A社の過去3年度の課税売上割合は**図表3―4**のとおりであった。

図表3―4　A社の課税売上割合の推移

課税期間	X1年度	X2年度	X3年度
課税売上割合	30%	90%	90%

X1年度に建物の建替えを行ったため、本業である小売業の売上が減少し、相対的に非課税の居住用賃貸収入の割合が増加したことから、課税売上割合が低く抑えられたというものである。X2年度・X3年度は本業の業績が回復し、課税売上割合も急激に増加している。

仮にA社が仕入税額控除について一括比例配分方式を採用している場合、X1年度において取得した建物に係る消費税額のうち、仕入税額控除の対象となるのは上記課税売上割合である30%相当額だけである。これは仕入税額控除制度に関し即時控除の原則が採用されているからであるが、取得のタイミングが少し異なるだけで控除税額が大幅に異なる（X2・X3年度であれば90%相当額が控除可能となる）というのは、不合理といえる。そのため、このような調整制度が導入されているものと考えられる。

なお、通算課税売上割合（本件の場合70%）に基づき調整すると、X1年度の控除税額（建物に係る仕入税額の30%）に追加で建物に係る仕入税額

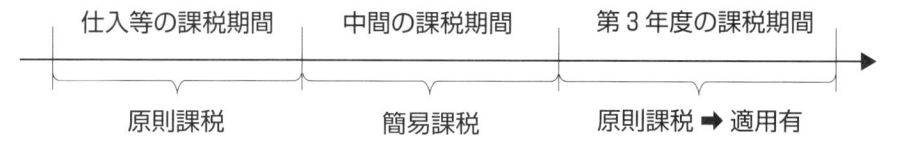

図表3－5　中間の課税期間が簡易課税の適用事業者の場合

仕入等の課税期間	中間の課税期間	第3年度の課税期間
原則課税	簡易課税	原則課税 ➡ 適用有

の40％相当額が控除できることとなる。

(4) 適用除外となるケース

　仕入控除税額の調整が行われるのは、仕入等の課税期間および第3年度の課税期間のいずれも原則課税の事業者である（消法33①）。したがって、仕入等の課税期間が簡易課税の適用事業者または免税事業者の場合には適用がない。さらに、第3年度の課税期間が簡易課税の適用事業者または免税事業者の場合にも適用がない。

　なお、「仕入等の課税期間」と「第3年度の課税期間」で挟まれる課税期間（中間の課税期間）については、簡易課税の適用事業者または免税事業者の場合であっても、その他の要件を満たす限り、仕入控除税額の調整が行われることに留意すべきである（消基通12－3－1、**図表3－5**参照）。

(5) 適用事例

　医療法人Bが平成24年度中に調整対象固定資産である医療機器を8,400万円（税込）で購入した。医療法人Bは当該医療機器導入以後、自由診療の比重を高める経営に舵を切った。医療法人Bは、平成24年度の消費税の申告の際、仕入税額控除の適用に関し個別対応方式を採用しており、また、当該医療機器に係る課税仕入れ税額の用途区分を共通対応分に分類している。

　平成24年度以降3年度の課税売上高（自由診療）および総売上高（自由診療＋保険診療）の推移は**図表3－6**のとおりである。

図表3-6　課税売上高および総売上高の推移（税抜）

課税期間	課税売上高	総売上高	課税売上割合
平成24年度	2,000万円	10,000万円	20%
平成25年度	4,500万円	12,000万円	37.5%
平成26年度	6,500万円	13,000万円	50%

1) 通算課税売上割合の計算

$$通算課税売上割合 = \frac{2,000万円 + 4,500万円 + 6,500万円}{10,000万円 + 12,000万円 + 13,000万円}$$

$\fallingdotseq 37.14\%$

2) 課税売上割合が著しく増加したかの判定

$\frac{37.14\% - 20\%}{20\%} = 85.7\% \geqq 50\%$　かつ　$37.14\% - 20\% = 17.14\% \geqq 5\%$

3) 調整額

$8,400万円 \times \frac{4}{105} = 320万円$

$320万円 \times 37.14\% - 320万円 \times 20\% = 548,480円$（追加控除税額）

当該金額は消費税の申告書付表2の⑱「課税売上割合変動時の調整対象固定資産に係る消費税額の調整（加算又は減算）額」に記載することにより、控除対象仕入税額を増加させることとなる。

(6) 本ケースの評価

本ケースの場合、課税売上割合が著しく増加したケースに該当するため、平成26年度において追加で548,480円控除できることとなった。本ケースの場合、事業者が個別対応方式を採用し、調整対象固定資産を共通対応分に分類していたため、追加での税額控除が認められることとなった。

仮に、調整対象固定資産を課税売上のみまたは非課税売上のみに要する

ものに分類していた場合には、追加の税額控除は不可能となる。そのような場合であっても、一括比例配分方式を採用していれば追加の税額控除は可能となる。用途区分は決して恣意的に変更できるものではないため、課税売上割合が著しく増加することが見込まれる場合には、一括比例配分方式の採用も検討すべきということになるであろう。

ケース9　課税売上割合が著しく減少したケース

ケース8とは逆に、課税売上割合が著しく減少した場合においても、税額の調整が必要となる。

(1) 適用要件

以下の①〜③のすべての要件に該当する場合、仕入控除税額の調整が必要となる（消法33①）。

① 課税売上割合が著しく減少したこと（消令53①）

これは以下の算式のいずれも満たす場合をいう。

$$\frac{仕入等の課税期間の課税売上割合B－通算課税売上割合A}{仕入等の課税期間の課税売上割合B} \geqq 50\%$$

かつ

$$仕入等の課税期間の課税売上割合B－通算課税売上割合A \geqq 5\%$$

これを図で示すと**図表3－7**のようになる。

② 調整対象固定資産を取得した課税期間において、調整対象固定資産に係る仕入税額について次のいずれかに該当すること

　ア　課税売上割合が95％以上（100％の場合を含む）で、仕入税額が全額控除された場合

　イ　課税売上割合が95％未満で、個別対応方式で共通用として計算し

図表3－7　課税売上割合が著しく減少したケース

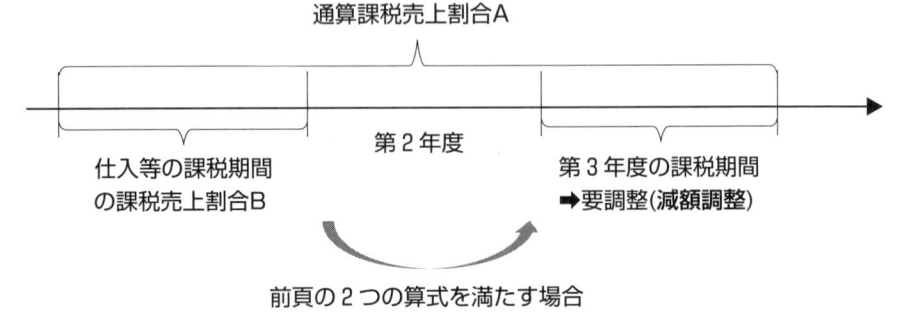

```
           通算課税売上割合A
    ┌──────────┴──────────┐
┌───────┐        ┌───────┐
│       │  第2年度 │       │
仕入等の課税期間            第3年度の課税期間
の課税売上割合B            ➡要調整(減額調整)

       前頁の2つの算式を満たす場合
```

た場合
ウ　課税売上割合が95％未満で、一括比例配分方式により計算した場合

　すなわち、当該規定の適用があるのは「比例配分法」（消法33②）により仕入税額の計算を行っているときであり、仕入税額控除について個別対応方式を採用している場合において、調整対象固定資産に係る仕入税額の用途区分が「課税売上のみに要するもの」または「非課税売上のみに要するもの」に分類されている場合には、当該調整計算の適用はないのである。

　一方、**ケース8**の場合とは異なり、課税売上割合が95％以上（100％の場合を含む）で、仕入税額が全額控除された場合にも、当該規定の適用があることに留意すべきである。課税売上割合が95％以上のときであっても、通算課税売上割合が仕入等の課税期間の課税売上割合を5％以上下回る（著しく減少する）ことは計算上、十分あり得るからである。

③　第3年度の課税期間の末日においてその調整対象固定資産を保有していること

(2) 調整税額

次の算式により計算した金額を、第3年度の課税期間の控除対象仕入税額から減算する。

$$
\begin{bmatrix} 調整対象固定資産 \\ に係る消費税額 \end{bmatrix} \times \begin{bmatrix} 仕入等の課税期間 \\ の課税売上割合B \end{bmatrix} - \begin{bmatrix} 調整対象固定資産 \\ に係る消費税額 \end{bmatrix} \times \begin{bmatrix} 通算課税 \\ 売上割合A \end{bmatrix}
$$

要するに、課税売上割合の減少により当初の控除税額が過大となったため、通算課税売上割合と取得時における課税売上割合の差額分だけ仕入控除税額を減少させようという趣旨である。

(3) 調整による効果

小売業を営むC社が不動産賃貸業も行っているケースを考える。C社の過去3年度の課税売上割合は**図表3—8**のとおりであった。

図表3—8　C社の課税売上割合の推移

課税期間	X1年度	X2年度	X3年度
課税売上割合	90%	30%	30%

X1年度に建物の取得を行ったが、本業である小売業の売上がその後減少し、相対的に非課税の居住用賃貸収入の割合が増加したことから、X2・X3年度の課税売上割合が大幅に減少している。

仮にC社が仕入税額控除について一括比例配分方式を採用している場合、X1年度において取得した建物に係る消費税額のうち、仕入税額控除の対象となるのは上記課税売上割合である90%相当額となる。これは仕入税額控除制度に関し即時控除の原則が採用されているからであるが、取得のタイミングが少し異なるだけで控除税額が大幅に異なる（X2・X3年度であれば控除可能額は30%相当額にまで抑えられるため、X1年度の控除額が

過大といえる)というのは、不合理といえる。そのため、このような調整制度が導入されているものと考えられる。

なお、通算課税売上割合(本件の場合50%)に基づき調整すると、X1年度の控除税額(建物に係る仕入税額の90%)のうち過大となった建物に係る仕入税額の40%相当額が控除税額から減算されることとなる。

(4) 適用除外となるケース

仕入等の課税期間が簡易課税の適用事業者または免税事業者の場合には、課税売上割合が増加する場合と同様に減少する場合にも適用がない。さらに、第3年度の課税期間が簡易課税の適用事業者または免税事業者の場合にも適用がない。

なお、「仕入等の課税期間」と「第3年度の課税期間」で挟まれる課税期間(中間の課税期間)についても、課税売上割合が増加する場合と同様に減少する場合も、簡易課税の適用事業者または免税事業者の場合であっても、その他の要件を満たす限り、仕入控除税額の調整が行われる(消基通12―3―1)。

(5) 適用事例

不動産業を営む株式会社Dは、平成24年度中に調整対象固定資産である居住用賃貸住宅を5億2,500万円(税込)で取得した。株式会社Dは平成24年度の消費税の申告の際、仕入税額控除の適用に関し一括比例配分方式を採用している。

株式会社Dの平成24年度以降3年度の課税売上高および総売上高の推移は**図表3―9**のとおりである。

1) 通算課税売上割合の計算

$$通算課税売上割合 = \frac{6,000万円 + 5,200万円 + 4,800万円}{6,500万円 + 14,000万円 + 14,500万円}$$
$$≒ 45.7\%$$

図表3－9　課税売上高および総売上高の推移（税抜）

課税期間	課税売上高	総売上高	課税売上割合
平成24年度	6,000万円	6,500万円	92.3%
平成25年度	5,200万円	14,000万円	38.5%
平成26年度	4,800万円	14,500万円	34.4%

2) 課税売上割合が著しく減少したかの判定

$\dfrac{92.3\% - 45.7\%}{92.3\%} = 50.4\% \geqq 50\%$ 　かつ　 $92.3\% - 45.7\% = 46.6\% \geqq 5\%$

3) 調整額

5億2,500万円 × $\dfrac{4}{105}$ ＝ 2,000万円

2,000万円 × 92.3% － 2,000万円 × 45.7% ＝ 932万円（減額対象仕入税額）

　当該金額は消費税の申告書付表2の⑱「課税売上割合変動時の調整対象固定資産に係る消費税額の調整（加算又は減算）額」に記載することにより、控除対象仕入税額を減額させることとなる。

　仮にこの欄で控除しきれない金額が生じた場合には、消費税の確定申告書（第27—(1)号様式）の③「控除過大調整税額」に記載し納付税額を増加させることとなる。

(6) 本ケースの評価

　本ケースの場合、課税売上割合が著しく減少したケースに該当するため、平成26年度において932万円控除税額が減少することとなった。本ケースでは、事業者が一括比例配分方式を採用していたため、大幅な控除税額の減少（納付税額の増加）につながったといえる。

　本ケースのように初年度に大型の資産を取得し仕入税額控除を行った後、課税売上割合が大幅に減少する場合、大幅な控除税額の減少（納付税

第3章　個別対応方式と一括比例配分方式の有利不利〜ケーススタディ

額の増加）につながることとなるため、注意を要する。
　なお、従来のいわゆる「自動販売機節税法スキーム[注71]」は、このような状況の中第3年度の課税期間における「（課税庁にとっての）税額の取り戻し」を回避するため、簡易課税の適用ないし免税事業者となることを目論むものであったが、平成22年度の税制改正でそのような抜け道がふさがれたところである。

注71　その内容については、拙著『消費税の税務調査対策ケーススタディ』（中央経済社・2013年）38〜41頁参照。

第6節 棚卸資産に関する税額調整を要するケース

ケース10 免税事業者が課税事業者となったケース

　それまで免税事業者であった事業者が、当課税年度から課税事業者となる場合、期首に存在する棚卸資産（期首棚卸資産）は当然免税事業者であったときに仕入れたものであるため、仕入税額控除は原理的に行えないこととなる。一方、課税事業者の場合、期首棚卸資産はすでに前課税期間までに仕入税額控除の対象としている。

　そのため、当課税期間から課税事業者となった（旧）免税事業者が、期首に存在する棚卸資産を当課税期間に販売した場合、当該棚卸資産の売上について消費税が課されるにもかかわらず、それに係る仕入税額控除の機会を逸することとなる。これは、前課税期間から継続して課税事業者である事業者と比較して不利であるといわざるを得ない。

　そこで、それまで免税事業者であった事業者が当課税年度から課税事業者となる場合、期首棚卸資産に係る仕入税額控除が認められている（消法36①、**図表3―10**参照）。

　この場合の加算調整税額の計算方法であるが、免税事業者であった課税期間に仕入れた棚卸資産のうち、課税事業者となった課税期間の期首に棚卸資産として計上されているものにつき、その取得に要した費用の額の105分の4を消費税申告書付表2の⑪「納税義務の免除を受けない（受ける）こととなった場合における消費税額の調整（加算又は減算）額」のカッコ

231

図表3—10　免税事業者が課税事業者となった場合の棚卸資産に係る税額調整

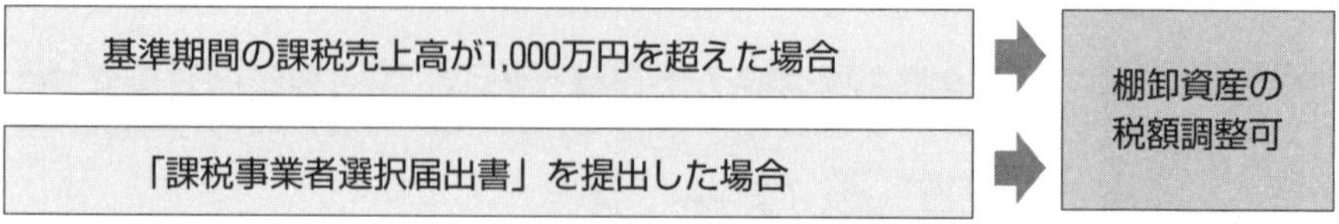

基準期間の課税売上高が1,000万円を超えた場合	➡	棚卸資産の税額調整可
「課税事業者選択届出書」を提出した場合	➡	

内「加算」を丸で囲み加算し、以下で個別対応方式等の計算を行うこととなる。

したがって、ここでいう「加算額」が、必ずしもそのまま仕入控除税額とはならない点に留意すべきであろう。

ケース11　課税事業者が免税事業者となったケース

ケース10とちょうど逆のケースで、それまで課税事業者（原則課税）であった事業者が、当課税年度から免税事業者となる場合、期首に存在する棚卸資産（期首棚卸資産）は当然課税事業者であったときに仕入れたものであるため、仕入税額控除はすでに行っていることとなる。当該棚卸資産を免税事業者となってから販売した場合、その売上に対して消費税は課されない。

そこで、それまで課税事業者（原則課税）であった事業者が、当課税年度から免税事業者となる場合には、期末棚卸資産（＝期首棚卸資産）のうち課税事業者であった前課税期間中に仕入れたものについて、仕入税額控除が制限される（消法36⑤）。

この場合の減算調整税額の計算方法であるが、免税事業者となる直前の課税期間に仕入れた棚卸資産のうち、当該課税期間の期末に棚卸資産として計上されているものにつき、その取得に要した費用の額の105分の4を消費税申告書付表2の⑪「納税義務の免除を受けない（受ける）こととなった場合における消費税額の調整（加算又は減算）額」のカッコ内「減算」

を丸で囲み減算し、以下で個別対応方式等の計算を行うこととなる。

　減算調整の対象となるのは免税事業者となる直前の課税期間に仕入れた棚卸資産だけであって、それより前の課税期間において仕入れた棚卸資産が売れ残っている場合には、それがすでに仕入税額控除の対象とされているときであっても、一種の割切り措置として、当該在庫として計上されているものまでは調整する必要がないこととされている。

ケース12　事業者のステータスが入れ替わるケース

　免税事業者が課税事業者となる場合や、逆に課税事業者が免税事業者となる場合、棚卸資産の税額調整が必要となるが、事業者が免税事業者と課税事業者のステータスを交互に行き来した場合にはどうなるのであろうか。

　たとえば、免税事業者から課税事業者となったため、課税事業者となった課税期間の期首棚卸資産（商品）について税額調整を行って仕入税額控除を受けた事業者が、翌課税期間に免税事業者となり、かつ税額調整を行った棚卸資産を引き続き在庫として保有していた場合、当該在庫につき期末棚卸資産の税額調整（課税仕入れ等の税額からの控除）は行う必要があるのかが問題となる（**図表3―11参照**）。

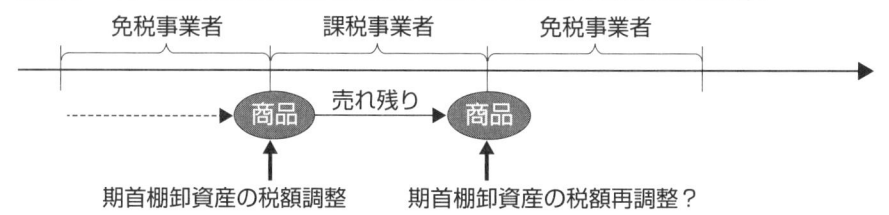

図表3―11　期首棚卸資産の税額調整を行った在庫の再調整の必要性

免税事業者　｜　課税事業者　｜　免税事業者

商品（期首棚卸資産の税額調整）――売れ残り――商品（期首棚卸資産の税額再調整？）

　課税事業者が免税事業者となる場合に行うべき税額調整の対象となる棚卸資産は、直前の課税期間中の課税仕入れに該当するものである（消法36⑤）。ところが、本ケースの棚卸資産は直前の課税期間より前に取得したも

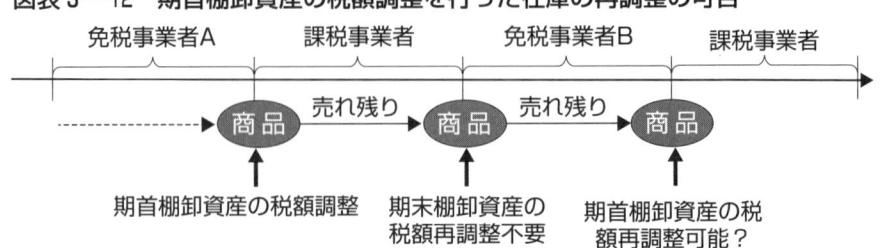

図表3—12 期首棚卸資産の税額調整を行った在庫の再調整の可否

```
　免税事業者A　　　課税事業者　　　免税事業者B　　　課税事業者
─────────┬─────────┬─────────┬─────────→
　　　　　　　　商品　売れ残り　商品　売れ残り　商品
　　　　　　　　↑　　　　　　　↑　　　　　　　↑
　　　　期首棚卸資産の税額調整　期末棚卸資産の　期首棚卸資産の税
　　　　　　　　　　　　　　　　税額再調整不要　額再調整可能？
```

のであり、直前の課税期間中の課税仕入れには該当しない。したがって、免税事業者となってからの期末棚卸資産に係る税額再調整は不要である。

次に、免税事業者から課税事業者となったため、課税事業者となった課税期間の期首棚卸資産（商品）について税額調整を行って仕入税額控除を受けた事業者が、翌課税期間に免税事業者、翌々課税期間に課税事業者となったときに、税額調整を行った棚卸資産を翌々課税期間まで引き続き在庫として保有していた場合、当該在庫につき期首棚卸資産の税額調整を再び行うことが可能となるのかが問題となり得る（**図表3—12参照**）。

免税事業者が課税事業者となる場合に行うことができる税額調整の対象となる棚卸資産は、免税事業者の課税期間中における課税仕入れに該当するものである（消法36①）。本ケースの棚卸資産は免税事業者Bのときの課税仕入れではないが、免税事業者Aのときの課税仕入れであるため、文理解釈上は再調整可能であるように読める。

しかし、たとえば当該棚卸資産が不動産業者における分譲マンションであり、売れ残りの在庫として滞留している場合、同一の棚卸資産につき一度ならず二度三度と、少なからぬ金額の仕入税額控除を受けることができるとしたならば、誰が見てもおかしいと感じるところであろう。

そもそもこのようなケースはきわめてまれな事象ではあるが、場合によっては人為的に（「タックスプランニング」と称して）このような事象をつくり出すことも不可能ではない。そのような場合でも、明らかに制度の

濫用（最高裁平成17年12月19日判決（りそな外税控除否認事件）などを参照）と思われる仕入税額控除の二重（加重）適用が許容されるのか、きわめて疑わしいといわざるを得ない。

第3章　個別対応方式と一括比例配分方式の有利不利〜ケーススタディ

第7節　非課税物品の製造を行っているケース

ケース13　福祉用車両のディーラーのケース

(1)　非課税物品の製造と用途区分

　製造業において製造される製品を販売した場合、通常は全額課税売上となるが、中には非課税売上となる製品も存在する。たとえば、福祉用車両の販売がそれに該当する。すなわち、身体障害者の運転に支障がないような運転補助装置を備えた車両または車椅子送迎用車両であれば、消費税は非課税とされるのである（消法6①、別表第1十、消令14の4、消基通6―7―3）。

　福祉用車両の販売に係る消費税の取扱いについては、いくつか留意事項がある（平成3年6月7日厚生省告示第130号「消費税の一部を改正する法律の施行に伴う改造自動車の非課税措置」参照）。
① 　自動車の購入者が身体障害者であるからといって、ただちに非課税となるわけではない。一定の装置を備えた自動車でないと消費税が非課税とされる福祉車両には該当しないのである
② 　販売店が通常の自動車を販売したのち、顧客の求めに応じてその自動車に身体障害者の運転に支障がないような運転補助装置を施すといった改造を行った場合、消費税が課税される自動車の譲渡を行った後、消費税が非課税となる身体障害者用物品の譲渡を行ったものと取

第7節　非課税物品の製造を行っているケース

り扱われる

　E株式会社は福祉用車両を取り扱っているディーラーであり、通常車両の福祉用途への改造も請け負っている。E株式会社の平成26年3月期（平成25年4月1日～平成26年3月31日）の損益計算書（税抜経理）は以下のとおりである。これに基づき、消費税の納付税額の計算を行う。

(2) 計算例

<損益計算書>　　　　　　　　　　　　　　　　税抜（単位：円）

【売上高】		
自動車販売高	1,000,000,000	
自動車改造収入	30,000,000	1,030,000,000
【売上原価】		
期首商品等棚卸高	760,000,000	
当期商品等仕入高	840,000,000	
計	1,600,000,000	
期末商品等棚卸高	780,000,000	820,000,000
売上総利益		210,000,000
【販売費及び一般管理費】		180,000,000
営業利益		30,000,000
【営業外収益】		
受取利息	30,000	30,000
【営業外費用】		
支払利息	5,300,000	5,300,000
経常利益		24,730,000

<上記損益計算書に係る留意事項>

① 自動車販売高の内訳

　福祉用車両の売上高（非課税売上）は800,000,000円、通常の自動車の売

上高（課税売上）は200,000,000円である。
② 自動車改造収入
　自動車改造収入は全額非課税売上である。
③ 当期商品等仕入高の内訳
　ア 課税売上対応分の課税仕入れ　　　150,000,000円
　イ 非課税売上対応分の課税仕入れ　　650,000,000円
　ウ 共通対応分の課税仕入れ　　　　　 40,000,000円
④ 販売費及び一般管理費の内訳
　ア 課税売上対応分の課税仕入れ　　　 10,000,000円
　イ 非課税売上対応分の課税仕入れ　　 60,000,000円
　ウ 共通対応分の課税仕入れ　　　　　 10,000,000円
　エ 課税対象外仕入れ　　　　　　　　100,000,000円
⑤ 受取利息の内訳
　受取利息の内訳は銀行預金利息30,000円のみである。
⑥ 支払利息
　支払利息は銀行からの借入金に関する利息である。
⑦ 基準期間の課税売上高
　基準期間の課税売上高は210,000,000円である。

＜課税売上割合の計算＞
① 課税資産の譲渡等の対価の額を計算する
　200,000,000円＜500,000,000円➡95%ルールの適用を受けるか否かは課税売上割合にかかっている。
② 非課税売上高を計算する
　800,000,000円＋30,000,000円＋30,000円＝830,030,000円
③ 資産の譲渡等の対価の額を計算する
　200,000,000円＋830,030,000円＝1,030,030,000円
④ 課税売上割合を計算する
　①÷③＝200,000,000円÷1,030,030,000円＝19.4169…%➡19.41%

＜課税標準額＞

200,000,000円（税抜の課税売上高）

＜課税標準額に対する消費税額＞

200,000,000円×4％＝8,000,000円

＜課税仕入れに係る消費税額の計算＞

次に、課税仕入れに係る消費税額を計算する。

① 課税仕入金額

840,000,000円＋10,000,000円＋60,000,000円＋10,000,000円
＝920,000,000円（税抜）

920,000,000円×$\frac{105}{100}$＝966,000,000円（税込）

② 課税仕入金額に対する消費税額

966,000,000円×$\frac{4}{105}$＝36,800,000円

＜個別対応方式による場合の控除税額＞

① 課税売上のみに要するもの

（150,000,000円＋10,000,000円）×4％＝6,400,000円

② 共通して要するもの

（40,000,000円＋10,000,000円）×4％＝2,000,000円

③ 個別対応方式による場合の控除税額の計算

6,400,000円＋2,000,000円×200,000,000円／1,030,030,000円
＝6,400,000円＋388,338円＝6,788,338円

＜一括比例配分方式による場合の控除税額＞

36,800,000円×200,000,000円／1,030,030,000円＝7,145,422円

＜個別対応方式または一括比例配分方式の選択＞

7,145,422円＞6,788,338円　∴一括比例配分方式を選択する

(3) 本ケースの評価

　本ケースは、課税売上割合が通常の業種と比較して相当程度低い福祉関

連事業に係る事例である。

　医療法人と同様に、福祉関連事業は95％ルールの適用により仕入税額が全額控除される事例は非常にまれであるため、通常は一括比例配分方式または個別対応方式の選択適用となる。本ケースの場合は一括比例配分方式のほうが有利であったが、仮に個別対応方式を採用するには課税仕入れにつき「用途区分」を行う必要があるため、福祉関連事業を営む場合にもこの点を留意すべきであろう。

(4) 申告書記載例

　以上を消費税申告書（一般用）および付表2で示すと、**記載例**15、16のとおりとなる。

第7節　非課税物品の製造を行っているケース

記載例15　福祉用車両のディーラーのケース（申告書）

第3章 個別対応方式と一括比例配分方式の有利不利〜ケーススタディ

記載例16　福祉用車両のディーラーのケース（付表2）

付表2　課税売上割合・控除対象仕入税額等の計算表　　　　　　　一般

課税期間　25・4・1〜26・3・31　氏名又は名称　E株式会社

項目		金額
課税売上額（税抜き）	①	200,000,000 円
免税売上額	②	
非課税資産の輸出等の金額、海外支店等へ移送した資産の価額	③	
課税資産の譲渡等の対価の額（①+②+③）	④	200,000,000
課税資産の譲渡等の対価の額（④の金額）	⑤	200,000,000
非課税売上額	⑥	830,030,000
資産の譲渡等の対価の額（⑤+⑥）	⑦	10,30,030,000
課税売上割合（④／⑦）		〔 19.41 %〕※端数切捨て
課税仕入れに係る支払対価の額（税込み）※注2参照	⑧	966,000,000
課税仕入れに係る消費税額（⑧×4/105）※注3参照	⑨	36,800,000
課税貨物に係る消費税額	⑩	
納税義務の免除を受けない（受ける）こととなった場合における消費税額の調整（加算又は減算）額	⑪	
課税仕入れ等の税額の合計額（⑨+⑩±⑪）	⑫	36,800,000
課税売上高が5億円以下、かつ、課税売上割合が95%以上の場合（⑫の金額）	⑬	
課税売上5億円超又は課税売上割合が95%未満の場合　個別対応方式　⑫のうち、課税売上げにのみ要するもの	⑭	
〃　⑫のうち、課税売上げと非課税売上げに共通して要するもの	⑮	
〃　個別対応方式により控除する課税仕入れ等の税額〔⑭+（⑮×④／⑦）〕	⑯	
〃　一括比例配分方式により控除する課税仕入れ等の税額（⑫×④／⑦）	⑰	7,145,422
控除の税額調整　課税売上割合変動時の調整対象固定資産に係る消費税額の調整（加算又は減算）額	⑱	
〃　調整対象固定資産を課税業務用（非課税業務用）に転用した場合の調整（加算又は減算）額	⑲	
差引　控除対象仕入税額〔（⑬、⑯又は⑰の金額）±⑱±⑲〕がプラスの時	⑳	7,145,422
〃　控除過大調整税額〔（⑬、⑯又は⑰の金額）±⑱±⑲〕がマイナスの時	㉑	
貸倒回収に係る消費税額	㉒	

注意1　金額の計算においては、1円未満の端数を切り捨てる。
　　2　⑧欄には、値引き、割戻し、割引きなど仕入対価の返還等の金額がある場合（仕入対価の返還等の金額を仕入金額から直接減額している場合を除く。）には、その金額を控除した後の金額を記入する。
　　3　上記2に該当する場合には、⑨欄には次の算式により計算した金額を記入する。
　　　　課税仕入れに係る消費税額⑨＝（課税仕入れに係る支払対価の額（仕入対価の返還等の金額を控除する前の税込金額）×4/105）−（仕入対価の返還等の金額（税込み）×4/105）
　　4　㉑欄と㉒欄のいずれにも記載がある場合は、その合計金額を申告書③欄に記入する。

24.5（H24.4.1以後開始課税期間用）

第4章

課税売上割合に準ずる割合の適用

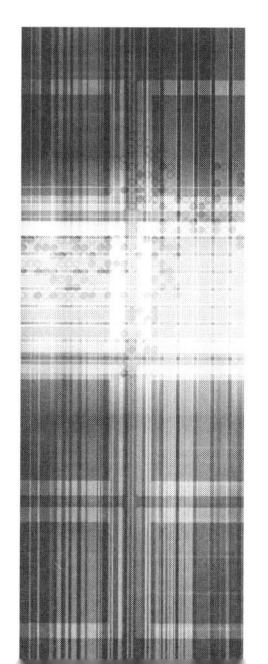

第1節 課税売上割合

1 課税売上割合の意義

　すでに、第1章第2節7で説明したとおり、平成23年度の税制改正後の課税仕入れ等に係る消費税額の具体的な計算方法は、以下の区分により行うこととなる。

① 課税資産の譲渡等のみを行っている（課税売上割合が100％の）事業者
② 課税売上割合が95％以上でその課税期間における課税売上高が5億円以下の事業者
③ 課税売上割合が95％以上でその課税期間における課税売上高が5億円超の事業者
④ 課税売上割合が95％未満の事業者
⑤ 簡易課税の適用事業者

　上記における「課税売上割合」とは、課税期間中の国内における資産の譲渡等の対価の額の合計額に占めるその課税期間中の国内における課税資産の譲渡等の対価の額の合計額の割合をいう（消法30⑥、消令48①）。これを算式で示すと、以下のとおりとなる。

第4章　課税売上割合に準ずる割合の適用

$$課税売上割合 = \frac{課税期間中の国内における\mathbf{課税資産の譲渡等}の対価の額の合計額（売上に係る対価の返還等の金額控除後）}{課税期間中の国内における\mathbf{資産の譲渡等}の対価の額の合計額（売上に係る対価の返還等の金額控除後）}$$

　資産の譲渡等から非課税取引を除いたものを「課税資産の譲渡等」という（消法２①九）から、上記算式中の分子・分母の違いは非課税取引の金額ということになる。そのため、課税売上割合の計算において最も重要なのは、課税取引（免税取引を含む）と非課税取引との区分である。

　なお、上記算式中分子・分母は共に税抜（消費税および地方消費税を含まない）の金額であり、かつ売上に係る対価の返還等の金額控除後の金額である。また、課税売上割合について、原則として端数処理は行わないが、行う場合には切り捨てることとなる注72（消基通11―5―6）。

　上記課税売上割合を計算する際、一般に注意すべき事項は以下の点である。

① 貸倒れ（償却済みの医業未収金などの債権）の回収金額は、分母・分子に含めない
② 役員に対する低額譲渡または贈与した場合の時価相当額との差額または時価相当額は分母・分子に含める
③ 輸出免税取引（国際郵便・国際電話・海外出張の際の航空運賃など）の対価の額は分母・分子に含める
④ 貸倒れ（償却済みの医業未収金などの債権）となった金額は、分母・分子から控除できない

注72　したがって、たとえば課税売上割合が四捨五入して95％になる場合（94.8％のケースなど）には、その期間における課税売上高が５億円以下であっても全額控除されるわけではない（個別対応方式か一括比例配分方式の選択適用となる）ことに留意する必要があるであろう。

⑤ 課税売上割合の算定（計算）単位は事業者単位（法人全体）であり、支店や事業部単位で算定することはできない（消基通11―5―1）

2 有価証券等の譲渡

　消費税法上、有価証券等の譲渡は一般に非課税とされる（消法6①、別表第1二）。そのため、課税売上割合の計算上非課税取引として扱うこととなるが、有価証券等の譲渡は他の非課税取引とやや取扱いが異なるので注意を要する。すなわち、課税売上割合の計算上、その分母に算入すべき資産の譲渡等の対価の額は、有価証券等の譲渡の対価の額の5％相当額に限定されるということである（消令48⑤）。これは、有価証券の取引の場合、譲渡対価の額は大きくなるが、一方でそれに対応する課税仕入れは非常に少額であるのが通常である。そのため、課税売上割合の計算上、有価証券の譲渡対価の額を全額分母に入れてしまうとその金額が実態にそぐわない形でふくらみ、本来の課税売上に必要な課税仕入れの金額についてまでも控除できないという不合理な状況となるため、それを是正するため分母に算入する金額を便宜的に5％に限定していると一般に解されている[注73]。

　課税売上割合の分母に5％相当額のみ計上する有価証券等の範囲は、以下のようになる。

① 金融商品取引法第2条第1項に規定する有価証券（ゴルフ場利用株式等を除く）
② 有価証券の類するもの（金融商品取引法第2条第1項第1号から第15号までに掲げる有価証券および第17号に掲げる有価証券（同項第16号に掲げる有価証券の性質を有するものを除く）に表示されるべき権利（有価証

注73　大島隆夫・木村剛志『消費税法の考え方・読み方（二訂版）』（税務経理協会・平成9年）242頁参照。

券が発行されていないものに限る））
③　株主または投資主となる権利、優先出資者となる権利、特定社員または優先出資社員となる権利その他法人の出資者となる権利
④　海外CD、CP（現先取引を除く）
⑤　信用取引により売買を行うときの有価証券

一方、課税売上割合の分母に譲渡対価全額を計上する有価証券等の範囲は、以下のようになる（消基通6－2－1）。
①　合名、合資、合同会社、協同組合等の社員等の持分
②　貸付金、預金、売掛金その他の金銭債権

さらに、クレジットカード取引において、その加盟店は商品販売時に売掛債権をカード会社（信販会社）に譲渡するが、当該売掛債権の譲渡（非課税取引）はすでに商品販売時に売上が計上されているものと同一であり、再度売上を計上するとダブルカウントとなるため、課税売上割合の計算上、当該売掛債権の譲渡対価は分母に含めないこととなる（消令48②二）。

3　金融取引

課税売上割合の計算上、金融取引のうち利子を対価とする金銭の貸付金等は非課税取引（消法6①、別表第1三）に該当するため、分母にのみ計上することとなる。ここでいう利子には割引債の償還差益や手形の割引料など、その性質が利子に類似するものも含まれる（消法6①、別表第1三、消令10、消基通6－3－1）。

一方、その性質が利子に類似するものであっても、以下の項目は非課税取引に該当しないため注意を要する。

(1)　売上割引または仕入割引（消基通6－3－4）

売上割引については売上に係る対価の返還等の金額（消法38）、仕入割

引については仕入れに係る対価の返還等の金額（消法32）に該当するものと取り扱われる。

なお、課税売上割合の計算上、売上割引についてはそれが非課税売上に係るものであれば、分母から控除されることとなる。

(2) 還付加算金

還付加算金は、同様に期間を基礎に計算する延滞税および利子税が国税であり、消費税の課税対象外とされることから、それとバランスを取る意味で、消費税の課税対象外取引となる。したがって、還付加算金は課税売上割合の計算上、その分母および分子のいずれにも含まれないこととなる（国税庁質疑応答事例「還付加算金がある場合の課税売上割合の計算」参照）。

4 非課税資産の輸出等

非課税資産の輸出等とは、「非課税資産の輸出取引等」と「国外移送」の2つを指すが、いずれについても課税売上割合の計算上、輸出免税取引と同様に取り扱うこととされ、分母および分子に加算することとなる（消法31、消令51②③）。

(1) 非課税資産の輸出取引等

たとえば、車椅子のような非課税の身体障害者用物品（消法6①、別表第1十）を輸出するケースにおいて、これを非課税取引と取り扱うと、課税売上割合の計算上当該金額を分母のみに加算することとなるので、その割合が低下し、個別対応方式の場合も一括比例配分方式の場合も、対応する課税仕入れに係る消費税額が控除できないこととなる（控除対象外消費税の発生）。その結果、控除対象外消費税額が輸出価格に転嫁され、国内取引に負担を求める消費税法の理念にそぐわない状況が生じることとな

る。そのため、非課税資産の譲渡であっても、それが輸出取引に該当する場合（輸出証明がある場合）には、非課税取引ではなく輸出免税と取り扱うこととなる。

非課税資産の輸出取引等に該当する場合、課税売上割合の計算上、輸出免税取引と同様に、その金額を分母および分子の双方に加算することとなる。

また、個別対応方式を採用している場合には、非課税資産の輸出取引等に該当する取引等のみに要する課税仕入れ等の用途区分は、課税資産の譲渡等にのみ要するものに分類される。

非課税資産の輸出取引等に該当するものは、非課税資産の譲渡および貸付、非課税の外国貨物の譲渡および貸付、非居住者に対して行われる非課税とされる役務の提供（国内において直接便益を享受するもの以外のもの）のほか、以下のものをいう（消法7①、消令17）。

1) 債務者が非居住者のもの
   ① 利子を対価とする金銭の貸付
   ② 利子を対価とする国債等の取得
   ③ 利子を対価とする国際通貨基金協定第15条に規定する特別引出権の保有
   ④ 預貯金の預入（海外 CD に係るものも含まれる）
   ⑤ 収益の分配金を対価とする合同運用信託や投資信託等
   ⑥ 利息を対価とする抵当証券の取得
   ⑦ 金銭債権の譲受け等
   ⑧ 償還差益[注74]を対価とする国債等または CP の取得
2) それ以外のもの
   ⑨ 非居住者に対する手形（CPを除く）の割引

注74　償還差損が生じたときは、課税売上割合の計算上、分母および分子の双方から控除する（消令48⑥）。

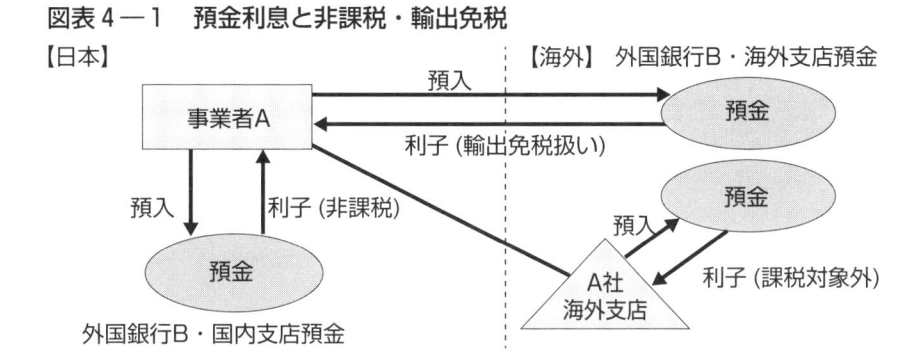

figure 4—1 預金利息と非課税・輸出免税

【日本】　　　　　　　預入　　　　　【海外】　外国銀行B・海外支店預金
事業者A　──────────────→　預金
　　　　　←──────────────
　　　　　　利子（輸出免税扱い）

預入↓　↑利子（非課税）　　　　預入↗　↘預金
　　　　　　　　　　　　　　　A社　　利子（課税対象外）
預金　　　　　　　　　　　　海外支店
外国銀行B・国内支店預金

⑩　非居住者に対して行われる金融商品取引法第2条第1項に規定する有価証券（ゴルフ場利用株式を除く）および登録国債の貸付

　なお、上記①の「利子を対価とする金銭の貸付」につき債務者が非居住者である場合とは、**図表4—1**のように外国銀行（債務者）の預金口座を海外で開設している場合をいい、外国銀行の国内支店の預金口座の利子（非課税として課税売上割合の計算上分母にのみ含める）を指すわけではないため、注意を要する。

　さらに、**図表4—1**中の事業者Aの海外支店が外国銀行Bの海外支店に預金を有する場合、預金を預け入れている事務所はA社の海外支店（債権者）であり海外であるため、その預金利息は国外取引となり、消費税は課税対象外となる（消令6①九ニ）。そのため、当該預金利息は事業者Aの課税売上割合の計算上、分母・分子共に含めないこととなる。

(2) 国外移送

　国外移送とは、たとえば自己の使用のため、事業者が海外にある支店に事務機器や備品等（リース資産を含む）をその支店宛に輸出することをいう（消法31②、消基通11—7—1）。このような取引は、事業者（法人）内部の取引であるため、課税対象外取引に該当すると考えられる。そうなる

図表4－2　自己使用目的の輸出

【日本】　　　　　　　　　　　【海外】

C社本店　――備品輸出――→　C社海外支店　＝　自己使用備品

輸出免税扱いで課税売上割合の分母・分子に加算

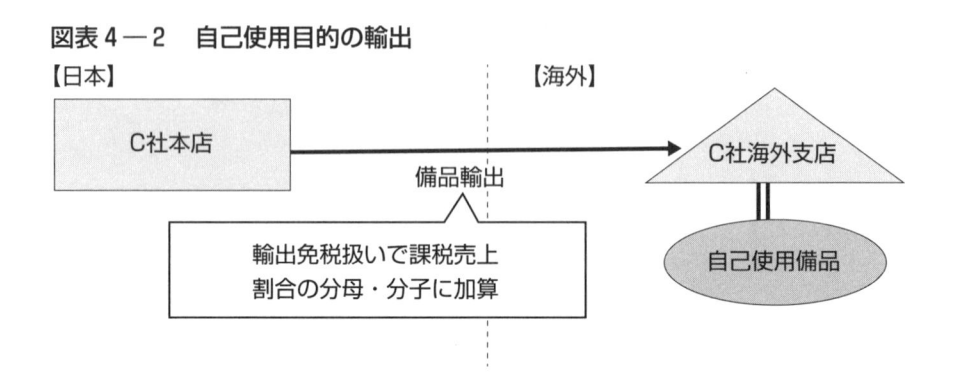

と課税売上割合の計算上、当該取引金額を分母分子共に関係させなくなる（含めなくなる）こととなり、課税売上割合が低下し、仕入控除税額が少なくなる。そこで、当該金額についても仕入税額控除の対象とするため、いわば税負担の調整を図る目的で、課税売上割合の計算上、輸出証明を条件に、輸出免税取引と同様に当該取引金額を分母分子共に加算することとなる（消法31②、消令51③、**図表4－2**参照）。

ただし、有価証券、支払手段および金銭債権の輸出は、ここでいう国外移送には含まれないため注意を要する（消令51①）。

国外移送は、上記のような自己使用備品等の海外への移送だけではなく、販売目的で海外支店に商品を移送する取引も該当する点にも留意すべきである（消法31②）。すなわち、仮に、販売目的での海外支店に商品を移送する取引を事業者の内部取引と捉え課税対象外取引とすると、商品を海外の顧客に直接販売した場合、輸出取引として消費税が免税と取り扱われるのと比較すると、取引ルートが違うだけで取扱いが異なるという結果につながる。つまり、国外移送を課税対象外取引とすると、事業者にとって課税売上割合の低下を通じて仕入控除税額が減少するため、望ましくない事態が生じるのである。

そこで、ルートが違うだけで同じ経済的効果がある取引を同等に取り扱

図表4－3　販売目的の商品移送

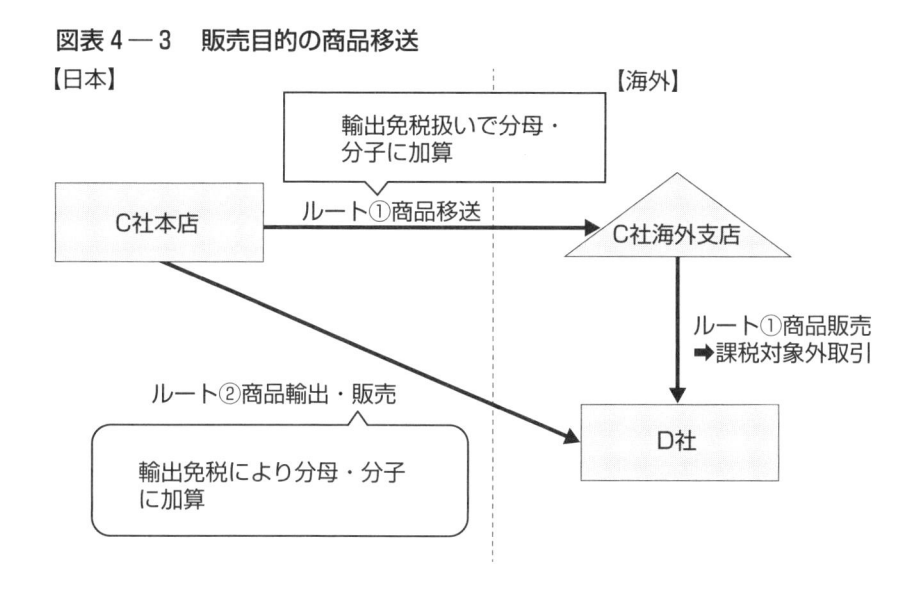

【日本】　　　　　　　　　　　　　【海外】

- C社本店 → ルート①商品移送 → C社海外支店
  - 輸出免税扱いで分母・分子に加算
- C社海外支店 → D社：ルート①商品販売 ➡ 課税対象外取引
- C社本店 → D社：ルート②商品輸出・販売
  - 輸出免税により分母・分子に加算

うため、輸出証明を条件に、販売目的で海外支店に商品を移送する取引も、課税売上割合の計算上、輸出免税取引と同様に、当該取引金額を分母分子共に加算することとなるのである（消法31②、消令51③、**図表4－3**参照）。

　なお、仕入税額控除に関し個別対応方式を採用した場合には、国外移送のために要した課税仕入れ等の用途区分は、課税売上対応分となる。

　さらに、国外移送の資産の価額は便宜的にFOB価額（税抜経理を行っている事業者においては税抜の帳簿価額とすることができる）を使用し、課税売上割合の計算上その金額を分母分子共に加算することとなる。

第2節 課税売上割合に準ずる割合

1 課税売上割合に準ずる割合の意義

　個別対応方式により仕入控除税額を計算する場合には、原則として第1章第2節8の③「両方に共通して要する課税仕入れ等」に課税売上割合を乗じることとなるが、所轄税務署長の承認を受けた場合には、当該課税売上割合に代えて、その他の合理的な割合により計算することも可能である（消法30③）。このような合理的な割合のことを「課税売上割合に準ずる割合」という。

　事業者が仕入税額控除の計算において課税売上割合ではなく「課税売上割合に準ずる割合」をわざわざ用いるのは、「両方に共通して要する課税仕入れ等（共通対応分）」を課税売上対応と非課税売上対応とに分類する際、その分類（按分）基準が課税売上割合では実態に即していない、すなわち、課税売上割合が事業の実態よりも低くそれを適用すると仕入控除税額が小さくなることが見込まれるため、それを回避し仕入控除税額を増額するタックスプランニングの目的があるためである。

　通達によれば、「課税売上割合に準ずる割合」の適用の前提となる「合理的な割合」とは、以下のような基準のことをいう（消基通11―5―7）。

　①　使用人の数または従事日数の割合
　②　消費または使用する資産の価額
　③　使用数量

④　使用面積の割合　など

　課税売上割合に準ずる割合は、個別対応方式により課税仕入れ等に係る消費税額の計算を行っている事業者についてのみ適用され、一括比例配分方式により課税仕入れ等に係る消費税額の計算を行っている事業者には適用がないことに留意すべきである。したがって、用途区分を行っていない事業者は、課税売上割合に準ずる割合の適用を受けることができないこととなる。

　なお、課税売上割合に準ずる割合の適用の承認を受けた場合、共通対応分に係る仕入控除税額の計算は必ず当該承認を受けた割合を適用するのであり、仮にその後の事情の変化により課税売上割合を適用したほうが有利であっても選択できないので、注意を要する（すなわち「有利選択」ではない、消法30③）。したがって、そのような場合には「課税売上割合に準ずる割合の不適用届出書」を提出する必要がある。

2　課税売上割合に準ずる割合の適用単位

　課税売上割合に準ずる割合は、事業全体について同一の基準・割合を適用する必要はなく、それぞれについて税務署長の承認を受けている限り、事業の種類ごと、費用ごと、事業上ごとに別の基準・割合を適用することが可能である（消基通11－5－8）。したがって、たとえば、病院における部門を入院部門、外来部門、管理部門に分け、それぞれ異なる基準の「課税売上割合に準ずる割合」を適用することも、そのすべてが合理的と税務署長が認める限り、可能である。

　通達では、課税売上割合に準ずる割合の適用単位について、以下のような例を挙げている（消基通11－5－8）。

　①　事業者の営む事業の種類の異なるごとにそれぞれ異なる課税売上割合に準ずる割合を適用する方法

第4章　課税売上割合に準ずる割合の適用

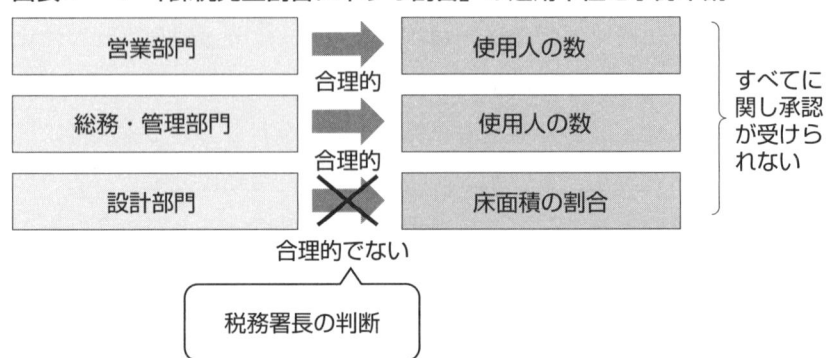

図表4−4　「課税売上割合に準ずる割合」の適用単位と承認申請

営業部門	合理的 →	使用人の数	
総務・管理部門	合理的 →	使用人の数	すべてに関し承認が受けられない
設計部門	合理的でない ✗	床面積の割合	

合理的でない → 税務署長の判断

②　事業者の事業に係る販売費、一般管理費その他の費用の種類の異なるごとにそれぞれ異なる課税売上割合に準ずる割合を適用する方法

③　事業者の事業に係る事業場の単位ごとにそれぞれ異なる課税売上割合に準ずる割合を適用する方法

なお、「課税売上割合に準ずる割合」の適用単位は、事業者の事業の一部であっても問題ないが、ある部分（部門）については合理的な基準であっても、その他の部分（部門）については合理的とはいえない場合（または基準が不明確な場合）には、承認申請は基本的に却下されることとなるであろう（Q&A〔Ⅰ〕問22参照）。

これを図で示すと、**図表4−4**のようになる。

第3節 課税売上割合に準ずる割合を検討すべきケース

1 非課税取引にのみ従事する従業員がいるケース

　「課税売上割合に準ずる割合」の適用が認められるのは、個別対応方式における共通対応分に係る仕入控除税額の計算において、その事業者における事業の実態が、原則ルールである「課税売上割合」では必ずしも反映されていない場合である。

　事業者における事業の実態が反映されていない場合とは、具体的にはたとえば、消費税が非課税となる身体障害者用物品（消法6①、別表第1十）とそれ以外の物品を製造・販売しているメーカーについて、課税取引（課税資産の譲渡等）にのみ従事する従業員、非課税取引（身体障害者用物品の製造販売）にのみ従事する従業員、双方の業務に従事する従業員に分け、その割合を課税売上割合に準ずる割合とするケースが挙げられる（「従業員割合」の適用、Q&A〔Ⅰ〕問23参照）。

　むろん、非課税である身体障害者用物品の製造販売にのみ従事する従業員が明確に区分されるからといって、ただちにそれに基づき従業員割合で「課税売上割合に準ずる割合」とすることが事業実態に即しており、合理的であるとは断言できない。しかし、一度検討してみる価値はあるだろう。なぜなら、「課税売上割合に準ずる割合」は税務署長への申請・承認を前提としており、認められるか不確定な状態で申告を行い税務調査での審査を待つ（仮に調査で否認されれば納付税額が生じる）項目ではないからであ

る。検討し、申請し、うまくいけば実行し、うまくいかなければ実行しなければよい、それだけのことである。

本件に関し留意すべき事項は、以下のとおりである。

(1) 前提条件

従業員を、課税取引にのみ従事する従業員、非課税取引にのみ従事する従業員、双方の業務に従事する従業員（ゼロでもよい）に分類することができることが前提となる。なお、双方の業務に従事する従業員がいる（ゼロではない）場合には、課税取引にのみ従事する従業員の数を「総従業員－非課税取引にのみ従事する従業員」で求めることはできない。

(2) 計算方法

以下の算式により従業員割合を求める（原則法）。

$$従業員割合 = \frac{課税資産の譲渡等にのみ従事する従業員数}{課税資産の譲渡等にのみ従事する従業員数 + 非課税資産の譲渡等にのみ従事する従業員数}$$

上記計算の基礎となる従業員数は、原則として課税期間の末日の現況によることとなる。ただし、課税期間中に大幅なリストラがあった場合などのように、課税期間の末日における従業員数が課税期間における実態と異なるなど、事業の実態を反映しているとは考えられない場合には、課税期間中の各月末の平均数値等によることができる、とされている。

(3) 従業員割合とその割合に算入する従業員数との関係

上記で求める従業員割合の算式については、以下の事項に留意する必要がある（Q&A〔Ⅰ〕問23【留意事項】参照）。

① 課税取引と非課税取引の双方の業務に従事する従業員は、原則とし

てこの算式の分子・分母に関係させないこととなる（含めないで計算する）

　ただし、日報等で課税取引と非課税取引の双方の業務に従事する従業員全員の従事日数が記録されており、かつ、この記録により従業員ごとの従事日数の割合が計算できる場合には、その記録された従事日数の割合により従業員数を各業務に按分することも認められている（特例法）。これは仮に非課税取引にのみ従事する従業員がゼロであっても適用がある。

② 　建設会社の海外工事部門の従業員など、国外取引（課税対象外取引）にのみ従事する従業員については、この算式の分子・分母に関係させない（含めないで計算する）

　同様に、国外取引（課税対象外取引）と国内取引の双方に従事する従業員については、この算式の分子・分母に関係させない。

③ 　法人の役員（非常勤役員を除く）も従業員に含めて計算することとなる

　また、アルバイト等についても、従業員と同等の勤務状況にある場合には、従業員に含めて取り扱うこととなる。

④ 　本支店ごと、事業部門ごとにそれぞれの従業員割合を適用することができる

(4)　適用例（その1）

ある不動産会社における従業員数の内訳が以下のとおりである場合、従業員割合を求めてみる。

① 　課税取引にのみ従事する従業員数：428人
② 　非課税取引にのみ従事する従業員数：30人
③ 　課税取引と非課税取引の双方の業務に従事する従業員数：63人

ただし、双方の業務に従事する従業員の日報に基づく課税取引と非課税

取引の従事日数割合は20：1である。

> ＜原則法による従業員割合＞
>
> 従業員割合＝$\dfrac{428人}{428人＋30人}$≒93.4％
>
> ＜特例法（双方の業務に従事する従業員を従事日数割合で按分）＞
> - 双方の業務に従事する従業員を従事日数割合で按分
>
> 課税取引相当人数＝63人×$\dfrac{20}{20＋1}$＝60人
>
> 非課税取引相当人数＝63人×$\dfrac{1}{20＋1}$＝3人
>
> 従業員割合＝$\dfrac{428人＋60人}{428人＋60人＋30人＋3人}$≒93.7％

特例法のほうが従業員割合が高いため、特例法を選択したほうが事業者にとって有利となる。

(5) 適用例（その2）

酒類販売業を営む傍ら、遊休土地に倉庫および居住用マンションを保有して賃貸する株式会社の事業の実態が以下のとおりであるとする。

- 収入の内訳
  酒類販売：6,000,000円（税抜）
  倉庫賃貸収入：3,000,000円（税抜）
  マンション賃貸収入：6,000,000円（非課税）
- 支出の内訳（税込）
  課税売上にのみ要する課税仕入高：3,150,000円
  両方に共通して要する課税仕入高：2,100,000円
  非課税売上にのみ要する課税仕入高：420,000円

- 部門別の従業員の割合

  酒類販売部門(倉庫賃貸業務も担当):7人

  不動産賃貸部門(居住用マンションの管理のみ担当):1人

＜課税売上割合を使用する場合＞

課税売上割合 $= \dfrac{6,000,000円 + 3,000,000円}{6,000,000円 + 3,000,000円 + 6,000,000円} = 60\%$

① 個別対応方式による控除税額

$= 3,150,000円 \times \dfrac{4}{105} + 2,100,000円 \times \dfrac{4}{105} \times 60\% = 168,000円$

② 一括比例配分方式による控除税額

$= (3,150,000円 + 2,100,000円 + 420,000円) \times \dfrac{4}{105} \times 60\% = 129,600円$

①＞② ∴控除税額 = 168,000円

＜課税売上割合に準ずる割合（部門の従業員数の割合）を使用する場合＞

① 個別対応方式による控除税額

$= 3,150,000円 \times \dfrac{4}{105} + 2,100,000円 \times \dfrac{4}{105} \times \dfrac{7}{7+1} = 190,000円$

② 一括比例配分方式による控除税額

$= (3,150,000円 + 2,100,000円 + 420,000円) \times \dfrac{4}{105} \times 60\% = 129,600円$

（注） 一括比例配分方式の計算に関しては、課税売上割合に代えて課税売上割合に準ずる割合を使用することはできない。

①＞② ∴控除税額 = 190,000円

上記から、課税売上割合に準ずる割合（部門の従業員数の割合）を使用する場合のほうが有利であることがわかる。

2　事業部ごとに独立採算制を採用しているケース

　課税売上割合の計算単位は原則として事業者全体であり、支店ごとや事業部ごとにそれぞれ異なる課税売上割合を適用することはできないこととされている（消基通11―5―1）。

　しかし、企業によっては、事業部ごとに独立採算制を採用しているケースがあるが、その場合には事業部ごとに課税売上割合を計算しそれを「課税売上割合に準ずる割合」としたほうが事業の実態に即し、かつ事業者にとっても有利となる（仕入控除税額が多くなる）ことがある。

　そこで、事業部ごとに独立採算制を採用している事業者などのケースでは、各事業部の課税売上割合を計算し、当該割合を「課税売上割合に準ずる割合」として共通対応分の課税仕入れ税額に適用することが認められている（Q&A〔Ⅰ〕問24参照）。

　その際、留意すべき事項は以下のとおりである。

(1)　適用要件

　独立採算性の対象となっている事業部門や、独立した会計単位となっている事業部門および本支店についてのみ適用がある。

(2)　適用できないケース

　事業を行う部門以外の部門、たとえば総務や経理といった管理部門については、この割合の適用は認められない。これは、事業を行う部門以外の部門においては、もともと売上自体が計上されないか、あっても少額であるケースが多いが、その場合、たまたま課税売上が生じて課税売上割合が100％となったり、非課税売上（預金金利など）が生じて課税売上割合が0％となったりするなど、特定の要因に課税売上割合が大きく左右されるこ

ととなり、不安定かつ不合理な結果となり得るためであると解される。

なお、広義には管理部門に分類される部門であっても、事業を行う部門、たとえば財務部門などについては、この割合の適用が認められるものと考えられる。

(3) 事業を行う部門以外の部門の取扱い

総務や経理といった管理部門のように、事業を行う部門以外の部門における共通対応分の課税仕入れ税額は、その税額すべてを従業員数比率など適宜の比率により各部門に振り分けたうえで、事業部門ごとの課税売上割合に準ずる割合により按分する方法も認められる。

(4) 計算方法

事業部門ごとの課税売上高・非課税売上高に基づき、以下の算式により事業部門ごとの課税売上割合に準ずる割合を求める。

$$\text{事業部門ごとの課税売上割合に準ずる割合} = \frac{\text{事業部門ごとの課税売上高}}{\text{事業部門ごとの課税売上高} + \text{事業部門ごとの非課税売上高}}$$

(5) 承認後の有利選択の不可

仮に、課税売上割合に準ずる割合が本来の課税売上割合よりも低くなり、事業者にとって不利な結果となる場合であっても、その承認を受けた事業部門における課税売上割合に準ずる割合を使用することが強制されるため、注意を要する。

また、「課税売上割合に準ずる割合」の適用の承認後は、ある事業部門の進行年度の課税売上高が5億円以下で、かつその部門の課税売上割合が95％以上であっても、95％ルールの適用は受けられず、課税仕入れ等の税

額の全額控除は認められない。

(6) 適用例

電子部品製造業を営むB社は事業部ごとに独立採算制を採用しており、本課税期間における各事業部の課税売上割合は**図表4－5**のとおりであった。

図表4－5　B事業部ごとの課税売上割合

	第1事業部	第2事業部	第3事業部	合　計
課税売上高／総売上高(注)	500／10,000	39,500／40,000	79,800／80,000	119,800／130,000
（課税売上割合）	（5％）	（98.75％）	（99.75％）	（92.15％）

(注)　総売上高＝課税売上高＋非課税売上高

<本来の課税売上割合の計算>

課税売上割合＝$\frac{119,800}{130,000}$＝92.15％

<事業部門ごとの課税売上割合に準ずる割合の適用承認を受けた場合>

・第1事業部

本来の課税売上割合$\frac{119,800}{130,000}$＞第一事業部の課税売上割合$\frac{500}{10,000}$

∴本来の課税売上割合を課税売上割合に準ずる割合として承認を受ける

・第2事業部

第2事業部の課税売上割合$\frac{39,500}{40,000}$＞本来の課税売上割合$\frac{119,800}{130,000}$

∴第2事業部の課税売上割合を課税売上割合に準ずる割合として承認を受ける

- 第3事業部

  第3事業部の課税売上割合 $\frac{79,800}{80,000}$ ＞本来の課税売上割合 $\frac{119,800}{130,000}$

  ∴第3事業部の課税売上割合を課税売上割合に準ずる割合として承認を受ける

3 経費の支出が床面積に比例していると考えられるケース

　水道光熱費、修繕費、減価償却費、支払家賃といった建物関連の経費のように、床面積に比例して支出されると考えられるものについては、仕入控除税額の計算上、床面積割合を課税売上割合に準ずる割合として共通対応分の課税仕入れ税額に適用することが可能であると考えられる（Q&A〔Ⅰ〕問25参照）。

　この床面積割合の適用は、本支店ごとまたは事業部ごとにそれぞれの割合を適用することも可能である。

　課税売上割合に準ずる割合として床面積割合を適用する際留意すべき事項は以下のとおりである。

(1) 適用要件

　床面積を、課税資産の譲渡等と非課税資産の譲渡等に業務ごとに区分できることが前提となる。

(2) 計算方法

　床面積割合は、専用床面積に基づき以下の算式により計算することとなる。

第4章　課税売上割合に準ずる割合の適用

$$
床面積割合 = \frac{課税資産の譲渡等に係る業務で使用する専用床面積}{課税資産の譲渡等に係る業務で使用する専用床面積 + 非課税資産の譲渡等に係る業務で使用する専用床面積}
$$

　計算の基礎となる床面積は、原則として課税期間の末日の現況となる。ただし、課税期間の末日における床面積が課税期間全体の実態とは異なるなど、事業の実態を反映していないと考えられる場合には、課税期間中の各月末の平均値等の別の合理的な数値を用いることができる。

　また、課税資産の譲渡等及び非課税資産の譲渡等の双方の業務で使用する専用床面積については、原則として当該床面積割合の計算上、分母・分子のいずれにも含めないこととなる。

(3) 適用例

　金融機関のＣ社は、非課税取引を行う部署と課税取引を行う部署が別のフロアで業務を行っている。各業務を行う部署の専用床面積は以下のとおりである。

① 課税取引を行う部署の専用床面積：1,500㎡
② 非課税取引を行う部署の専用床面積：300㎡
③ 双方の部署が業務で使用する床面積：200㎡

$$
床面積割合 = \frac{1,500㎡}{1,500㎡ + 300㎡} \fallingdotseq 83.3\%
$$

4　経費の支出が取引件数に比例していると考えられるケース

　水道光熱費、修繕費、支払家賃といった建物関連の経費については、本節3で説明した「床面積に比例」という側面のみならず、取引件数に比例するという側面もある。そのため、取引件数に比例して支出されると考え

られるものについては、仕入控除税額の計算上、取引件数の割合を課税売上割合に準ずる割合として共通対応分の課税仕入れ税額に適用することも可能であると考えられる（Q&A〔Ⅰ〕問26参照）。

この取引件数割合の適用は、床面積割合と同様に、本支店ごとまたは事業部ごとにそれぞれの割合を適用することも可能である。

課税売上割合に準ずる割合として取引件数割合を適用する際、留意すべき事項は以下のとおりである。

(1) 適用要件

取引件数を課税資産の譲渡等と非課税資産の譲渡等に業務ごとに区分できることが前提となる。

(2) 計算方法

取引件数割合は、以下の算式により計算することとなる。

$$\text{取引件数割合} = \frac{\text{課税資産の譲渡等に係る取引件数}}{\text{課税資産の譲渡等に係る取引件数} + \text{非課税資産の譲渡等に係る取引件数}}$$

(3) 適用例

金融機関のD社は、非課税取引と課税取引のいずれも行っており、それぞれの取引件数を把握している。各取引の件数は以下のとおりである。

① 課税取引の件数：150,800件
② 非課税取引の件数：33,200件

$$\text{取引件数割合} = \frac{150,800\text{件}}{150,800\text{件} + 33,200\text{件}} \fallingdotseq 82.0\%$$

5　単発の土地の譲渡があったケース

　多くの事業者にとって、消費税の非課税取引は例外的なもので、課税売上割合は95％前後という水準であろう。しかしそのような事業者であっても、非課税である遊休土地等の譲渡（消法6①、別表第1一）があった場合には、その金額が多額になり総売上高に占める割合が高くなる傾向にあるため、課税売上割合が大幅に低下し95％を大きく割り込むケースも見受けられるところである。

　その結果、通常の課税期間であれば全額控除されるにもかかわらず、少なくとも遊休土地の譲渡のあった課税期間については個別対応方式または一括比例配分方式により仕入控除税額を計算することが強いられることとなる。問題は、このような事業者が個別対応方式を採用した場合である。すなわち、事業者が個別対応方式を採用した場合、課税仕入れ等の税額を消費税法第30条第2項第1号に規定される3つの区分に分類する必要があるが、本件のように販売費・一般管理費をすべて課税売上にのみ要する課税仕入高に分類するケースが見られるということである。

　販売費・一般管理費は、通常、課税売上および非課税売上のいずれにも関係している費用であるか、または売上との明確な対応関係がない費用であると考えられる。このような費用は、個別対応方式の用途区分において、「両方に共通して要する課税仕入高」に分類すべきということとなる。したがって、販売費・一般管理費をすべて課税売上にのみ要する課税仕入高に分類するのではなく、両方に共通して要する課税仕入高に分類し、課税売上割合で按分するのが適切な経理処理ということになる。

　ただし、これは事業者にとって不利な結果となることが多い。なぜなら、販売費・一般管理費のうち土地取引にほとんど関係しないと思われる費用に関しても、相対的に低い課税売上割合まで控除税額が切り下げられるこ

ととなるからである。このような不合理を解消する手段として検討すべきは、課税売上割合に準ずる割合の適用である。

そこで国税庁は、Q&A〔Ⅰ〕問30において、「たまたま土地の譲渡があった場合の課税売上割合に準ずる割合の適用」に関し、以下のようなガイドラインを示している。

すなわち、土地の譲渡が単発のものであり、かつ、当該土地の譲渡がなかったとした場合には、事業の実態に変動がないと認められる場合に限り、以下の①または②のいずれか低い割合が「課税売上割合に準ずる割合」とされることとなる。

① 当該土地の譲渡があった課税期間の前3年に含まれる課税期間の通算課税売上割合（消令53③参照）

② 当該土地の譲渡があった課税期間の前課税期間の課税売上割合

課税売上割合に準ずる割合として取引件数割合を適用する際留意すべき事項は以下のとおりである。

(1) 事業の実態に変動がないと認められる場合

「土地の譲渡がなかったとしたときには、事業の実態に変動がないと認められる場合」とは、事業者の営業の実態に変動がなく、かつ、過去3年間で最も高い課税売上割合と最も低い課税売上割合との差が5％以内である場合をいう。

(2) 適用期間

この「課税売上割合に準ずる割合」の適用は、たまたま土地の譲渡があった場合に行う一過性のものであるから、土地の譲渡のあった課税期間において適用したときは、翌課税期間において事業者は適用廃止届出書を提出することとなる。仮に提出しない場合には、その承認が取り消され、以後の課税期間においては原則として当該「課税売上割合に準ずる割合」の適

用はないこととなる。

(3) 適用例

<前提条件>

① 当期および過去3年間の売上高の内訳

(単位：万円)

	当期	前期	前々期	3期前
課税売上高（税抜）	39,000	38,800	39,200	39,800
非課税売上高	30,020	20	30	20

② 当期の課税仕入高の内訳

課税売上にのみ要する課税仕入高：21,000万円

両方に共通して要する課税仕入高：8,400万円

非課税売上にのみ要する課税仕入高：21万円

<税額計算>

$$当期の課税売上割合 = \frac{39,000万円}{39,000万円 + 30,020万円} = 56.5\%$$

$$前期の課税売上割合 = \frac{38,800万円}{38,800万円 + 20万円} = 99.9\%$$

$$前々期の課税売上割合 = \frac{39,200万円}{39,200万円 + 30万円} = 99.9\%$$

$$3期前の課税売上割合 = \frac{39,800万円}{39,800万円 + 20万円} = 99.9\%$$

99.9％－99.9％＝0％≦5％

$$課税売上に準ずる割合 = \frac{38,800万円 + 39,200万円 + 39,800万円}{38,800万円 + 20万円 + 39,200万円 + 30万円 + 39,800万円 + 20万円}$$

＝99.9％

> 前期の課税売上割合99.9％＝課税売上割合に準ずる割合99.9％
> ∴ 99.9％
> ① 個別対応方式による控除税額
> $= 21{,}000万円 \times \dfrac{4}{105} + 8{,}400万円 \times \dfrac{4}{105} \times 99.9\% = 1{,}119万円$
> ② 一括比例配分方式による控除税額
> $= (21{,}000万円 + 8{,}400万円 + 21万円) \times \dfrac{4}{105} \times 56.5\% = 633万円$
> ① ＞ ② ∴ 控除税額＝1,119万円

　仮に、本件において「課税売上割合に準ずる割合」の承認を受けていない場合、控除税額は980万円（$= 21{,}000万円 \times \dfrac{4}{105} + 8{,}400 \times \dfrac{4}{105} \times 56.5\%$）にとどまる。

(4) 法令上の根拠

　当該方法は、消費税法上に根拠のあるものではなく、あくまで国税庁がQ&Aによりガイドラインを示したに過ぎないものである。したがって、当該方法が仮に裁判で争われた場合、裁判所がどのように判断するのか未知数であるが、一方で、「課税売上割合に準ずる割合」は、税務署長の承認事項であるため、税務署長の裁量権がある程度認められているものとも解される。したがって、Q&Aで示された当該方法は、一応実務上尊重されるものと考えられる。

6　単発の有価証券の譲渡があったケース

　本節５で消費税の非課税取引である土地の譲渡に関して「課税売上割合に準ずる割合」の適用が受けられる可能性があることがわかったが、同様に非課税取引で、かつ、金額も多額になる可能性があるものとして、有価

第4章　課税売上割合に準ずる割合の適用

証券の譲渡が挙げられる。

　それでは単発の有価証券の売買があった場合にも、土地と同様に「課税売上割合に準ずる割合」の適用が受けられる可能性があるのだろうか。

　これについては、Q&A〔Ⅰ〕問31において言及があり、適用がないものとされている。

　当該Q&Aによれば、その理由は、有価証券の対価の額は課税売上割合の計算において、その譲渡の対価の額の5％相当額を分母に算入すればよいこととされており、すでに法令上一定の配慮がされていることから、それに加えてあえて「課税売上割合に準ずる割合」の適用が受けられるといった措置を講じる必然性に乏しいということである。

　そのため、単発の有価証券の売買があった場合には、土地と同様に「課税売上割合に準ずる割合」の適用が受けられる可能性は低いものと考えられる。

第4節 課税売上割合に準ずる割合の承認申請手続

1 承認申請手続

　新たに「課税売上割合に準ずる割合」を適用しようとする場合には、事業者は所轄税務署長に「消費税課税売上割合に準ずる割合の適用承認申請書」(第22号様式)を提出して承認を受ける必要がある(消法30③、消令47①、消規15①)。

　「課税売上割合に準ずる割合」は、当該申請書の審査後税務署長から承認を受けた日の属する課税期間から適用することができる。そのため、仕入税額控除の計算においても、その承認を受けた日の属する課税期間から承認を受けた「課税売上割合に準ずる割合」によることができる。

　「消費税課税売上割合に準ずる割合の適用承認申請書」(第22号様式)の記載例は図表4-6のとおりである。

第4章　課税売上割合に準ずる割合の適用

図表4-6　消費税課税売上割合に準ずる割合の適用承認申請書

第22号様式

消費税課税売上割合に準ずる割合の適用承認申請書

収受印

平成25年10月7日

申請者

（フリガナ）シブヤ クササヅカ
納税地　（〒151－00XX）
渋谷区笹塚4-1-X
（電話番号　03－3380－12XX）

（フリガナ）シブヤ ショウジ カブシキガイシャ
氏名又は名称及び代表者氏名　渋谷商事株式会社
代表取締役　佐藤　三郎　㊞

＿＿渋谷＿＿税務署長殿

下記のとおり、消費税法第30条第3項第2号に規定する課税売上割合に準ずる割合の適用の承認を受けたいので、申請します。

採用しようとする計算方法	通算課税売上割合と前課税期間の課税売上割合のいずれか低い割合
その計算方法が合理的である理由	たまたま土地の譲渡があり課税売上割合が大幅に低下するため
本来の課税売上割合	課税資産の譲渡等の対価の額の合計額　49,500,000円 資産の譲渡等の対価の額の合計額　50,000,000円	左記の割合の算出期間　自　平成24年4月1日　至　平成25年3月31日
参考事項	
税理士署名押印	（電話番号　　－　　－　　）㊞

※　上記の計算方法につき消費税法第30条第3項第2号の規定により承認します。

＿＿＿＿第＿＿＿＿＿号
平成＿＿年＿＿月＿＿日　　　　税務署長＿＿＿＿＿＿＿＿㊞

※税務署処理欄

整理番号		部門番号		適用開始年月日	年　月　日
申請年月日	年　月　日	入力処理	年　月　日	台帳整理	年　月　日

注意　1．この申請書は、裏面の記載要領等に留意の上、2通提出してください。
　　　2．※印欄は、記載しないでください。

2 適用をやめる場合

　一方、一度受けた承認申請に基づく「課税売上割合に準ずる割合」の適用をやめる場合には、所轄税務署長に「消費税課税売上割合に準ずる割合の不適用届出書」（第23号様式）を提出すれば、その提出のあった日の属する課税期間から適用されないこととなる（消法30③、消規15②）。

　「消費税課税売上割合に準ずる割合の不適用届出書」（第23号様式）の記載例は図表4－7のとおりである。

第4章 課税売上割合に準ずる割合の適用

図表4—7　消費税課税売上割合に準ずる割合の不適用届出書

第23号様式

消費税課税売上割合に準ずる割合の不適用届出書

収受印

平成26年4月18日

届出者	（フリガナ）	シブヤク ササヅカ
	納税地	（〒151－00XX） 渋谷区笹塚4-1-X （電話番号 03－3380－12XX）
	（フリガナ）	シブヤ ショウジ カブシキガイシャ
	氏名又は名称及び代表者氏名	渋谷商事株式会社 代表取締役　佐藤　三郎　印

＿渋谷＿税務署長殿

下記のとおり、課税売上割合に準ずる割合の適用をやめたいので、消費税法第30条第3項の規定により届出します。

承認を受けている計算方法	通算課税売上割合と前課税期間の課税売上割合のいずれか低い割合
承認年月日	平成 24 年 11 月 20 日
この届出の適用開始日	平成 26 年 4 月 1 日
参考事項	
税理士署名押印	印 （電話番号　　－　　－　　）

※税務署処理欄	整理番号				部門番号					
	届出年月日	年	月	日	入力処理	年	月	日	台帳整理	年　月　日
	通信日付印	年	月	日	確認印					

注意　1．裏面の記載要領等に留意の上、記載してください。
　　　2．※印欄は、記載しないでください。

■参考資料1

―平成23年6月の消費税法の一部改正関係―
「95%ルール」の適用要件の見直しを踏まえた
仕入控除税額の計算方法等に関するQ&A〔Ⅰ〕
【基本的な考え方編】

平成24年3月
国税庁消費税室

　このQ&Aは、平成23年6月の消費税法の一部改正において、仕入税額控除制度におけるいわゆる「95%ルール」の適用要件の見直し（平成24年4月1日以後に開始する課税期間から適用）が行われたことを踏まえて、従来からの仕入控除税額の計算方法等に関する基本的な考え方や留意点等について、体系的に整理したものである。

凡例

文中、文末引用の条文等の略称は、次のとおりである。

○　法令
　　法………………………平成23年6月改正後の消費税法
　　令………………………平成23年6月改正後の消費税法施行令
　　規則……………………平成23年6月改正後の消費税法施行規則
　　改正法附則……………現下の厳しい経済状況及び雇用情勢に対応して税制の整備を図るための所得税法等の一部を改正する法律（平成23年法律第82号）附則
○　通達
　　基通……………………平成23年9月改正後の消費税法基本通達

○ 用語
　課税資産の譲渡等……消費税法第2条第1項第9号《定義》に規定する課税資産の譲渡等をいう。
　非課税資産の譲渡等…消費税法第6条第1項《非課税》の規定により非課税となる資産の譲渡等をいう。
　課税売上対応分………課税資産の譲渡等にのみ要する課税仕入れ等であり、消費税法第30条第2項《仕入控除税額の計算》に規定する課税資産の譲渡等にのみ要するものをいう。
　非課税売上対応分……非課税資産の譲渡等にのみ要する課税仕入れ等であり、消費税法第30条第2項に規定する課税資産の譲渡等以外の資産の譲渡等にのみ要するものをいう。
　共通対応分……………課税資産の譲渡等と非課税資産の譲渡等に共通して要する課税仕入れ等であり、消費税法第30条第2項に規定する課税資産の譲渡等とその他の資産の譲渡等に共通して要するものをいう。

【仕入税額控除制度（仕入控除税額の計算に関する部分）】

（問1）
　消費税の仕入税額控除制度（仕入控除税額の計算に関する部分）について教えてください。

（答）
1　仕入税額控除制度の基本的な考え方
　消費税は、原則として全ての財貨・サービスの国内における販売、提供などを課税対象とし、生産、流通、販売などの各段階において、他の事業者や消費者に財貨・サービスの販売、提供などを行う事業者(法人及び個人事業者)を納税義務者とし、その売上げ（課税資産の譲渡等）に対して課税されます。
　消費税においては、こうした仕組みを採る関係上、各取引段階において二重、三重に消費税が課されないよう、税の累積を排除するために、事業者の納付税額の計算に当たっては、その前段階で課された消費税額を控除する制度（以下「仕入税額

控除制度」といいます。）が設けられています（法30）。

　各事業者が申告・納付する消費税額は、原則として、その課税期間中の課税売上げに係る消費税額から課税仕入れ等に係る消費税額を控除（以下「仕入税額控除」といいます。）して計算することになります。また、課税仕入れ等に係る消費税額が課税売上げに係る消費税額を上回る場合には、控除不足額が還付されます。

　仕入税額控除制度は、上記のように税の累積を排除する観点から設けられた制度ですので、課税仕入れ等に係る消費税額については、あくまで課税売上げに対応するもののみが仕入税額控除の対象になるというのが原則です。このため、非課税売上げである取引を行う事業者であっても、その取引を行うために財貨・サービスの課税仕入れ等が一般的に行われますが、本来、当該非課税売上げに対応する課税仕入れ等に係る消費税額は仕入税額控除の対象とはなりません。

2　課税売上割合による仕入控除税額の計算

　しかしながら、例えば、預金利子などの非課税売上げは、その営む事業の内容如何にかかわらず、ほとんどの事業者において生じるものと考えられますが、他方でこれに伴う課税仕入れ等はほとんど生じないのが通常です。こうしたことから、事業者の事務負担等に配慮し、事業全体の売上高に基づく課税売上割合（非課税売上げも含めた売上高全体に占める課税売上高の割合をいいます。問3参照。）を基に、仕入税額控除の対象となる消費税額（以下「仕入控除税額」といいます。）の計算をすることができるという簡便法が設けられています。具体的には、専ら課税売上げを行う場合として、課税売上割合が95％以上である場合には、その課税期間中の課税仕入れ等に係る消費税額が課税売上げに対応するものか否かの厳密な区分を行うことを要せず、全額を仕入税額控除の対象とすることができることとされています（以下「95％ルール」といいます。）。

（注）　平成24年4月1日以後に開始する課税期間からは、その課税期間における課税売上高が5億円を超える事業者は、個別対応方式か一括比例配分方式のいずれかで仕入控除税額を計算する必要があります（問2参照）。

　他方、課税売上割合が95％未満の場合及び上記2（注）に該当する場合の仕入控除税額の計算は、次のように行います（法30②）。

① 個別対応方式

仕入控除税額 = [課税売上対応分に係る消費税額 + 共通対応分に係る消費税額 × 課税売上割合]

② 一括比例配分方式

仕入控除税額 = その課税期間中の課税仕入れ等に係る消費税額の合計額 × 課税売上割合

【95%ルールの適用要件の見直しの概要】

(問2)
　仕入税額控除制度における「95%ルール」の適用要件の見直しの概要について教えてください。

(答)
1　改正概要

　改正前の95%ルールは、事業者の事務負担等に配慮する観点から導入された制度であるにもかかわらず、その課税期間における課税売上割合が95%以上である全ての事業者に一律に認められていましたが、制度の本来の趣旨を踏まえ、対象者を、引き続き事務負担に配慮する必要があると考えられる一定規模以下の事業者に限定して適用することとされました（法30②）。

　具体的には、95%ルールの適用対象者をその課税期間における課税売上高が5億円以下の事業者に限ることとし、他方で当該課税売上高が5億円を超える事業者については、課税売上割合が95%以上であっても、仕入控除税額の計算に当たっては、個別対応方式か一括比例配分方式のいずれかの方法で計算する必要があることとされました。

　この場合の「課税期間における課税売上高」とは、その課税期間中における消費税が課税される取引の売上金額（税抜き）と、輸出取引などの免税売上金額の合計額をいい、売上返品、売上値引や売上割戻し等に係る金額がある場合には、これらの合計額（税抜き）を控除した残額（法第28条第1項に規定する対価の額）をいいます（法30⑥）。

2 課税売上高5億円の判定期間

　「その課税期間における課税売上高が5億円を超える」か否かは1年間の課税売上高によって判定することとなりますので、例えば、事業年度が6か月である場合や課税期間の特例（法19①三～四の二）の適用を受けている場合など、その課税期間が1年に満たない場合には、その1年に満たない課税期間における課税売上高を1年間の課税売上高に年換算した金額（当該課税期間の月数で除し、これに12を乗じて計算した金額）とすることとされています。これは、仮決算による中間申告書を提出する場合も同様です。

　なお、事業者免税点制度等の中小事業者向け特例措置のように「基準期間における課税売上高」により判定するのではなく、課税売上割合が95％以上か未満かの判定をする場合と同様に、あくまで仕入控除税額を計算する対象期間となる課税期間における課税売上高により判定するものであることに留意が必要です。

　上記の改正は、平成24年4月1日以後に開始する課税期間から適用されます（改正法附則22③）。

【課税売上割合の計算】

（問3）
　課税売上割合の計算はどのようにして行うのでしょうか。

（答）
　課税売上割合とは、その課税期間中に国内において行った資産の譲渡等の対価の額（税抜き）の合計額に占める課税資産の譲渡等の対価の額（税抜き）の合計額の割合をいいます（法30⑥）。

$$課税売上割合 = \frac{課税資産の譲渡等の対価の額（税抜き）の合計額}{資産の譲渡等の対価の額（税抜き）の合計額}$$

　この場合の資産の譲渡等の対価の額及び課税資産の譲渡等の対価の額については、それぞれ売上げに係る対価の返還等の金額（輸出取引に係る返還等の金額を含みます。いずれも税抜きです。）を控除した残額によることとなります（令48①）。

　課税売上割合を計算する場合における国内において行った資産の譲渡等の対価の額又は課税資産の譲渡等の対価の額には、輸出取引に係る対価の額は含まれ、国外取引に係る対価の額は含まれません。また、非課税資産の輸出額（有価証券、支払手段、

金銭債権の輸出額を除きます。令51①）及び資産の海外支店等への転送輸出に係る輸出額に相当する額も、課税売上割合を計算する場合の資産の譲渡等の対価の額及び課税資産の譲渡等の対価の額に含まれることとされています（法31、令51②③）。

なお、課税売上割合の分母となる（資産の譲渡等の対価の額の合計額）の計算については、次の１から３の特例が設けられています（令48）。

また、課税売上割合を計算する上での注意点は、下記４を参照してください。

1 資産の譲渡等の対価の額の全額を分母に算入しないもの（令48②）
 (1) 通貨、小切手等の支払手段の譲渡については、売上げの二重計上を排除するため、これらに係る対価の額は、課税売上割合の計算上、資産の譲渡等の対価の額に含めないこととされています。
 (2) 資産の譲渡等の対価として取得した金銭債権（いわゆる売掛債権等）の譲渡については、売上げの二重計上を排除するため、その譲渡等の対価の額は、課税売上割合の計算上、資産の譲渡等の対価の額に含めないこととされています。
 (3) 国債、地方債及び社債並びに譲渡性預金証書等（現先取引債券等）を予め約定した期日に予め約定した価格等で買い戻すことを約して譲渡し、かつ、その約定に基づきその現先取引債券等を買い戻す場合におけるその現先取引債券等の譲渡については、資金の借入れと同じ効果を持つものですから、これに係る対価の額は、課税売上割合の計算上、資産の譲渡等の対価の額に含めないこととされています。

2 資産の譲渡等の対価の額の一部の金額を分母に算入するもの（令48③〜⑤）
 (1) 現先取引債券等を予め約定した期日に予め約定した価格で売り戻すことを約して購入し、かつ、その約定に基づき売り戻す場合における対価の額は、その現先取引が利子を得る目的で行う金銭の貸付けと類似することから、課税売上割合の計算における資産の譲渡等の対価の額となるのは、売戻しに係る対価の額から購入に係る対価の額を控除した残額とされています。
 (2) 貸付金その他の金銭債権の譲受け等をした場合の対価の額は、利子（償還差益、譲り受けた金銭債権の弁済を受けた金額とその取得価額との差額その他経済的な性質が利子に準ずるものを含みます。）の金額とされています。
 (3) 消費税が非課税となる有価証券等を譲渡した場合（現先取引に該当するものを除く。）には、課税売上割合の計算上、資産の譲渡等の対価の額に算入する対

価の額は、その有価証券等の譲渡の対価の額の5％に相当する金額とされています。

3 分母から控除するもの（令48⑥）
　国債等について償還差損が生ずる場合には、課税売上割合の計算上、その償還差損は資産の譲渡等の対価の額から控除することとされています。

4 課税売上割合を計算する上での注意点
（1）　課税売上割合は、事業者がその課税期間中に国内において行った資産の譲渡等の対価の額（税抜き）の合計額に占める課税資産の譲渡等の対価の額（税抜き）の合計額の割合とされていますから、課税売上割合の計算を事業所単位又は事業部単位等で行うことは認められません（基通11－5－1）。
（2）　消費税が不課税となる見舞金、祝金、寄附金、保険金、配当金又は補助金等は、課税売上割合の計算上、分母及び分子のいずれにも算入しません。
（3）　いわゆる信用取引による有価証券の譲渡は、それが現物を伴う取引であることについては通常の現物取引と異なるものではありませんから、その有価証券の譲渡の対価の額の5％に相当する金額を分母に算入することとなります（令48⑤）。
（4）　金銭の貸付けは非課税取引ですが、非居住者に対する金銭の貸付けのように輸出取引等に該当するもの（令17③）で、その証明がされたものは、課税資産の譲渡等に係る輸出取引等として取り扱うこととされています（法31①）。したがって、課税売上割合の計算上、非居住者に対する金銭の貸付け等である旨の証明がされるものに係る貸付金の利子については、課税資産の譲渡等の対価として、分子にも算入します（令51②）。
（5）　有価証券、支払手段、金銭債権の輸出は、課税資産の譲渡等に係る輸出取引とみなすものには含まれませんから、課税売上割合の計算上、分子には算入しないこととなります（法31①、令51①）。
（6）　相続、合併、分割等があったことにより、課税期間の中途で課税事業者となった場合の相続人、合併法人、新設分割子法人又は分割承継法人の課税売上割合の計算は、それぞれ課税事業者となった後の資産の譲渡等の対価の額の合計額及び課税資産の譲渡等の対価の額の合計額を基礎として計算することとなります（基通11－5－3）。

(7) 課税売上割合を計算する場合における国内において行った資産の譲渡等の対価の額又は課税資産の譲渡等の対価の額には、輸出取引に係る対価の額は含まれますが、国外取引に係る対価の額は含まれません（基通11―5―4）。
(8) 輸出取引に係る対価の返還等を行った場合には、課税売上割合の計算上、資産の譲渡等の対価の額及び課税資産の譲渡等の対価の額から、それぞれ輸出取引に係る対価の返還等の金額を控除することとなります（基通11―5―5）。
(9) 課税売上割合については、原則として、端数処理は行いませんが、事業者がその生じた端数を切り捨てているときは認められます（基通11―5―6）。

【個別対応方式】

(問4)
　個別対応方式について教えてください。

(答)
　課税売上割合が95％未満である事業者又は課税売上割合が95％以上であってもその課税期間における課税売上高が5億円を超える事業者（平成24年4月1日以後に開始する課税期間から適用）についくは、仕入控除税額の計算は、個別対応方式か一括比例配分方式のいずれかの方法で行うこととされています（法30②）。
　個別対応方式は、その課税期間における個々の課税仕入れ等の全てについて、次の3つの区分が明らかにされている場合に適用できる計算方法です（法30②一）。
① 課税売上対応分
② 非課税売上対応分
③ 共通対応分
個別対応方式を適用する場合の仕入控除税額の計算方法は次のとおりとなります。

【個別対応方式による計算方法】

$$仕入控除税額 = 課税売上対応分に係る消費税額 + \left[共通対応分に係る消費税額 \times 課税売上割合 \right]$$

(注)1　個別対応方式を適用する事業者は、税務署長の承認を受けることにより課税売上割合に代えて、課税売上割合に準ずる割合により仕入控除税額の計算をすることができます（法30③）。

2 個別対応方式を適用するか一括比例配分方式を適用するかの判断は、各事業者の選択に委ねられていますが、一括比例配分方式(問5参照。)を適用した場合には、一括比例配分方式を適用した課税期間の初日から同日以後2年を経過する日までの間に開始する各課税期間につき継続して適用することが要件とされています(法30⑤)。

【一括比例配分方式】

(問5)
　一括比例配分方式について教えてください。

(答)

　課税売上割合が95%未満である事業者又は課税売上割合が95%以上であってもその課税期間における課税売上高が5億円を超える事業者(平成24年4月1日以後に開始する課税期間から適用)については、仕入控除税額の計算は、個別対応方式か一括比例配分方式のいずれかの方法で行うこととされています(法30②)。

　一括比例配分方式は、個別対応方式を適用しない場合、つまり、その課税期間における課税仕入れ等を課税売上対応分、非課税売上対応分及び共通対応分にその区分が明らかにされていない場合に適用する、又は区分が明らかにされている場合であっても適用できる計算方法です(法30②二)。

　一括比例配分方式を適用する場合の仕入控除税額の計算方法は次のとおりです。

【一括比例配分方式による計算方法】

$$仕入控除税額 = その課税期間中の課税仕入れ等に係る消費税額の合計額 \times 課税売上割合$$

(注)1　一括比例配分方式を適用した場合には、一括比例配分方式を適用した課税期間の初日から同日以後2年を経過する日までの間に開始する各課税期間につき継続して適用することが要件とされています(法30⑤)。

　　2　一括比例配分方式を適用した事業者は、その課税期間において課税売上割合に準ずる割合の適用はできません(法30③)。

【個別対応方式と一括比例配分方式の適用関係（一括比例配分方式の継続適用）】

(問6)
　前課税期間の確定申告における仕入控除税額の計算は一括比例配分方式により行い、当課税期間の確定申告については個別対応方式により行いたいのですが可能ですか。

(答)
　一括比例配分方式を適用した事業者は、この計算方法を適用した課税期間の初日から同日以後2年を経過する日までの間に開始する各課税期間において、継続してこの一括比例配分方式を適用しなければならないこととされています（法30⑤、基通11―2―21）。
　一括比例配分方式を2年間以上継続して適用（各課税期間が1年で前々課税期間にも一括比例配分方式を適用）している場合は、当課税期間の確定申告を個別対応方式により行うことは可能です。

【個別対応方式と一括比例配分方式の適用関係（仮決算による一括比例配分方式の適用）】

(問7)
　個別対応方式により仕入控除税額を計算している事業者ですが、中間申告を仮決算で行うことになりました。中間申告については、一括比例配分方式により仕入控除税額を計算したいのですが認められますか。

(答)
　認められます。
　中間申告による納付税額は、確定申告によって清算されるものであることから、仮決算による中間申告において一括比例配分方式を適用した場合でも、最終的な確定申告において個別対応方式を適用することは認められます。また、法第30条第5項の規定により一括比例配分方式を継続適用しなければならない課税期間であっても、仮決算に基づく中間申告においては、個別対応方式によることも認められます（基通15―2―7）。
(注)　修正申告において適用できる仕入控除税額の計算方法は、その確定申告において適用した方法となります（基通15―2―7注書き）。

参考資料1

【個別対応方式と一括比例配分方式の適用関係（計算方法の事後的な変更）】

(問8)
　一括比例配分方式により仕入控除税額を計算し確定申告した後において、個別対応方式による方が納付すべき税額が少なくなることに気付いたことから、仕入控除税額の計算方法を一括比例配分方式から個別対応方式へ変更することを理由に更正の請求を行いたいのですが認められますか。

(答)
　認められません。
　法第30条第2項第2号《一括比例配分方式》の規定に従って確定申告を行っていますので、国税通則法第23条第1項第1号に規定する当該申告書に記載した課税標準等若しくは税額等の計算が「国税に関する法律の規定に従っていなかったこと」又は「当該計算に誤りがあったこと」のいずれにも該当しません。
　したがって、更正の請求は認められません。

【課税売上対応分の意義】

(問9)
　個別対応方式における課税売上対応分について教えてください。

(答)
　課税売上対応分とは、課税資産の譲渡等を行うためにのみ必要な課税仕入れ等をいい、例えば、次に掲げる課税仕入れ等がこれに該当します（基通11-2-12）。
① そのまま他に譲渡される課税資産
② 課税資産の製造用にのみ消費し、又は使用される原材料、容器、包紙、機械及び装置、工具、器具、備品等
③ 課税資産に係る倉庫料、運送費、広告宣伝費、支払手数料又は支払加工賃等

　なお、課税資産の譲渡等にのみ要したものではありませんから、当該課税仕入れ等を行った課税期間において当該課税仕入れ等に対応する課税資産の譲渡等があったかどうかは問いません。
　(参考)
　1　国外取引に係る課税仕入れ等
　　国外において行う資産の譲渡等のための課税仕入れ等がある場合についても、

当該課税仕入れ等について法第30条《仕入れに係る消費税額の控除》の規定が適用されることになります。

この場合において、事業者が個別対応方式を適用するときは、当該課税仕入れ等は課税売上対応分として区分することとなります（基通11－2－13）。

2　試供品、試作品等に係る課税仕入れ等

課税資産の譲渡等に係る販売促進等のために得意先等に配布される試供品、試作品等に係る課税仕入れ等は、課税売上対応分として区分することとなります（基通11－2－14）。

【非課税売上対応分の意義】

(問10)
　個別対応方式における非課税売上対応分について教えてください。

(答)
　非課税売上対応分とは、非課税資産の譲渡等を行うためにのみ必要な課税仕入れ等をいい、例えば、次に掲げる課税仕入れ等がこれに該当します（基通11－2－15）。
① 販売用の土地の造成費用
② 販売用の土地の取得に係る仲介手数料
③ 土地だけの譲渡に係る仲介手数料
④ 賃貸用住宅の建築費用
⑤ 住宅の賃貸に係る仲介手数料
⑥ 有価証券の売却時・購入時の売買手数料

　なお、非課税資産の譲渡等にのみ要したものではありませんから、当該課税仕入れ等を行った課税期間において当該課税仕入れ等に対応する非課税資産の譲渡等があったかどうかは問いません。

【共通対応分の意義】

(問11)
　個別対応方式における共通対応分について教えてください。

(答)

　共通対応分とは、原則として課税資産の譲渡等と非課税資産の譲渡等に共通して要する課税仕入れ等がこれに該当します。

　例えば、課税資産の譲渡等と非課税資産の譲渡等がある場合に、それらに共通して使用される資産の取得費用や、消耗品費、電話料金、電気料金、ガス料金、水道料金等の課税仕入れ等がこれに該当します。

　また、株券の発行に当たって印刷業者へ支払う印刷費、証券会社へ支払う引受手数料等のように資産の譲渡等に該当しない取引に要する課税仕入れ等は、共通対応分として区分することとなります（基通11―2―16）。

（参考）

1　交際費に該当する課税仕入れ等

　交際費に該当する課税仕入れ等は、原則として共通対応分として区分することとなります。

　なお、交際費としての支出の目的や相手方に応じて用途区分を判定することは認められますので、例えば、課税資産の譲渡等のみを行っている相手方に対する歳暮や中元に係る課税仕入れ等であることが特定できるものについては、課税売上対応分として区分することとなります。

2　寄附目的の課税仕入れ等

　寄附する目的で購入した物品に係る課税仕入れ等は、寄附として行う物品の贈与が、対価を得て行われる資産の譲渡等には該当しませんから、そのための課税仕入れ等については、原則として共通対応分として区分することとなります（基通11―2―17）。

【個別対応方式における用途区分（用途区分の方法）】

(問12)

　個別対応方式は、その課税期間における個々の課税仕入れ等の全てについて、課税売上対応分、非課税売上対応分及び共通対応分に区分（以下「用途区分」といいます。）し、その区分が明らかにされている場合に適用できる計算方法ですが、その用途区分を明らかにする方法について教えてください。

(答)
　事業者の行う課税仕入れ等について、課税売上対応分、非課税売上対応分又は共通対応分であることが明らかとなるように、例えば、課税仕入れ等に係る帳簿にその用途区分を記載する、又は、会計ソフトにその用途区分を入力するなど、申告後においても客観的に判断できるように用途区分されていればよく、その区分方法は問いません。

【個別対応方式における用途区分（課税仕入れ等ごとの用途区分）】

> (問13)
> 　課税仕入れ等の用途区分は取引ごとに行う必要があるのですか。

(答)
　個別対応方式により仕入控除税額を計算する場合には、その課税期間中において行った個々の課税仕入れ等について、必ず、課税売上対応分、非課税売上対応分及び共通対応分に区分しなければなりなせん。
　この用途区分は、個々の課税仕入れ等ごと（取引ごと）に行う必要があります。
　なお、課税仕入れ等の中から課税売上対応分のみを抽出して残りを全て共通対応分として区分することは認められません（法30②一、基通11－2－18）。

【個別対応方式における用途区分（事業部門ごとの用途区分）】

> (問14)
> 　課税仕入れ等の用途区分を事業部門ごと（又は勘定科目ごと）に行うことは認められますか。

(答)
　事業部門ごとに業務内容が明確に区分されており、当該事業部門が課税資産の譲渡等のみを行う事業部門である場合には、その事業部門で行う課税仕入れ等について、個々の課税仕入れ等ごとに用途区分した結果と、事業部門ごとに用途区分した結果は同じになると考えられますので、このような場合には、事業部門ごとでの用途区分が認められます。
　しかし、その事業部門で行う業務内容が事業年度の途中で変更されるなど、事業部門ごとでの用途区分の判定が、個々の課税仕入れ等について用途区分を行った結果と異なることとなる場合には、その用途区分は誤っているということになりますので、

参考資料1

注意が必要です。
　なお、上記のような考え方は、勘定科目ごとに用途区分を行う場合も同様です。

【個別対応方式における用途区分（用途区分の時期）】

(問15)
　課税仕入れ等の時に用途が決まっていなかった課税仕入れ等について、課税期間の末日に用途区分したのですが、このような区分方法は認められますか。

(答)
　認められます。
　個別対応方式により仕入控除税額を計算する場合には、その課税期間中において行った個々の課税仕入れ等について、必ず、課税売上対応分、非課税売上対応分及び共通対応分に区分しなければならず、また、この用途区分は、原則として課税仕入れ等を行った日の状況により、個々の課税仕入れ等ごとに行う必要があります。
　しかしながら、課税仕入れ等を行った日において、その用途が明らかでない場合もあり得ることから、その日の属する課税期間の末日までに用途区分が明らかにされた場合には、その用途区分されたところによって個別対応方式による仕入控除税額の計算を行っても差し支えありません（法30②一、基通11－2－20）。

【個別対応方式における用途区分（用途区分が未定の場合）】

(問16)
　課税期間の末日までに用途が決まらない課税仕入れ等の用途区分はどのようになるのですか。

(答)
　課税仕入れ等を行った課税期間の末日までに、用途が決まらない課税仕入れ等については、課税売上対応分又は非課税売上対応分のいずれにも区分されませんので、共通対応分として区分することとなります。

【個別対応方式における用途区分（国外譲渡等のための輸出に係る課税仕入れ等）】

(問17)
　国外において譲渡するため又は国外において自己使用するための資産の輸出をし

た場合の課税仕入れ等の用途区分について教えてください。

(答)

　輸出取引等の証明がされたものに係る課税仕入れ等については、課税売上対応分として区分することとなります。

　国外において譲渡するため又は国外において自己使用するための資産の輸出をした場合において、当該資産が輸出されたことにつき、輸出取引等の証明がされたものについては、課税資産の譲渡等に係る輸出取引等に該当するものとみなして、法第30条《仕入れに係る消費税額の控除》の規定を適用することとされていますので、輸出取引等の証明がされたものに係る課税仕入れ等については、課税売上対応分として区分することとなります（法31②）。

　法第31条第2項の規定が適用されるのは、例えば、海外支店における販売用の商品を当該支店あてに輸出する場合、海外の建設工事に使用する建設資材を海外の工事現場の自己あてに輸出する場合、海外支店で使用する備品や事務機器等を当該支店あてに輸出する場合等が該当することになります（基通11－7－1）。

【個別対応方式における用途区分（非課税資産の輸出取引等に係る課税仕入れ等）】

(問18)
　非課税資産の輸出取引等を行った場合の課税仕入れ等の用途区分について教えてください。

(答)

　輸出取引等の証明がされたものに係る課税仕入れ等については、課税売上対応分として区分することとなります。

　非課税資産の譲渡等のうち輸出取引等に該当するもの（有価証券、支払手段、金銭債権の輸出を除きます。令51①）を行った場合において、当該非課税資産の譲渡等が輸出取引等に該当するものであることにつき証明がされたものについては、課税資産の譲渡等に係る輸出取引等に該当するものとみなして、法第30条《仕入れに係る消費税額の控除》の規定を適用することとされていますので、輸出取引等の証明がされたものに係る課税仕入れ等については、課税売上対応分として区分することとなります（法31①）。

　なお、非課税資産の輸出取引等に係る対価の額については、課税資産の譲渡等の対価の額として、課税売上割合の計算上、分母・分子の両方に算入することとなります。

参考資料1

【個別対応方式における用途区分（預金利子がある場合の用途区分）】

(問19)
　非課税資産の譲渡等については預金利子しかなく、この預金利子を得るためにのみ必要となる課税仕入れ等はありません。このような場合は、その課税期間における課税仕入れ等の全てを課税売上対応分として区分できますか。

(答)
　課税売上対応分として特定されない事務費等の課税仕入れ等については、共通対応分として区分することとなります。
　個別対応方式により仕入控除税額を計算する場合には、その課税期間中において行った個々の課税仕入れ等について、必ず、課税売上対応分、非課税売上対応分及び共通対応分に区分する必要があり、この用途区分は、原則として課税仕入れ等を行った日の状況により、個々の課税仕入れ等ごとに行う必要があります（基通11－2－18、基通11－2－20）。
　預金利子を得るためにのみ必要となる課税仕入れ等はないとのことですが、消費税が非課税となる預金利子が事業者の事業活動に伴い発生し、事業者に帰属するものであることからしても、例えば、総務、経理部門等における事務費など、課税売上対応分として特定されない課税仕入れ等については、共通対応分として区分することとなります。

【共通対応分の合理的な基準による区分（基通11－2－19の適用範囲）】

(問20)
　基通11－2－19を適用して共通対応分を合理的な基準により、課税売上対応分と非課税売上対応分とに区分することが可能なものについて教えてください。

(答)
1　基通11－2－19の概要
　基通11－2－19《共通用の課税仕入れ等を合理的な基準により区分した場合》では、個別対応方式により仕入控除税額を計算する場合において、その課税仕入れ等が一義的には共通対応分に区分される場合であっても、例えば、原材料、包装材料、倉庫料、電力料等のように生産実績その他の合理的な基準により、その課税仕入れ等を課税売上対応分と非課税売上対応分とに区分することが可能なものについて当該合理的な基準により区分している場合には、当該区分したところにより個別対応

方式を適用できることを明らかにしています。

　この場合の区分することが可能なものとは、原材料、包装材料、倉庫料、電力料のように製品の製造に直接用いられる課税仕入れ等をその適用事例の典型として示していることからも明らかなように、課税資産の譲渡等又は非課税資産の譲渡等と明確かつ直接的な対応関係があることにより、生産実績のように既に実現している事象の数値のみによって算定される割合で、その合理性が検証可能な基準により機械的に区分することが可能な課税仕入れ等をいいます。

2　基通11－2－19の適用に当たっての留意点

　個別対応方式における共通対応分に係る仕入控除税額は、共通対応分に係る消費税額に課税売上割合を乗じて計算することとされています（法30②一）。

　また、課税売上割合で計算した仕入控除税額がその事業者の事業の実態と乖離した結果となる場合などは、事業者が事前に税務署長の承認を受けることにより事業実態に則した「課税売上割合に準ずる割合」により仕入控除税額を計算することができることとされています（法30③）。

　これらを踏まえ、基通11－2－19は、当該通達で例示しているとおり、一義的には共通対応分として区分された課税仕入れ等であっても、製品製造原価となる原材料、梱包材料、倉庫料、電力料等のように、課税資産の譲渡等又は非課税資産の譲渡等との対応関係が明確かつ直接的で、生産実績のように既に実現している事象の数値のみによって算定される割合で、その合理性が検証可能な基準により機械的に区分することが可能なものに限っては、当該合理的な基準により区分することとして差し支えないものとしています。

（注）　各事業者固有の特殊な実情に則した仕入控除税額の計算を行う必要がある場合には、事前に課税売上割合に準ずる割合の承認を受ける必要があります。

【課税売上割合に準ずる割合の意義】

（問21）
　課税売上割合に準ずる割合について教えてください。

（答）

1　課税売上割合に準ずる割合

　課税売上割合に準ずる割合とは、その課税期間における課税仕入れ等のうち個別

対応方式における共通対応分に係る仕入控除税額の計算において、事業者における事業内容等の実態が、その課税仕入れ等のあった課税期間における課税売上割合によっては必ずしも反映されていないという場合に対処するために、課税売上割合よりも更に合理的な割合を適用することがその事業者にとって事業内容等の実態を反映したものとなるのであれば、その合理的な割合を認めることが妥当との趣旨から設けられているものです。

当該割合は、当該事業者の営む事業の種類の異なるごと又は当該事業に係る販売費、一般管理費その他の費用の種類の異なるごとに区分して算出することができます（法30③）。

2　課税売上割合に準ずる割合の適用範囲

どのような割合が合理的であるかは、その事業者の営む事業の種類等により異なるものと考えられ、その割合を算出することになる基準をどのような外形的要素に依存することが妥当であるかについても一概に言えるものではありませんが、課税売上割合に準ずる割合としては、使用人の数又は従事日数の割合、消費又は使用する資産の価額、使用数量、使用面積の割合などが考えられます（基通11−5−7）。

当該割合は、本来の課税売上割合の適用範囲と異なり、その事業者が行う事業の全部について同一の割合を適用する必要はなく、例えば、次のような方法によることもできます（基通11−5−8）。

(1)　事業の種類の異なるごと

その事業者の営む事業の種類の異なるごとに区分して、事業の異なるごとにそれぞれ異なる課税売上割合に準ずる割合を適用する方法

(2)　事業に係る販売費、一般管理費その他の費用の種類の異なるごと

その事業者の事業に係る販売費、一般管理費その他の費用の種類の異なるごとに区分して、費用の種類の異なるごとにそれぞれ異なる課税売上割合に準ずる割合を適用する方法

(3)　事業に係る事業場の単位ごと

その事業者の事業に係る事業場の単位ごとに区分して、事業場の異なるごとにそれぞれ異なる課税売上割合に準ずる割合を適用する方法

なお、課税売上割合に準ずる割合を用いて計算する場合には、納税地の所轄税務署長の承認を受ける必要があり、承認を受けた日の属する課税期間から課税売上割

合に代えて、課税売上割合に準ずる割合を用いて仕入控除税額を計算することとなります（法30③）。

また、承認に係る課税売上割合に準ずる割合を用いて仕入控除税額を計算することが適当でないと認められる事情が生じた場合には、税務署長は、その承認を取り消すことができることとされています（令47③）。この承認の取消しがあった場合には、その取消しのあった日の属する課税期間から当該課税売上割合に準ずる割合を用いて仕入控除税額を計算することはできません（令47⑤）。

（注）　課税売上割合に準ずる割合の承認を受けた場合には、本来の課税売上割合に代えて課税売上割合に準ずる割合を適用するのですから、いずれか有利な割合を適用することはできません（法30③）。

【課税売上割合に準ずる割合の適用方法】

（問22）
　課税売上割合に準ずる割合の適用に当たっては、事業者の事業の全部について同一の割合を適用することとなるのですか。

（答）
　事業者が、課税売上割合に準ずる割合を適用する場合には、その事業者が行う事業の全部について同一の割合しか適用できないということではなく、次の①から③のような区分ごとに課税売上割合に準ずる割合を適用して計算することができます。

また、その場合には、適用すべき課税売上割合に準ずる割合の全てについて納税地の所轄税務署長の承認を受ける必要があります。

①　事業の種類の異なるごとの区分
②　事業に係る販売費、一般管理費その他の費用の種類の異なるごとの区分
③　事業に係る事業場の単位ごとの区分

したがって、例えば、課税資産の譲渡等と非課税資産の譲渡等に共通して要する課税仕入れ等に該当するような総務、経理部門等における経費について仕入控除税額の計算をする場合には、その費用の種類ごとに区分し、電気料については床面積割合を適用し、コンピュータリース料については本来の課税売上割合を課税売上割合に準ずる割合として適用し、水道料その他については従業員割合を適用するなど、それぞれの区分ごとに仕入控除税額を計算することができます（基通11－5－8）。

なお、課税売上割合に準ずる割合の承認は、その準ずる割合を用いた仕入控除税額

の計算体系について、上記①から③の例により事業者の行う事業の全体として、それぞれに承認を受ける必要があるものですから、例えば、特定の共通用の課税仕入れ等について適用しようとする割合が合理的であったとしても、その他の共通用の課税仕入れ等について適用しようとする割合が合理的でない場合又は適用しようとする割合の計算方法が不明確である場合には、承認を受けることができません。

【課税売上割合に準ずる割合（従業員割合）】

(問23)
　従業員割合を課税売上割合に準ずる割合として承認申請したいのですが、承認は受けられますか。

(答)
　課税売上割合に準ずる割合の適用は、個別対応方式における共通対応分に係る仕入控除税額の計算において、その事業者における事業内容等の実態が、その課税仕入れ等のあった課税期間の課税売上割合によっては必ずしも反映されていない場合に認められるものです。
　したがって、従業員割合（従事日数割合を含みます。）が、課税売上割合に準ずる割合として、その事業者における事業内容等の実態を反映したものであるかどうかについては、その事業者の営む事業の種類等により異なるものと考えられますので、一概にはお答えすることはできませんが、一般的に承認申請に当たり留意していただきたいことは次のとおりです。

【従業員割合の計算方法】

$$従業員割合 = \frac{課税資産の譲渡等にのみ従事する従業員数}{課税資産の譲渡等にのみ従事する従業員数 + 非課税資産の譲渡等にのみ従事する従業員数}$$

【留意事項】

1　割合の算定・割合の適用範囲
（1）従業員数を課税資産の譲渡等と非課税資産の譲渡等に係る業務ごとに区分できることが前提となります。
　（注）　課税資産の譲渡等及び非課税資産の譲渡等の双方の業務に従事する従業員

がいる場合には、「課税資産の譲渡等にのみ従事する従業員数」を、「総従業員数－非課税資産の譲渡等のみ従事する従業員数」という方法で把握することは認められません。
(2) 計算の基礎となる従業員数は、原則として課税期間の末日の現況によります。
　(注) 課税期間の末日における従業員数が課税期間における実態と異なるなど、事業の実態を反映しないものであるときは、課税期間中の各月末の平均数値等によることができます。
(3) 課税資産の譲渡等及び非課税資産の譲渡等の双方の業務に従事する従業員については、原則としてこの割合の計算上、分母、分子のいずれにも含めません。
　ただし、事務日報等により課税資産の譲渡等及び非課税資産の譲渡等の双方の業務に従事する従業員全員の従事日数が記録されていて、この記録により従業員ごとの従事日数の割合が計算できる場合には、当該従事日数の割合により当該従業員数を各業務にあん分することは認められます。
　(注) 非課税資産の譲渡等にのみ従事する従業員が皆無の場合であっても、課税資産の譲渡等及び非課税資産の譲渡等の双方の業務に従事する従業員全員について、上記のただし書に規定する状況にあるときは、その従事日数の割合により、従業員割合の適用が認められます。
(4) 例えば、建設会社の海外工事部門の従業員など、国外取引にのみ従事する従業員については、この割合の計算上、分母、分子のいずれにも含めません。
(5) 法人の役員(非常勤役員を除きます。)も従業員に含めて取り扱います。また、アルバイト等についても、従業員と同等の勤務状況にある場合には、従業員に含めて取り扱います。
(6) 本店・支店ごと又は事業部門ごとにそれぞれの従業員割合を適用することは認められます。

2　適用対象となる共通対応分
　共通対応分のうち、従業員数に比例して支出されると認められるものについて適用できます。

【課税売上割合に準ずる割合(事業部門ごとの割合)】

> (問24)
> 　事業部門ごとに課税売上割合と同様の方法により求めた割合を課税売上割合に準ずる割合として承認申請したいのですが、承認は受けられますか。

(答)
　課税売上割合に準ずる割合の適用は、個別対応方式における共通対応分に係る仕入控除税額の計算において、その事業者における事業内容等の実態が、その課税仕入れ等のあった課税期間の課税売上割合によっては必ずしも反映されていない場合に認められるものです。

　したがって、事業部門ごとに課税売上割合と同様の方法により求めた割合が、課税売上割合に準ずる割合として、その事業者における事業内容等の実態を反映したものであるかどうかについては、その事業者の営む事業の種類等により異なるものと考えられますので、一概にはお答えすることはできませんが、一般的に承認申請に当たり留意していただきたいことは次のとおりです。

【事業部門ごとの課税売上割合に準ずる割合の計算方法】

$$\text{事業部門ごとの課税売上割合に準ずる割合} = \frac{\text{事業部門ごとの課税売上高}}{\text{事業部門ごとの非課税売上高} + \text{事業部門ごとの課税売上高}}$$

【留意事項】

1　割合の算定・割合の適用範囲
　(1)　事業部門ごと(本店・支店ごとによる場合を含みます。)に、当該事業部門に係る課税売上高と非課税売上高を基礎として、課税売上割合と同様の方法により割合を求めます。
　(2)　この割合は、独立採算制の対象となっている事業部門や独立した会計単位となっている事業部門についてのみ適用が認められるものです。
　(3)　総務、経理部門等の事業を行う部門以外の部門については、この割合の適用は認められません。
　(4)　総務、経理部門等の共通対応分の消費税額全てを各事業部門の従業員数比率等適宜の比率により事業部門に振り分けた上で、事業部門ごとの課税売上割合に

準ずる割合によりあん分する方法も認められます。
(5) 課税売上割合に準ずる割合が、本来の課税売上割合よりも低いこととなる場合であっても、その承認を受けた事業部門における課税売上割合に準ずる割合を使用します。

2 適用対象となる共通対応分
　課税売上割合に準ずる割合の承認を受けた事業部門の共通対応分に係る消費税額について適用できます。

【課税売上割合に準ずる割合（床面積割合）】

(問25)
　床面積割合を課税売上割合に準ずる割合として承認申請したいのですが、承認は受けられますか。

(答)
　課税売上割合に準ずる割合の適用は、個別対応方式における共通対応分に係る仕入控除税額の計算において、その事業者における事業内容等の実態が、その課税仕入れ等のあった課税期間の課税売上割合によっては必ずしも反映されていない場合に認められるものです。
　したがって、床面積割合が、課税売上割合に準ずる割合として、その事業者における事業内容等の実態を反映したものであるかどうかについては、その事業者の営む事業の種類等により異なるものと考えられますので、一概にはお答えすることはできませんが、一般的に承認申請に当たり留意していただきたいことは次のとおりです。

【床面積割合の計算方法】

$$床面積割合 = \frac{課税資産の譲渡等に係る業務で使用する専用床面積}{課税資産の譲渡等に係る業務で使用する専用床面積 + 非課税資産の譲渡等に係る業務で使用する専用床面積}$$

【留意事項】
1 割合の算定・割合の適用範囲
(1) 床面積を課税資産の譲渡等と非課税資産の譲渡等に係る業務ごとに区分でき

ることが前提となります。
- （注） 課税資産の譲渡等及び非課税資産の譲渡等の双方の業務で使用する床面積がある場合には、「課税資産の譲渡等に係る業務で使用する専用床面積」を、「総床面積－非課税資産の譲渡に係る業務で使用する専用床面積」という方法で把握することは認められません。
(2) 計算の基礎となる床面積は、原則として課税期間の末日の現況によります。
- （注） 課税期間の末日における床面積が課税期間における実態と異なるなど、事業の実態を反映しないものであるときは、課税期間中の各月末の平均数値等によることができます。
(3) 課税資産の譲渡等及び非課税資産の譲渡等の双方の業務で使用する専用床面積については、原則としてこの割合の計算上、分母、分子のいずれにも含めません。
(4) 本店・支店ごと又は事業部門ごとにそれぞれの床面積割合を適用することは認められます。
2 適用対象となる共通対応分
　共通対応分のうち、専用床面積に比例して支出されると認められるものについて適用できます。

【課税売上割合に準ずる割合（取引件数割合）】

(問26)
　取引件数割合を課税売上割合に準ずる割合として承認申請したいのですが、承認は受けられますか。

(答)
　課税売上割合に準ずる割合の適用は、個別対応方式における共通対応分に係る仕入控除税額の計算において、その事業者における事業内容等の実態が、その課税仕入れ等のあった課税期間の課税売上割合によっては必ずしも反映されていない場合に認められるものです。
　したがって、取引件数割合が、課税売上割合に準ずる割合として、その事業者における事業内容等の実態を反映したものであるかどうかについては、その事業者の営む事業の種類等により異なるものと考えられますので、一概にはお答えすることはできませんが、一般的に承認申請に当たり留意していただきたいことは次のとおりです。

【取引件数割合の計算方法】

$$取引件数割合 = \frac{課税資産の譲渡等に係る取引件数}{課税資産の譲渡等に係る取引件数 + 非課税資産の譲渡等に係る取引件数}$$

【留意事項】
1 割合の算定・割合の適用範囲
　(1) 取引件数を課税資産の譲渡等と非課税資産の譲渡等に係る件数に区分できることが前提となります。
　(2) 本店・支店ごと又は事業部門ごとにそれぞれの取引件数割合を適用することは認められます。

2 適用対象となる共通対応分
　共通対応分のうち、取引件数に比例して支出されると認められるものについて適用できます。

【課税売上割合に準ずる割合（承認申請手続）】

(問27)
　課税売上割合に準ずる割合の承認申請手続について教えてください。

(答)
　課税売上割合に準ずる割合を用いて仕入控除税額を計算する場合には、課税売上割合に準ずる割合の算出方法の内容、その算出方法が合理的であるとする理由等を記載した「消費税課税売上割合に準ずる割合の適用承認申請書（第22号様式）」を納税地の所轄税務署長に提出して承認を受けなければなりません。
　提出を受けた税務署長は、審査を行い、その申請に係る課税売上割合に準ずる割合が合理的に算出されたものと認める場合には承認し、一方、合理的に算出されたものと認めない場合には却下します（法30③、令47、規15）。
　その算出方法が合理的であるかどうかの審査には、申請者から合理的であることを明らかにできる資料を提出していただいたり、詳しい説明を受けることが必要となることがありますから、一定の審査期間が必要となります。
　したがって、課税売上割合に準ずる割合の適用を受けようとする課税期間の終了間

際に「消費税課税売上割合に準ずる割合の適用承認申請書(第22号様式)」を提出された場合には、合理的に算出されたものであることの確認ができない場合がありますので、余裕をもって提出してください。
(注) この承認申請については、一定の日までに承認又は却下の処分がなかった場合におけるみなし承認の制度は採用されていません。

【課税売上割合に準ずる割合(適用できる課税期間)】

(問28)
　課税売上割合に準ずる割合の承認を受けた場合、いつから適用となるのですか。

(答)
　承認を受けた日の属する課税期間から適用となります。
　したがって、承認を受けた日の属する課税期間から課税売上割合に代えてその承認を受けた課税売上割合に準ずる割合により仕入控除税額の計算ができます。
　なお、課税売上割合に準ずる割合を用いて計算することをやめようとする場合は、やめようとする課税期間の末日までに当該割合を用いて計算することをやめようとする旨を記載した「消費税課税売上割合に準ずる割合の不適用届出書(第23号様式)」を納税地の所轄税務署長に提出する必要があります(法30③、規15)。

【課税売上割合に準ずる割合(一括比例配分方式への適用)】

(問29)
　課税売上割合に準ずる割合は、一括比例配分方式により仕入控除税額の計算を行う場合にも適用できますか。

(答)
　適用できません。
　課税売上割合に準ずる割合は、個別対応方式により仕入控除税額の計算を行う事業者に限り適用できるものです(法30③)。

【たまたま土地の譲渡があった場合の課税売上割合に準ずる割合の適用】

(問30)
　土地の譲渡は非課税とされており、その譲渡対価は課税売上割合の計算上、資産

> の譲渡等の対価に含まれますが、土地の譲渡を本来の事業としていないような事業者の場合には、これに伴う課税仕入れの額はその譲渡金額に比し一般的に少額であることから、課税売上割合を適用して仕入れに係る消費税額を計算した場合には、事業の実態を反映しないことがあります。
>
> そこで、たまたま土地の譲渡対価の額があったことにより課税売上割合が減少する場合で、課税売上割合を適用して仕入れに係る消費税額を計算すると当該事業者の事業の実態を反映しないと認められるときは、課税売上割合に準ずる割合の承認を受けることができますか。

(答)

　土地の譲渡が単発のものであり、かつ、当該土地の譲渡がなかったとした場合には、事業の実態に変動がないと認められる場合に限り、次の①又は②の割合のいずれか低い割合により課税売上割合に準ずる割合の承認を与えることとして差し支えないこととしています。

① 　当該土地の譲渡があった課税期間の前3年に含まれる課税期間の通算課税売上割合（令第53条第3項《通算課税売上割合の計算方法》に規定する計算方法により計算した割合をいいます。）

② 　当該土地の譲渡があった課税期間の前課税期間の課税売上割合

(注)1 　土地の譲渡がなかったとした場合に、事業の実態に変動がないと認められる場合とは、事業者の営業の実態に変動がなく、かつ、過去3年間で最も高い課税売上割合と最も低い課税売上割合の差が5％以内である場合とします。

2 　課税売上割合に準ずる割合は、承認を受けた日の属する課税期間から適用となります。承認審査には一定の期間が必要となりますので、「消費税課税売上割合に準ずる割合の適用承認申請書（第22号様式）」は、余裕をもって提出してください。

3 　この課税売上割合に準ずる割合の承認は、たまたま土地の譲渡があった場合に行うものですから、当該課税期間において適用したときは、翌課税期間において「消費税課税売上割合に準ずる割合の不適用届出書（第23号様式）」を提出してください。なお、提出がない場合には、その承認を取り消すものとします。

参考資料1

【たまたま土地の譲渡があった場合の課税売上割合に準ずる割合の適用範囲】

(問31)
　有価証券の譲渡の場合であっても、問30の課税売上割合に準ずる割合の算出方法による承認を受けることができますか。

(答)
1　課税売上割合に準ずる割合
　課税売上割合に準ずる割合は、法第30条第3項第1号において、「当該割合が当該事業者の営む事業の種類又は当該事業に係る販売費、一般管理費その他の費用の種類に応じ合理的に算定されるものであること」とされています。また、その具体的例示による合理的な割合の算出方法は、基通11−5−7《課税売上割合に準ずる割合》において、「使用人の数又は従事日数の割合、消費又は使用する資産の価額、使用数量、使用面積の割合その他課税資産の譲渡等とその他の資産の譲渡等（非課税資産の譲渡等）に共通して要するものの性質に応ずる合理的な基準により算出した割合」として明らかにしています。

2　たまたま土地の譲渡があった場合
　たまたま土地の譲渡があった場合の課税売上割合に準ずる割合の承認については、土地の譲渡が単発のものであり、かつ、当該土地の譲渡がなかったとした場合には、事業の実態に変動がないと認められる場合に限り、便宜的に当該土地の譲渡があった課税期間の前3年に含まれる課税期間の通算課税売上割合と前課税期間の課税売上割合とのいずれか低い割合により法第30条第3項に規定する課税売上割合に準ずる割合の承認を与えることとして差し支えないこととしているものです。
　これは以下の(1)及び(2)の理由によるものです。
(1)　土地の販売を事業としていない事業者において、譲渡することを予定していなかった本社用地や工場用地など事業者が事業の用に供するために取得していた土地の譲渡が経営上の事情等によりたまたま発生し、その結果、課税売上割合が急激に減少したような場合には、当該土地の譲渡は本来の事業として予定されていなかったわけですから、このような取引までをも取り込んで、課税売上割合により仕入控除税額の計算を行うことは事業の実態を反映したものと言えず、不合理であると考えられること。
(2)　法第30条第3項第1号では、「当該割合が当該事業者の営む事業の種類又は当

305

該事業に係る販売費、一般管理費その他の費用の種類に応じ合理的に算定されるものであること」を要件としているところ、たまたま土地の譲渡があった場合には、①事業者は土地の販売を事業としていないため、事業の種類の異なるごとの割合は採り得ないこと、また、②土地の譲渡がたまたま行われたものであるため、事業に係る販売費、一般管理費その他の費用の種類の異なるごとの割合も採り得ないことから、これらの区分により算出することができないと考えられること。
(注)　「たまたま土地の譲渡があった場合の課税売上割合に準ずる割合の承認」は、たまたま（偶発的に）発生した土地の譲渡が、法第30条第3項で規定する課税売上割合に準ずる割合の算出方法を採り得ない事情にあることを前提として、便宜的に当該土地の譲渡があった課税期間の前3年に含まれる課税期間の通算課税売上割合と前課税期間の課税売上割合とのいずれか低い割合を課税売上割合に準ずる割合として承認しても差し支えないとするものです。

　　したがって、たまたま（偶発的に）発生したものではない土地の譲渡については、①その課税期間における課税売上割合をそのまま適用するか、②当該課税売上割合をそのまま適用したのでは、その事業者における事業内容等の実態が反映されていないこととなる場合には、当該土地の譲渡を行う事業と本来の事業を区分した上で、それぞれの事業について、本来の課税売上割合と同じ計算方法で算出した割合を課税売上割合に準ずる割合として適用することが考えられます。

3　有価証券の譲渡への適用
　有価証券の譲渡の対価の額は、課税売上割合の計算において、令第48条第5項《課税売上割合の計算方法》の規定により、その譲渡の対価の額の5％相当額を分母に算入すればよいこととされており、有価証券の譲渡の場合には、法令において一定の手当がされていることから、土地の譲渡と同列に考えることは適当ではありません。
　したがって、「たまたま土地の譲渡があった場合の課税売上割合に準ずる割合の承認」と同様の方法での承認を受けることはできません。

■参考資料2

―平成23年6月の消費税法の一部改正関係―
「95%ルール」の適用要件の見直しを踏まえた
仕入控除税額の計算方法等に関するQ&A〔Ⅱ〕
【具体的事例編】

平成24年3月
国税庁消費税室

このQ&A〔Ⅱ〕は、平成23年6月の消費税法の一部改正において、仕入税額控除制度いわゆる「95%ルール」の見直し（平成24年4月1日以後に開始する課税期間から適用）が行われたことを踏まえて、個別対応方式における課税仕入れ等の用途区分、課税売上割合に準ずる割合及び課税売上割合に関する従来からの一般的な取扱い事例について、具体的事例編として作成したものである。

なお、従来からの仕入控除税額の計算方法等に関する基本的な考え方や留意点等について体系的に整理したQ&A〔Ⅰ〕も参照されたい。

凡例

文中、文末引用の条文等の略称は、次のとおりである。

○ 法令
　法………………………平成23年6月改正後の消費税法
　令………………………平成23年6月改正後の消費税法施行令
　規則……………………平成23年6月改正後の消費税法施行規則
　改正法附則……………現下の厳しい経済状況及び雇用情勢に対応して税制の整備を図るための所得税法等の一部を改正する法律（平成23年法律第82号）附則

○ 通達
　基通………………平成23年9月改正後の消費税法基本通達
○ 用語
　課税資産の譲渡等……消費税法第2条第1項第9号《定義》に規定する課税資産の譲渡等をいう。
　非課税資産の譲渡等…消費税法第6条第1項《非課税》の規定により非課税となる資産の譲渡等をいう。
　課税売上対応分………課税資産の譲渡等にのみ要する課税仕入れ等であり、消費税法第30条第2項《仕入控除税額の計算》に規定する課税資産の譲渡等にのみ要するものをいう。
　非課税売上対応分……非課税資産の譲渡等にのみ要する課税仕入れ等であり、消費税法第30条第2項に規定する課税資産の譲渡等以外の資産の譲渡等にのみ要するものをいう。
　共通対応分……………課税資産の譲渡等と非課税資産の譲渡等に共通して要する課税仕入れ等であり、消費税法第30条第2項に規定する課税資産の譲渡等とその他の資産の譲渡等に共通して要するものをいう。

仕入税額控除（課税仕入れ等の用途区分）
【商品券の印刷費に係る仕入税額控除】

(問1－1)
　自己の店舗等において引換給付を行うことができる商品（課税資産）に係る商品券の印刷費は、仕入控除税額の計算に当たって個別対応方式を適用する場合、課税売上対応分、非課税売上対応分、共通対応分のいずれの区分に要する課税仕入れとなるのでしょうか。

(答)
　質問の商品券は、その商品券により引換給付を請求する者に対する課税売上げを予定して発行するものですから、当該商品券の印刷費は課税売上対応分として区分することとなります（法30②、基通11－2－12）。

参考資料2

【建設現場で支出する交際費】

(問1－2)
　個別対応方式を適用している事業者にとって、交際費は通常の場合、共通対応分に該当すると思われますが、工事の建設現場で支出する交際費については、課税売上対応分と考えてよいでしょうか。

(答)
　質問のとおり、個別対応方式を適用する場合において、交際費として支出する課税仕入れは、原則として共通対応分として区分することとなります。
　なお、交際費に該当する課税仕入れが、①課税売上対応分、②非課税売上対応分、③共通対応分のいずれに当たるかをさらに詳細に区分する場合には、その交際費の支出の目的や相手方との取引の内容（課税取引であるか否か）に応じて判断します。
　したがって、その交際費が課税の対象となる役務の提供の現場において行われる課税仕入れであることが特定できる場合は、課税売上対応分として区分することとなります（法30②、基通11－2－12）。

【貸ビルを建設する土地の造成費】

(問1－3)
　当社は自動車の卸売業を営む会社ですが、Ｓ支店が手狭になったので近隣に土地を取得して移転することとしました。新しい支店ビルは、1～3階を当社が店舗として使用し、4階以上を他社へテナントとして貸し付けることとしています。この新支店ビルの建設に当たって次の費用を支出しますが、これらの課税仕入れは、個別対応方式により仕入控除税額を計算する場合、課税売上対応分、非課税売上対応分、共通対応分のいずれに該当することになるのでしょうか。
　なお、Ｓ支店は、課税資産の譲渡等のみを行っている支店です。
○支出する費用
　土地購入あっせん手数料　　525,000円
　土地造成費用　　　　　10,500,000円

(答)
　個別対応方式により仕入控除税額を計算する場合には、課税仕入れ等について、①課税売上対応分、②非課税売上対応分、③共通対応分に区分することとされていますが、この場合の「課税売上対応分」とは、課税資産の譲渡等を行うためにのみ必要な

309

課税仕入れ等をいうこととされています。
　また、その課税仕入れ等が課税売上対応分に該当するか否かの判定は、課税仕入れ等を行った日の状況により判定することになります（基通11−2−20）。
　質問の新支店の建物は、Ｓ支店としての営業活動（課税売上げのみを行うもの）及びテナントとしての賃貸（課税売上げ）のために要するものですから、この支店の建築のための一連の費用のうち、課税仕入れに当たるものは課税売上対応分に該当します。したがって、土地購入あっせん手数料及び土地造成費用は、いずれも課税売上対応分に該当します。

【貸ビル建設予定地上の建物の撤去費用等】

(問1−4)
　当社は貸ビル業を営んでいますが、このたび貸ビルを建設するための土地を取得することとしました。
　しかし、その取得することとなる土地には借地権者の店舗が建っているため、当社が自己所有している土地に仮店舗を建設の上、移転先が決まるまでの間、無償で貸し付けることとして、取得予定地上の店舗を撤去することとしました。
　この場合、仮店舗の建設費及び既存の店舗の撤去工事費は仕入税額控除の対象となりますか。また、その場合、個別対応方式の適用上、いずれの区分の課税仕入れに該当するのですか。

(答)
　貸ビル建設予定地にある店舗を撤去するための費用は、建物の撤去という役務の提供の対価として支出されるものですから、課税仕入れになります。また、その土地にビルを建設してこれを貸し付けるために必要なものですから、個別対応方式により仕入控除税額を計算することとしている場合には、課税売上対応分として仕入税額控除を行うことができます。
　また、借地権者の店舗移転先が決まるまでの間、自社の土地に仮店舗を建設して無償で貸し付ける場合の仮店舗の建設費も、旧店舗の撤去工事費と同様に課税仕入れに該当し、個別対応方式による場合は、課税売上対応分に該当します。

【販売目的で取得した土地を資材置場として利用している場合の造成費】

(問1—5)
　当社は土木工事、建設工事及び宅地開発事業を行っている建設業者ですが、宅地開発のため用地を取得し、一部造成工事を行いました。しかし、宅地の販売開始が翌々事業年度となることから、一時的に当社の資材置場として使用しています。この場合、当期に行った造成工事の費用は、個別対応方式により仕入控除税額を計算するに当たって、課税売上対応分、非課税売上対応分、共通対応分のいずれに該当することになるのでしょうか。

(答)
　個別対応方式により仕入控除税額を計算する場合には、課税仕入れ等について、①課税売上対応分、②非課税売上対応分、③共通対応分に区分することとされていますが、この場合の「非課税売上対応分」とは、非課税資産の譲渡等を行うためにのみ必要な課税仕入れ等をいうこととされており、販売用の土地の造成費用はこれに該当するものとされています（基通11—2—15）。

　また、この課税仕入れ等が非課税売上対応分に該当するかの区分は、課税仕入れを行った日の状況により行うこととされています（基通11—2—20）。

　したがって、質問の造成工事の費用については、販売の目的で取得した土地についての造成費用ですから、一時的に自社の資材置場として使用しているとしても、非課税売上対応分となります。

【社宅に係る仕入税額控除】

(問1—6)
　社宅や従業員寮の使用料は住宅家賃として非課税になるとのことですが、個別対応方式による仕入控除税額の計算を行う場合、社宅や従業員寮の取得費、借上料や維持等に要する費用の取扱いはどのようになりますか。

(答)
　住宅家賃については非課税とされていますが、社宅や従業員寮も住宅に該当します。また、その建物が住宅用であれば、他の者に転貸するために借り受ける場合の家賃及びこれを他の者に転貸した場合の家賃ともに住宅家賃に該当します。

　したがって、会社が住宅の所有者から従業員の社宅又は従業員寮用に借り上げる場合の借上料及び借り上げた住宅又は従業員寮を従業員に貸し付ける場合の使用料とも

に非課税となる住宅家賃に該当します。
　これらの社宅や従業員寮の取得費、借上料又は維持等に要する費用の個別対応方式による課税仕入れ等の区分は次のようになります。
1　自己において取得した社宅や従業員寮の取得費
　　有償で従業員に貸し付けている場合は、非課税売上対応分に該当します。
　　なお、従業員から使用料を徴収せず、無償で貸し付けている場合は、原則として共通対応分に該当します。
2　他の者から借り上げている社宅や従業員寮の借上料
　　従業員に転貸するために借り受ける場合の家賃も住宅家賃として非課税になりますから、課税仕入れには該当しません。したがって、仕入税額控除の対象となりません。
3　社宅や従業員寮の維持費
　　自己において取得したものか他の者から借りているものかを問わず、その修繕費用、備品購入費用等は課税仕入れとなります。
　　この場合、仕入控除税額は、上記1の自己において取得した社宅や従業員寮の取得費と同様に取り扱うことになります。
　　なお、管理人の給与、固定資産税等不課税となるものや非課税取引に該当するものは課税仕入れには該当しませんから、仕入税額控除の対象になりません。

【会社が負担する社員の食事代金】

(問1－7)
　当社は他の事業者が経営する食堂を社員食堂として利用していますが、ここでの社員の昼食代金については、社員利用券と引換えに通常の代金より100円割り引くこととし、その割引による100円の部分については、社員利用券の利用枚数に基づいて計算した金額を福利厚生費として食堂に支払っています。このような場合、当社が福利厚生費として食堂に対して支払う社員の食事代金は仕入税額控除の対象となりますか。
　また、その場合、個別対応方式の適用上、いずれの区分の課税仕入れに該当するのですか。

(答)
　質問のような場合には、食堂が会社から受け取る100円の部分は食事の提供の対価

の一部で、課税の対象となり、会社が社員の食事の100円分を他の事業者（食堂）から仕入れて社員に支給している形態であるということができますから、その部分について会社は課税仕入れを行ったこととなります。

なお、個別対応方式により仕入控除税額を計算するときは、その課税仕入れは原則として共通対応分となります。

【副次的に発生する非課税売上げがある場合の課税仕入れの区分】

(問1―8)
　マンションの分譲を行っている事業者が、分譲用マンションを建設するための土地の所有権を取得する際に仲介業者に支払った仲介手数料に係る税額は、個別対応方式で仕入控除税額を計算する場合、課税売上対応分に該当することとなりますか。
　なお、所有権を取得することとなる土地の一部分には取得前から賃借人が存在していることから、当該賃借人から借地権を取得するまでの間は、所有権取得後引き続き当該土地の賃貸人となって賃貸料を徴することとなります。

(答)
　一部に土地の賃貸収入があるということですが、質問の場合のように、その全体の土地の取得は、区分所有となる建物と土地を同時に販売することとなる分譲用のマンションの建設計画に基づいて土地の所有権を取得しているのですから、その取得に際して支払った仲介手数料は、共通対応分に該当します

【不課税売上げにのみ要する課税仕入れの税額控除】

(問1―9)
　個別対応方式を適用する場合、不課税とされる損害賠償金を得るために要した交通費、弁護士費用などは、共通対応分に該当するのですか。

(答)
　課税の対象外となる損害賠償金を得るために要した課税仕入れは、個別対応方式を適用する場合においては、共通対応分となります（基通11―2―16）。

【新株発行費用等についての仕入税額控除】

(問1-10)
　繰延資産とされる新株発行又は社債発行を行う場合の事務委託費等は、個別対応方式による仕入控除税額の計算を行う場合、いずれの区分の課税仕入れに該当しますか。

(答)
　創立費、開業費又は開発費等の繰延資産に含まれる課税仕入れ等に係る対価の額は、その課税仕入れを行った日の属する課税期間において法第30条第1項又は第2項《仕入れに係る消費税額の控除》の規定を適用することとされています(基通11-3-4)。
　したがって、質問の新株発行又は社債発行を行う場合の事務委託費等も課税仕入れに該当することから、その課税仕入れを行った日の属する課税期間において仕入れに係る消費税額の控除をすることとなり、個別対応方式により仕入控除税額を計算する場合には、共通対応分となります。

【株主総会の会場費等の仕入税額控除】

(問1-11)
　株主総会のための会場費等は、個別対応方式による仕入控除税額の計算を行う場合、いずれの区分の課税仕入れに該当するのですか。

(答)
　株主総会のための課税仕入れは共通対応分に該当します。

【試作用、サンプル用資材の税額控除】

(問1-12)
　試作目的又はサンプルとして無償で提供する物品の製造に用いた原材料等については、個別対応方式の適用上、課税仕入れの区分はどのようになるのでしょうか。

(答)
　他の者からの仕入れが課税仕入れに該当するものであれば、それが試作目的、サンプルとして無償で提供するための物品の製造に用いられるものであっても、仕入税額控除の対象となります。
　なお、仕入控除税額の計算を個別対応方式によることとしている場合において、試

作品、サンプルが課税資産の譲渡等に係る販売促進等のために配付されるものであるときは、当該原材料等の課税仕入れは、課税売上対応分に該当することになります（基通11―2―14）。

【自社製品等の被災者に対する提供】

(問1―13)
　自社製品等を被災者等に無償で提供した場合、自社製品の材料費等については、個別対応方式による仕入控除税額の計算を行う場合、いずれの区分の課税仕入れに該当するのですか。

(答)
　質問の自社製品等を被災者等に対して無償で提供する行為は、対価を得て行われる資産の譲渡等に該当しないため不課税取引となります。
　なお、個別対応方式により仕入控除税額を計算する場合には、自社製品等の提供のために要した課税仕入れ等の区分は、提供した自社製品等の態様に応じ、次のとおりとなります。
　① 自社製造商品の提供
　　　自社で製造している商品（課税資産）の材料費等の費用は、課税売上対応分に該当します。
　② 購入した商品等の提供
　　イ 通常、自社で販売している商品（課税資産）の仕入れは、課税売上対応分に該当します。
　　ロ 被災者に必要とされる物品を提供するために購入したイ以外の物品（課税資産）の購入費用は、共通対応分に該当します（基通11―2―17）。
(注) 自社製品等を被災者等に提供する際に支出した費用（被災地までの旅費、宿泊費等）に係る課税仕入れは、共通対応分に該当します。

○仕入税額控除（国外取引のために要する課税仕入れ等）
【国外で行う土地の譲渡のために国内で要した費用】

(問2―1)
　当社が国外に所有する土地の売却のために国内の弁護士に対してコンサルティング料を支払いました。

> 当社は、仕入控除税額の計算に当たっては、個別対応方式を適用していますが、国内における土地の譲渡は非課税売上げとなることから、国外における土地の譲渡に伴い弁護士に対して支払ったコンサルティング料は、非課税売上対応分に区分することとなるのでしょうか。

(答)

　国外において行う資産の譲渡等は全て課税資産の譲渡等に該当します。

　したがって、質問の国外に所在する土地の譲渡のように、国内において行えば非課税となる資産の譲渡等のために要する課税仕入れ等であっても、個別対応方式を適用する場合には課税売上対応分として仕入控除税額を計算することになります（基通11－2－13）。

【国外工事に要する課税仕入れ】

> (問2－2)
> 　国外での建設工事に要する資産の国内における課税仕入れは、個別対応方式の適用上、課税売上対応分となるのですか。あるいは、共通対応分となるのですか。

(答)

　国外において行う資産の譲渡等のための課税仕入れ等があるときは、当該課税仕入れ等について法第30条《仕入れに係る消費税額の控除》の規定が適用されます。

　また、個別対応方式により仕入控除税額を計算する場合には、国外において行う建設工事に要する国内における課税仕入れ等については、課税売上対応分に該当します（基通11－2－13）。

【加工せずに再輸出した場合の輸入機械に係る消費税】

> (問2－3)
> 　当社が輸出する製品に係る付属品ユニットについては、外国の発注者から無償で輸入し、なんら手を加えずに、当社製品と抱き合わせで第三国の納入先へ輸出しています。この取引の場合、当社の輸出に係る売上げは自社製品部分のみですが、当該付属品ユニットの引取りに係る消費税額は個別対応方式の適用上、いずれの区分の課税仕入れ等に該当するのですか。

参考資料2

(答)
　質問の付属品ユニットの輸入は、自社製品とセットにして輸出するためのものであり、その引取りに係る消費税額は、課税売上対応分として区分することとなります。

○仕入税額控除（非課税資産の輸出取引を行った場合の取扱い）
【外債運用をしている投資信託の信託報酬、投資顧問料の取扱い】

(問3－1)
　投資信託の運用財産中に国内債券等と外国債券等があり、当該外国債券等から生じる受取利子・償還差益等については法第31条《非課税資産の輸出等を行った場合の仕入れに係る消費税額の控除の特例》の規定の適用がある場合には、当該受取利子等は課税資産の譲渡等に係る輸出取引等に該当するものとみなされるから、個別対応方式を適用している場合に当該信託財産に係る信託報酬、投資顧問料の課税仕入れは、共通対応分として仕入れに係る消費税額の計算をすることができますか。

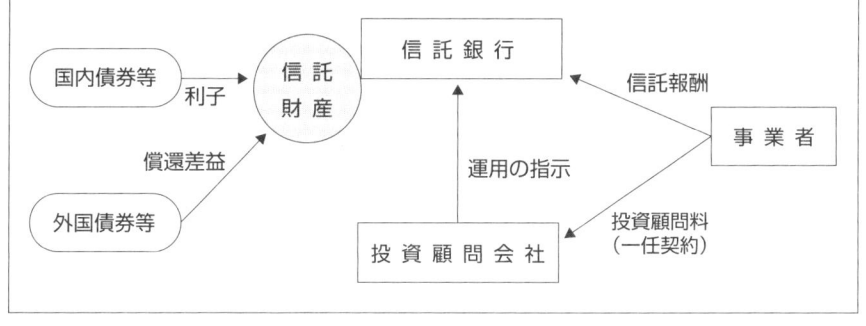

```
国内債券等 ──利子──→ 信託      信託銀行 ──信託報酬──→ 事業者
外国債券等 ─償還差益─→ 財産                              ↑
                        ↑                                 │
                        └──運用の指示── 投資顧問会社 ──投資顧問料──
                                                        （一任契約）
```

(答)
　信託財産に係る資産の譲渡等の対価の額に、国内債券等から生ずる利子等のほかに、課税資産の譲渡等に係る輸出取引等とみなされる利子等がある課税期間において生じた信託報酬や投資顧問料は、共通対応分として取り扱うこととなります。

○仕入税額控除（基通11－2－19　合理的な基準による区分）
【カタログの印刷や企業イメージ広告の課税仕入れ】

(問4－1)
　課税製品用又は非課税製品用にも使われる包装紙やカタログの印刷費、企業イメージ広告の広告費は、個別対応方式によって仕入控除税額の計算を行う場合、い

317

> いずれの区分の課税仕入れとなるのでしょうか。

(答)

　課税資産の譲渡等と非課税資産の譲渡等がある事業者においては、包装紙代やカタログの印刷費、企業イメージの広告費等は原則として共通対応分に該当します。

　ただし、例えば、包装紙について、課税売上対応分と非課税売上対応分とに確定した数値である使用枚数等の合理的な基準により区分しているときは、その区分したところによって差し支えありません（基通11－2－19）。また、カタログの印刷費については、当該カタログの掲載商品がいずれも課税対象である場合には、課税売上対応分に該当します（法30②）。

【土地付建物の仲介手数料の仕入税額控除】

> (問4－2)
> 　土地と建物を一括して1億円で譲渡しましたが、この土地の譲渡代金は8千万円、建物の譲渡代金は2千万円でした。
> 　個別対応方式により仕入控除税額を計算する場合には、この譲渡に当たって不動産業者に支払った仲介手数料について、その仲介手数料の総額の100分の80は非課税売上対応分とし、その100分の20は課税売上対応分としてもよいでしょうか。

(答)

　個別対応方式により仕入控除税額を計算する場合には、課税仕入れ等について、①課税売上対応分、②非課税売上対応分、③共通対応分に区分することとされています（法30②一）。

　また、共通対応分について、合理的な基準により課税売上対応分と非課税売上対応分とに区分している場合は、当該区分したところにより個別対応方式を適用することとして差し支えないこととされています（基通11－2－19）。

　質問の不動産業者に支払った土地と建物の仲介手数料は、共通対応分に該当することとなります。

　ところで、土地と建物を一括して譲渡した場合には、その譲渡代金を土地の部分と建物の部分とに合理的に区分することとされていますので、その譲渡代金の割合で不動産業者に支払った仲介手数料を課税売上対応分と非課税売上対応分に区分したところにより個別対応方式を適用することができることになります。

　質問の土地の部分8千万円と建物の部分2千万円が譲渡代金1億円を合理的に区分

したものであれば、その仲介手数料の総額の100分の20は課税売上対応分とし、その100分の80は非課税売上対応分として、個別対応方式を適用することができます。
（注）　譲渡代金を土地の部分と建物の部分とに合理的に区分する方法として、例えば、次のような方法があります。
　　①　譲渡時における時価の比率により按分する方法
　　②　相続税評価額や固定資産税評価額を基にして計算する方法
　　③　土地及び建物の原価（取得費、造成費、一般管理費・販売費、支払利子等を含む。）を基にして計算する方法
　　④　租税特別措置法に係る所得税の取扱いについて28の4―31から28の4―33まで、租税特別措置法関係通達（法人税編）62の3(2)―3から62の3(2)―5まで又は63(2)―3から63(2)―5までにより示されている取扱いにより区分する方法
　　　所得税又は法人税においてこの規定が適用される場合には、消費税においても所得税又は法人税における区分によることとなります（基通10―1―5、11―4―2）。

（参考）
　租税特別措置法第28条の4、第62の3及び第63条の規定は平成21年1月1日から平成25年12月31日までに行う土地の譲渡等について適用しないこととされています。

○課税売上割合に準ずる割合
【課税売上割合に準ずる割合の適用の方法】

(問5―1)
　課税売上割合に準ずる割合の一般的な考え方として、例えば、事業部門ごとに次のような割合を適用することは認められますか。
A事業部…法第30条第6項《課税売上割合の計算方法等》の課税売上割合を法第30条第3項《課税売上割合に準ずる割合》の割合として仕入控除税額を計算する。
B事業部…B事業部の資産の譲渡等の対価の額に占める課税資産の譲渡等の対価の額を法第30条第3項の割合として仕入控除税額を計算する。
C事業部…課税業務と非課税業務の従業員割合を法第30条第3項の割合として仕入

>   控除税額を計算する。

(答)

　法第30条第3項に定める課税売上割合に準ずる割合は、「当該割合が当該事業者の営む事業の種類の異なるごと又は当該事業に係る販売費、一般管理費その他の費用の種類の異なるごとに区分して算出したものである場合には、当該区分して算出したそれぞれの割合」である場合に適用できることとされています。

　したがって、照会のような割合の適用について、その事業者における事業内容等の実態が、その課税仕入れ等のあった課税期間の課税売上割合によっては必ずしも反映されていない場合であって、かつ、その計算された割合の全てが合理的である場合に限り、そのとおり取り扱って差し支えないこととなります。

　なお、課税売上割合に準ずる割合の適用を受けようとする場合は、事前に納税地の所轄税務署長の承認を受ける必要があります。

(注)　課税売上割合に準ずる割合の承認手続きには審査が必要なため、承認を受けようとする課税期間中に余裕をもって「消費税課税売上割合に準ずる割合の適用承認申請書」を提出してください。

【課税売上割合に準ずる割合が95％以上の場合の取扱い】

>   (問5−2)
>   　事業部門ごとに課税売上割合に準ずる割合の承認を受けましたが、当課税期間の仕入控除税額の計算に当たり、課税売上割合に準ずる割合が95％以上の事業部門に係る課税仕入れ等の税額については、全額を控除対象とすることができますか。
>   　なお、当課税期間の課税売上高は4億円、課税売上割合は80％です。

(答)

　平成24年4月1日以後に開始する課税期間について、その課税期間中の課税仕入れ等に係る消費税額の全額を控除対象とすることができるのは、その課税期間における課税売上割合が95％以上であって、かつ、課税売上高が5億円以下の事業者に限られます（法30②）。

　この場合の課税売上割合が95％以上であるかどうかの判定は、承認を受けた課税売上割合に準ずる割合で判定するのではなく、課税売上割合によって判定します（基通11−5−9）。

　したがって、質問の場合は課税売上割合が95％未満ですから、仕入控除税額の計算

参考資料2

に当たっては、個別対応方式か一括比例配分方式のいずれかの方法で計算する必要があります。この場合において、個別対応方式により仕入控除税額を計算する場合は、共通対応分について承認を受けた課税売上割合に準ずる割合を適用して計算することとなります。

○課税売上割合の計算
【中期国債ファンドの課税関係（課税売上割合）】

(問6－1)
　中期国債ファンドを保有している場合の消費税の取扱いはどうなるのでしょうか。
　中期国債ファンドは公社債投資信託で、設定後30日経過後であれば、手数料なしで解約ができます。
　収益の分配は、日々計上され、毎月末に一括して再投資(元本組入れ)されます。
　なお、設定後30日以内に換金する場合は、公社債投資信託の受益証券を証券会社にその時の時価で買い取ってもらうことになります。

(答)
1　中期国債ファンドを設定後30日以内に換金した場合は、その時の時価で有価証券を譲渡したことになります。
　　この場合、課税売上割合の分母には譲渡対価の5％を算入します（令48⑤）。
2　設定後30日経過後からは、分配金とされる金額は利子となり、この分配金を課税売上割合の分母に算入します。
3　設定後30日経過して解約（換金）した場合は、解約における収益分配金は利子となり、元本の返還部分については課税関係は生じません。この場合は、収益分配金を課税売上割合の分母に算入します。

【金融業者が受け取った手形の譲渡と課税売上割合の計算】

(問6－2)
　金融業者甲は、下図の形態により手形を持ち込んだ者乙に対し、一定の割引料等を手形額面から控除して現金を支払っています。この乙から持ち込まれた手形を丙で割り引き、現金を受け取った場合、甲が丙に対して行う取引についての消費税の取扱いはどのようになるのでしょうか（甲は手形の裏書きは行っていません。）。

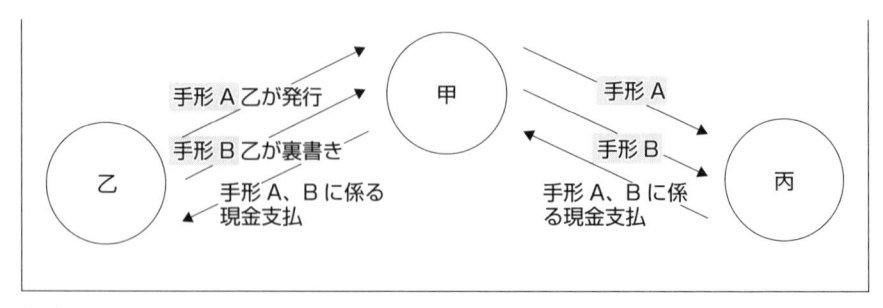

```
          手形A乙が発行
    ┌─────────────────→     ┌───┐    手形A
    │                       │   ├─────────────→
  ┌─┴─┐ 手形B乙が裏書き      │ 甲 │    手形B       ┌───┐
  │ 乙 ├─────────────→     │   ├─────────────→  │ 丙 │
  └─┬─┘                     └─┬─┘                └───┘
    │ 手形A、Bに係る           │ 手形A、Bに係
    ←─現金支払                 ←─る現金支払
```

（答）
　甲が丙に対して行う手形の譲渡は非課税取引に該当します。また、甲の課税売上割合の計算に当たっては分母に算入しません。
（理由）
　甲が丙に引き渡した手形は、乙から法別表第一第2号に該当する「支払手段の譲渡」として持ち込まれた手形であることから、甲が丙に対して行う手形の譲渡についてもその取引は「支払手段の譲渡」となり非課税となります。また、当該取引に係る手形は、令第48条第2項第1号に規定する「支払手段」に該当するため、課税売上割合の計算に当たって分母には算入しません（法30⑥、法別表第一第2号、令10③七、48②一）。

【還付加算金がある場合の課税売上割合の計算】

（問6―3）
　給与の支払に係る源泉所得税の過誤納還付金など、国税、地方税（以下「国税等」という。）の還付金、過納金等とともに受けた還付加算金は、消費税の「課税売上割合」の計算に当たり、非課税売上げとして分母に算入する必要があるのでしょうか。

（答）
　国税等の還付加算金は、課税売上割合の計算上、分母の金額に算入しません。
（理由）
　国税等の還付加算金は、税務署長等が還付金等を還付し、又は充当する場合に、所定の期間の日数に応じ、その金額に所定の割合を乗じて計算した金額を還付金等に加算するものであり（国税通則法58①）、利息計算と同様の方法により計算することとはなりますが、同様の方法により計算する延滞税及び利子税がその額の計算の基礎と

なる税額の属する税目の国税となり（同法60④、64③）、消費税の課税対象外（不課税）となることから、還付加算金についても資産の譲渡等の対価には該当しないものとなります。

したがって、還付加算金の支払を受けた事業者は、課税売上割合の計算上、当該還付加算金の額を分母の金額に算入する必要はありません。

【外債の受取利子で輸出取引とみなされるもの】

(問6—4)
次の取引により非居住者から受け取る利子は、非課税資産の輸出等を行った場合に該当するのでしょうか。
① 非居住者が国内市場において発行した社債の利子

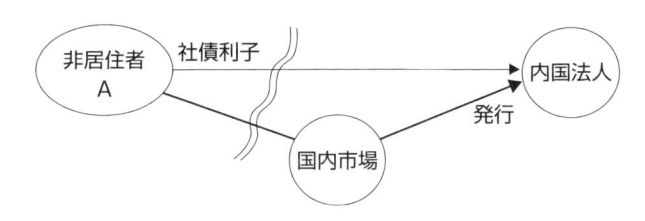

② 国内に支店を有する非居住者が、国内で発行した社債の利子を、日本支店を通じて支払う場合

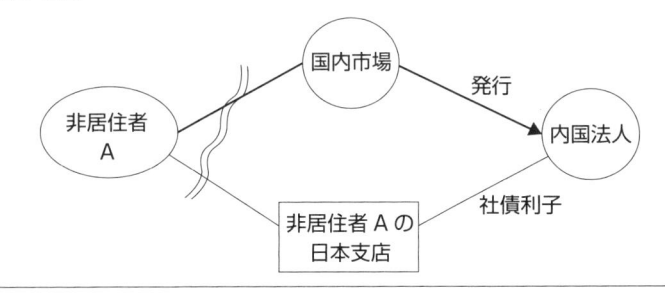

(答)
非課税資産の譲渡等のうち、輸出取引とみなされるものは、金銭の貸付けや国債等の取得で債務者が非居住者であるものとされています（法31①、令17③）。

そのため①、②とも社債の債務者は非居住者Aとなり、輸出取引とみなされますから、課税売上割合の計算上、受け取る利子の額を分母、分子に算入します（令51）。

(参考)

非課税資産の輸出等とみなされる取引（令17③）

非課税資産の輸出等とみなされる取引の内容	課税売上割合の分母分子に含める金額
① 利子を対価とする金銭の貸付け	利子
② 利子を対価とする国債等の取得	利子
③ 国際通貨基金協定15条の特別引出権の保有	利子
④ 預金又は貯金の預入	利子
⑤ 合同運用信託、投資信託、法人課税信託	分配金（利子）
⑥ 利子を対価とする抵当証券の取得	利子
⑦ 償還差益を対価とする国債等の取得（注）	償還差益（利子）
⑧ 手形（CPを除く）の割引	割引料（利子）
⑨ 金銭債権（CPを含む）の譲受け等	〃 （利子）
⑩ 金融商品取引法に規定する有価証券、登録国債の貸付け（ゴルフ場株式を除く）	貸付料（利子）

なお、これらの取引と個別対応する課税仕入れ等の税額は、個別対応方式を適用している場合は、課税売上対応分に該当します。

(注) 国債等の取得により償還差損が発生した場合は、令第48条第6項により分母、分子より控除します。

【外国の銀行への預金から生じる利子】

(問6－5)
　当社はアメリカからの輸入商品の販売を事業内容とする法人（アメリカに事業所を有していない。）であり、輸入商品の代金決済のためにアメリカ国内の銀行（日本国内に支店等を有していない。）に預金口座を開設し、ドル預金を行っています。
　この外国預金口座から生ずる預金利息に対する消費税の取扱いはどのようになるのでしょうか。

(答)
　預金の預入れについては非課税とされていますが（法別表第一3、令10③一）、事

業者が国内において非課税資産の譲渡等を行った場合において、その非課税資産の譲渡等が第7条第1項《輸出免税等の範囲》各号に掲げる資産の譲渡等（以下「輸出取引等」といいます。）に該当するものである場合には、その非課税取引について輸出取引等であることにつき証明がされたときには、その非課税取引は課税資産の譲渡等に係る輸出取引等に該当するものとみなして、法第30条《仕入れに係る消費税額の控除》の規定を適用することとされています（法31①）。

預金の預入れが国内で行われたかどうかの判定は、預金の預入れを行う者の当該預金の預入れに係る事務所の所在地が国内にあるかどうかにより行うものとされています（令6③）。質問の場合には、貴社が外国預金口座に預金を預け入れているものであり、貴社の事務所の所在地は国内であることから、当該預入れは国内取引に該当し、当該外国預金口座に係る利息については非課税資産の譲渡等に係る対価の額に該当することになります。

また、預金の預入れのうち、その債務者が非居住者であるものについては、法第31条《非課税資産の輸出等を行った場合の仕入れに係る消費税額の控除の特例》の適用に当たっては、ここでいう輸出取引等に該当することとされていますから（令17③）、外国口座に預金を預け入れる行為は輸出取引等にも該当します。

この輸出取引等に該当するものの対価の額は、課税売上割合の計算に当たっては課税資産の譲渡等の対価の額に含まれることとされていますので（令51②）、質問の外国預金口座から生ずる利息の金額については、課税資産の譲渡等の対価の額とみなして、課税売上割合を計算することになります。

【リース機材を国外の支店等で使用する場合のみなし輸出取引の適用について】

(問6－6)
　取材用のビデオカメラを所有権移転外ファイナンス・リース又はオペレーティング・リースのいずれのリース契約に基づき使用する場合であっても、当該ビデオカメラを海外での取材用として国外の支社に輸出する場合は、法第31条第2項《海外支店等で自己使用する資産の輸出等を行った場合の仕入れに係る消費税額の控除の特例》のみなし輸出取引の適用はあるのでしょうか。

(答)
　消費税法においては、平成20年4月1日以後契約する所有権移転外ファイナンス・リース契約によるリース取引の目的となる資産（以下「リース資産」といいます。）

の引渡しの時に当該リース資産の売買があったものとされ、そのリース料総額は資産の譲渡の対価とされています。
　一方、いわゆるオペレーティング・リース契約及び平成20年3月31日以前に契約した所有権移転外ファイナンス・リース契約は賃貸借契約として、そのリース料は資産の貸付けによる対価とされています。
　国外の支店等において自ら使用するものを輸出する場合又は国外において譲渡するための資産を輸出する場合には、対価を得て行う輸出取引ではありませんが、法第31条第2項のみなし輸出取引に該当し、当該資産が輸出されたことにつき一定の方法により証明がされたものは、課税資産の譲渡等に係る輸出取引等に該当するものとみなされます（法31②）。
　したがって、仕入れに係る消費税額の計算に当たって、令第51条第3項及び第4項《非課税資産の輸出等を行った場合の課税売上割合の計算の方法等》の規定により、課税売上割合の計算上、資産の譲渡等の対価の額（分母）及び課税資産の譲渡等の対価の額（分子）には、これらの資産のFOB価格を算入することになります。
　これらの規定は、当該資産に係る国内取引が譲渡によるものか貸付けによるものかに関係なく適用されるものですから、質問のいずれの場合においても、ビデオカメラのFOB価格を課税売上割合の分母、分子に算入することとなります。

【利子等を明示した場合のリース資産の仕入税額控除について】

(問6-7)
　所有権移転外ファイナンス・リース取引に係るリース契約に利子等が明示されている場合、消費税法上、個別対応方式を適用する賃貸人（リース会社）は、仕入控除税額の計算に当たって、リース資産の取得費用における課税仕入れに係る消費税額をどのように計算することになりますか。

(答)
　消費税法上、仕入控除税額の計算に当たって個別対応方式を適用する賃貸人は、所有権移転外ファイナンス・リース取引に係るリース契約に利子等が明示されている場合であっても、リース資産の取得における課税仕入れに係る消費税額を課税売上対応分として、仕入控除税額を計算することとなります。
(理由)
　消費税法上、仕入控除税額の計算に当たっては、個別対応方式による場合、①課税

売上対応分、②非課税売上対応分、③共通対応分に区分して課税仕入れ等に係る税額を計算することとされています（法30②一）。

　所有権移転外ファイナンス・リース取引に係るリース契約において利子相当額が明示されている場合には、この取引に係るリース料は、課税取引とされる資産の譲渡に対する対価の額と非課税取引とされる利子相当額を対価とする役務の提供に係る対価の額に区分にされることから、所有権移転外ファイナンス・リース取引に係る課税仕入れに係る消費税額を算出する場合には、上記の①から③までの課税仕入れに係る区分を行うこととなります。

　この場合、リース会社における据付工事費及び運賃等も含めたリース資産の取得費用は、非課税取引となる利子相当額を対価とする役務の提供に要する費用ではなく、課税取引とされる資産の譲渡に要する費用の額であることから、仕入税額控除の適用に当たって①に該当するものとして仕入控除税額を計算することとなります（法第16条における割賦販売資産の課税仕入れと同様の考え方です。）。

【共有地の分割等】

（問6-8）
　次の土地取引については、所得税又は法人税の取扱いでは、土地の譲渡はなかったものとして取り扱うこととされていますが、消費税の取扱いはどうなるのでしょうか。

	取引	根拠通達
1	共有地の分割	所得税基本通達33-1の6 法人税基本通達2-1-19
2	法律の規定に基づかない区画形質の変更に伴う土地の交換分合	所得税基本通達33-6の6 法人税基本通達2-1-20
3	道路の付替え	法人税基本通達2-1-21

（答）
　所得税又は法人税の取扱いにおいて、土地の譲渡はなかったものとして取り扱われる共有地の分割、法律の規定に基づかない区画形質の変更に伴う土地の交換分合及び道路の付替えは、いずれも資産の譲渡に該当しないものとして取扱い、課税売上割合の計算上も分母に算入しないこととなります。

(理由)
(1) 2以上の者が一の土地を共有している場合において、その共有地をそれぞれの共有持分に応じて分割し、それぞれ単独所有の土地としたときは、その共有地の分割は、一般的に共有持分の交換による譲渡であるとされています(昭42.8.25最高裁第二小法廷判決)。

しかし、元来、資産の共有関係というのは、将来において行われる持分に応じた分割のための過渡的な姿に過ぎないと考えられていることから(この考え方から、法人税及び所得税では、その分割による資産の譲渡はなかったものと取り扱っています。)、共有持分に応じた共有地の分割は資産の譲渡に該当しないものとして取り扱われます。

(2) 法律の規定に基づかない区画形質の変更に伴う土地の交換分合については、土地所有者相互間における相隣関係の問題として単に境界線を整理しただけのことであり、土地の所有権の実態に何らの変化はなかったと考えられることから、資産の譲渡に該当しないものとして取り扱います。

(3) 道路の付替えのための土地の交換についても、単に道路の位置を変更して土地の利用の円滑化を図ったにすぎないものと認められることから、資産の譲渡に該当しないものとして取り扱います。

【課税売上割合の端数処理】

(問6−9)
当社のこの課税期間の課税売上割合は、94.856…%となり小数点以下を四捨五入すると95%となることから、課税仕入れ等の税額の全額を控除することができるでしょうか。

(答)
個別対応方式又は一括比例配分方式の計算において用いる課税売上割合については、その端数処理は行わないことになっていますが、任意の位以下の端数を切り捨てた数値によって計算しても差し支えないこととされています。

しかし、質問のように四捨五入することは認められません。したがって、質問の場合には、課税売上割合が100分の95に満たないこととなり、個別対応方式か一括比例配分方式のいずれかの方法によって仕入控除税額の計算を行うことになります。

■索 引

【あ 行】

委託手数料 149
一括比例配分方式 37、87、113
　——の継続適用 88
医薬品の仕入れの取扱い 136
医療の給付等 105
売上割引 248
売上割引等の取扱い 104
益税 7
役務の提供 13

【か 行】

外国株式の譲渡に係る委託手数料 149
外国貨物 15
介護・福祉サービス 107
介護保険サービス 108
解散法人がある場合の事業者免税点制度の不適用 61
課税の空白 15
課税売上 12
課税売上高 8
課税売上割合 89
　——の意義 88
　——の計算単位 90
　——の端数処理 90
課税売上割合が95％を超える事業者のケース 158
課税売上割合が95％未満の事業者のケース 152
課税売上割合が著しく減少したケース 225
課税売上割合が著しく増加したケース 219
課税売上割合が低い業種のケース 180
課税売上割合が変動するケース 195
課税売上割合に準ずる割合 38、91、203、254
課税売上割合に準ずる割合を利用するケース 203
課税仕入れ 34
　——の仕分け概念図 115
課税事業者が免税事業者となったケース 232
課税事業者が免税事業者となる場合 44
課税事業者の選択 10
課税事業者登録制度 15
課税資産の譲渡等 13、35
課税資産の譲渡等にのみ要するもの 36、93、115
課税対象外取引 17
課税対象取引等の分類 23
課非判定 107
借上げ社宅に係る消費税の取扱い 110
簡易課税制度 34、64
　——の今後 76
　——の見直し論議 84
簡易課税制度と輸出免税 75
簡易課税制度適用の制限 72
簡易課税選択の継続 71
簡易課税選択の効力 70

329

簡易課税選択の不適用　71
間接消費税　4
還付加算金　249
基幹税　5
基準期間　6、46
寄付金　126
寄付対象の私道に係る造成費　128
給与支払明細書　47
共通して要する課税仕入れ等　119
共通対応仕入の意義　119
金融取引　248
国等の手数料等　105
経営指導料　189
源泉地主義　19
　　──の問題点　20
原則課税　36
原則課税と簡易課税の比較　65
原則法　258
現場監督との交際費　126
交際費　124
小売売上税　5
合理的な基準　96、120
合理的な割合　38、254
高齢者ホームに寄付したピアノの購入費　126
国外における資産の譲渡等の取扱い　90
国外に所在する土地の譲渡に係る費用　146、148
国外移送　249、251
　　──の特例　117
国外取引　146
　　──のために要する課税仕入れ等　116
国内取引　6、12
国境税調整　21
固定資産に関する税額調整を要するケース　219

個別対応方式　36、92、113

【さ　行】

債務者が非居住者のもの　250
三党合意　55
仕入税額控除　3、29
仕入税額控除制度　29、113
仕入税額控除制度における95％ルールの見直し　50
仕入割引　248
事業　16
事業区分　76
　　──の判定方法　76
事業区分とみなし仕入率　67
事業者　3
　　──のステータスが入れ替わるケース　233
事業者免税点制度　7
　　──の改正　46
事業部門ごとの課税売上割合に準ずる割合を適用するケース　203、211
事業持株会社　192
事業用不動産の譲渡があるケース　167
事故使用目的の輸出　252
自社ビルの一部を賃貸した場合の取得費　140
自社生産商品の被災地への寄付　127
実額による控除　34
自動販売機節税法スキーム　11
支払手段の譲渡等　100
仕向地主義　19
社会福祉事業　109
社内交際費　125
住宅の貸付　109
主要国のVAT収入比率の比較　98
少額不追及　28

索 引

承認後の有利選択の不可　263
承認申請手続　273
消費税　3
　——の概要　3
　——のプランニング　27
消費税が非課税となるもの　106
消費税課税売上割合に準ずる割合の適用
　　承認申請書　273
消費税課税売上割合に準ずる割合の不適
　　用届出書　275
消費税課税事業者選択届出書　10
消費税課税事業者選択不適用届出書
　　　　　　　　　　　　　　　10
消費税課税事業者届出書（特定期間用）
　　　　　　　　　　　　　　　48
消費税簡易課税制度選択届出書　64
消費税簡易課税制度選択不適用届出書
　　　　　　　　　　　　　　　70
消費税率の引上げと時期　55
消費地課税主義　12
商品販売業の判定　81
諸外国における95％ルール類似の制度
　　　　　　　　　　　　　　　51
進行年度の課税売上高の意義　52
新設法人　8
新設法人に係る租税回避対応策の創設
　　　　　　　　　　　　　　　56
人的非課税　7
ゼロ税率　19
請求書の保存を要しない場合　33
請求書等　31
製造業等の判定　83
製造原価　135
税率の２段階引上げ　55
接点業種　81
前段階税額控除型付加価値税　3
その課税期間における課税売上高　52

その他の資産の譲渡等にのみ要するもの
　　　　　　　　　　　　36、94
その他の資産の譲渡等にのみ要する課税
　　仕入れ等　118
即時控除の原則　30、219
外―外取引　116

【た　行】

対価性　17
棚卸資産　231
棚卸資産に係る消費税額の調整　44
棚卸資産に関する税額調整を要するケー
　　ス　231
単段階一般消費税　5
中元・歳暮の購入費用　124
調整対象固定資産　11、39、72、219
　——の仕入れがあった場合　61
帳簿　31
帳簿方式　30
通算課税売上割合　220
デジタル財　14
適用対象者の見直し　52
店舗兼用賃貸住宅の取得費　138
特定期間　46
特定新規設立法人　61
特定新規設立法人に対する事業者免税点
　　制度の不適用　60
特定要件　61
独立採算制　262
土地の譲渡および貸付　98
取引先に商品券を贈呈する場合　125
取引先を旅行に招待する場合　124

【な　行】

内国消費税　3

331

日本標準産業分類　76
任意の中間申告制度　62
納税義務の免除の特例　9
納税義務者　6

【は　行】

端数処理　90
販売費及び一般管理費　137
販売目的の商品移送　253
非課税となる有価証券等の範囲　101
非課税売上割合　245
非課税資産の輸出等　117、249
非課税資産の輸出取引等　249
非課税取引　12、23、97
　　──の例示　25
非課税物品　236
　　──の製造を行っているケース　236
非控除説　8
被災地に寄付する物品の輸送費用　127
病院のケース　180
費用収益対応の原則　30
比例配分法　226
プランニング　26
付加価値税　3
不課税取引　17
福祉用車両のディーラーのケース　236
複数の事業を行っている場合の判定　80
物品切手等の譲渡　105
不動産や有価証券の譲渡があるケース　167
不動産関連費用　138
保険診療から自由診療中心となったクリニックのケース　195
保税地域　15、34
本社ビルの取得費　140

【ま　行】

みなし仕入率　66
免税　19
免税事業者　7
免税事業者が課税事業者となったケース　231
免税事業者が課税事業者となる場合　44
免税事業者制度　7
毛布やカイロの被災地への寄付　127
持株会社　188
　　──のケース　188

【や　行】

有価証券の譲渡があるケース　173
有価証券等の譲渡　100、247
宥恕規定　74
郵便切手類の譲渡　104
輸出　18
輸出取引等　22
　　──の例示　23
輸出免税　13、18、75
輸入取引　7、15
用途区分　92、113、130
　　──の判断時期　131
用途未確定の賃貸マンションの取得費　142
預金利息と非課税・輸出免税　251

【ら　行】

利子を対価とする貸付金等の金融取引等　103
両方に共通して要するもの　36、95

【英数字】

GST 5
VAT 3
VAT収入比率 97
2以上の事業を営む場合の特例 67
2年継続適用要件 72
2年縛り 29
3年間の強制適用 11
75%ルール 67
95%ルール 26、28、50、54、87
　——のさらなる見直しの可能性 54

■著者紹介

安部 和彦（あんべ・かずひこ）

税理士／和彩総合事務所代表社員／国際医療福祉大学大学院准教授

東京大学卒業後、平成2年、国税庁入庁。調査査察部調査課、名古屋国税局調査部、関東信越国税局資産税課、国税庁資産税課勤務を経て、外資系会計事務所へ移り、平成18年に安部和彦税理士事務所・和彩総合事務所を開設、現在に至る。

医師・歯科医師向け税務アドバイス、相続税を含む資産税業務および国際税務を主たる業務分野としている。

平成23年4月、国際医療福祉大学大学院医療経営管理分野准教授に就任。

【主要著書】
『新版／税務調査と質問検査権の法知識Q&A』（清文社）
『税務調査の指摘事例からみる法人税・所得税・消費税の売上をめぐる税務』（清文社）
『税務調査事例からみる役員給与実務Q&A』（清文社）
『医療・福祉施設における消費税の実務』（清文社）
『修正申告と更正の請求の対応と実務』（清文社）
『事例でわかる病医院の税務・経営Q&A／第2版』（税務経理協会）
『Q&A相続税の申告・調査・手続相談事例集』（税務経理協会）
『医療現場で知っておきたい税法の基礎知識』（税務経理協会）
『消費税の税務調査対策ケーススタディ』（中央経済社）

【主要論文】
「わが国企業の海外事業展開とタックスヘイブン対策税制について」（「国際税務」2001年12月号）
「タックスヘイブン対策税制の適用範囲―キャドバリー・シュウェップス事件の欧州裁判所判決等を手がかりにして―」（「税務弘報」2007年10月号）など

【ホームページ】http://homepage2.nifty.com/wasai-consultants/index.html

消費税［個別対応方式・一括比例配分方式］有利選択の実務

2013年11月5日　発行

著　者　安部　和彦　Ⓒ
　　　　あん べ　かず ひこ

発行者　小泉　定裕

発行所　株式会社　清文社
　　　　東京都千代田区内神田1-6-6（MIFビル）
　　　　〒101-0047　電話 03(6273)7946　FAX 03(3518)0299
　　　　大阪市北区天神橋2丁目北2-6（大和南森町ビル）
　　　　〒530-0041　電話 06(6135)4050　FAX 06(6135)4059
　　　　URL http://www.skattsei.co.jp/

印刷：亜細亜印刷㈱

■著作権法により無断複写複製は禁止されています。落丁本・乱丁本はお取り替えします。
■本書の内容に関するお問い合わせは編集部までFAX（03-3518-8864）でお願いします。

ISBN978-4-433-51873-8

清文社図書のご案内

修正申告と更正の請求の対応と実務

税理士　安部和彦　著　　■Ａ５判316頁／2,520円（税込）

平成23年度の改正で大きく変わった「修正申告」と「更正の請求」について、その新制度の解説から、実務の現場における手続上の注意点、検討すべき内容と対策までを、豊富なケーススタディや記載例でわかりやすく解説。

医療・福祉施設における消費税の実務

税理士　安部和彦　著　　■Ａ５判300頁／2,520円（税込）

消費税の申告実務について、医療・福祉・介護の現場で実際に問題となっている事項を取り上げ、課非判定一覧表、Q&Aを盛り込み徹底解説。開業医、医師、歯科医師をクライアントにもつ税理士・公認会計士、医療従事者必読。

新版　税務調査と質問検査権の法知識 Q&A

税理士　安部和彦　著　　■Ａ５判344頁／2,730円（税込）

税務調査の現場でよくあるトラブルや疑問をピンポイントで解決する、実務家待望の１冊。平成23年12月税制改正の内容を盛り込んだ最新版。

税務調査事例からみる　役員給与実務 Q&A

税理士　安部和彦　著　　■Ａ５判320頁／2,625円（税込）

役員給与・退職金の取扱いのうち、税務調査で否認されやすい項目を重点解説。豊富な具体例を盛り込んだQ&A全79問。

税務調査の指摘事例からみる　法人税・所得税・消費税の売上をめぐる税務

税理士　安部和彦　著　　■Ａ５判234頁／2,100円（税込）

税務調査でとくに指摘されやすい「売上」をめぐる重要ポイントについて、法人税・所得税・消費税の税目別にあますところなく解説。

◎お申込み・お問合せは清文社営業部（TEL.03-6273-7946／FAX.03-3518-0299）まで